Taisho New Education in the International New Education Movement

大正新教育の受容史

橋本美保 編著

東信堂

まえがき

教師が自らの実践を変えようとするのは、どんなときなのか。なぜ、どのようにして、教師は実践を改善していくのか。私たちは大正新教育の実践の中に、この問いに答える手がかりを見出したいと考えている。

学校教育の質を向上させるために現在も進められている制度改革の成否は、教師の自己改革を促せるか否かにかかっているといっても過言ではない。子どもたちに「主体的・対話的で深い学び」の実現が求められている今こそ、実践の主体である教師に寄り添った支援策を講じる必要があろう。

周知のように、大正新教育運動は多くの教師が実践改革を志向し、さまざまな形でそれに取り組んだ草の根的な教育改造運動である。私たちは、この運動で展開された実践をカリキュラムの視点から捉え直すことによって、教師の能力形成の契機や過程を明らかにすることを試みたい。これまでの大正新教育研究は、教育運動史、教育方法史、教育評価史、教育経営史、教育思想史などに細分化され、それぞれの専門的な視点や方法によって多様な実践事例の史実を解明し、評価してきた。大正新教育の現代的意義だけでなく、教育史的意義を構造的に捉えるためにも、今後はこうした研究成果の蓄積をふまえながら、実践主体やその協同に注目したカリキュラム史の研究を進める必要があると考えている。

ここでいう「カリキュラム史」とは、「実践史」よりも広い概念であり、教師の「意識」を含む（あるときは無意図的な作用さえ含み込む）営みの歴史である。教育実践は日々生みだされ、そして消え去る運命にある。後に残されるものは、教科課程、教科書、時間割、教案（学習指導案）など、文字として書き記されたものである。そうした記録から実際の授業の生動性を読みとることは難しい。しかし、まれに第三者による授業記録や教師自身の回顧録が残されていることがある。あるいは、校内誌や教育雑誌に当時の実践報告やその反省、視察記などが掲載されていることもある。残存する資料から実践の痕跡を博捜して教師の内面の変化を辿り、彼らの実践的営為と重ねることで、教師たちのカリキュラム実践に迫ることができないだろうか。そして、彼らの実践を思想的視界に位置づけることはできないだろうか。こうした問題意識が私たちを大正新教育研究に向かわせる根底にある。

本書は、大正新教育の実践史と思想史を架橋する試みでもある。従来の教育実践史は、残された文字の記録から実践を素描してきた。従来の教育思想史は、実践を主導した指導者や思想家たちの哲学・思想に注目してきた。しかし、これまでの教育実践史研究において注目されてきたコース・オブ・スタディー、教科書、教室（教育空間）、時間割、教案などを分析するだけでは、教育実践の生動的実質に迫ることはできない。より多くの事例研究の中で教師の言動を分析し、彼らの意図や意識、そしてその後景をなす教育思想を明らかにする必要がある。

本書では、大正新教育の実践／思想史を試みるための橋頭堡として、国際新教育運動と大正新教育のつながりをふまえつつ、当時ヨーロッパやアメリカで新たに生みだされた新教育思想がどのように日本に「教育情報」として入り込み、実践現場に影響を与えていったのかを明らかにする。情報と関わりながら実践改造を志した教師たちの葛藤とその克服の過程を明らかにするために、私たちは「受容史」の方法を採りたいと思う。

編　者

大正新教育の受容史――目次

大正新教育の受容史

Taisho New Education in the International New Education Movement

序　章　新教育の受容史とは

橋本　美保

1　今なぜ大正新教育なのか

今後の学校教育改革の方向を明示した次期学習指導要領のポイントの一つは、「主体的・対話的で深い学び」いわゆる「アクティブ・ラーニング」の実現を目指すことにある(1)。学校教育の国家基準である学習指導要領に、「学び」の質や方法についてこれほど詳しく書き込まれたのは初めてのことであろう。こうした改訂の背景には、現代社会において子どもたちの主体的な学びが失われていることに対する強い危機感がある。そして、その回復のためには、教師たちが自らの実践を改革することが不可欠だとする基本姿勢が示されたのである。次期学習指導要領では、教師は子どもに「何をどう学ばせるか」をデザインすることが求められている。しかし、それを可能にするためには、教師の力量や実践改革へのモチベーションをどのように形成していくのかが課題とされねばならないだろう。同様の問題は、近代以降日本の教育改革が叫ばれる度に繰り返し論じられてきた。制度の改変、規範やモデルの提示によってだけでは教育改革をなしえないことは、もはや明白である。

本書でとりあげる大正新教育は、「アクティブ・ラーニング」の源流ともいえる理念と方法を含み持つ、草の根的な実践改革運動として評価されている。当時の教師たちが改革を志向し自らの実践を変えていった教育経験の中から学ぶべきことは少なくない。一方で、この運動は当時の硬直した学校教育を批判する形で展開したが、体制側の弾圧に抗することができず、国家主義体制の改変を果たせなかったと描かれてきた(2)。こうした議論は、大正新教育を学校制度改革を目的とした運動と捉え、運動史の側面からその実態を解明してきたといえる。しかしながら、ある教育者や実践が体制に抗し得たか否かによって、その思想や実践の質を評価しきれるとは限らない。実践そのものに内在する本質的価値に基づいて大正新教育を評価することにより、その教育学的意義を多面的に捉え直す試みが必要であろう。

こうした問題意識から、本書では、国際的な新教育運動への位置づけを視野に入れつつ、海外の教育情報の導入と日本の教育実践の改造との関係に注目したい。当時、欧米では第一次世界大戦の反省に基づく国際協調と人類の連帯が叫ばれて、国際的な新教育運動が隆盛をみていた。しかし、世界には次第に差別と排除の言動が広がってゆき、戦争の惨禍をみることとなった。こうした国際情勢の中で生起した大正新教育期の教育実践が、海外の新教育運動とどのようなつながりを持ちつつ展開したのかを解明することは、現在の実践改革にも有益な示唆を与えうる。むしろ、似たような状況にある今だからこそ、大正新教育の教育史的意義を再検討することで、教育改革への希望を見出す必要があるのではないだろうか。ここではまず、大正新教育を概観したうえで、本書の意図と研究方法について説明しておきたい。

2　大正新教育の興隆とその時代

第一次世界大戦後の日本では、経済発展と並行して自由主義思想が広がり、市民の権利への関心が高まっていった。一九一八（大正七）年の政党内閣の成立や、一九一九年頃からの普通選挙論の台頭はその現れであったし、吉野作造のような民本主義者たちによるデモクラシーの高唱も盛んになった。

教育政策においては、天皇制を中心とした国家主義体制を確立するための学校教育の整備が図られ、明治後期までにはほぼその基礎を完成させていた。この国家主義的な学校教育を政策的に支えたものは、教育勅語の発布と教科書の国定化である。大正期の学校教育は、この二つの柱による「臣民教育」の徹底を主要な課題として進められていた。しかし、こうした国家主義的な教育政策・行政上の課題は、この時代に高揚し始めた民衆の市民的要求とは本来符合するものではなかった。そのため、国家主義的な学校教育とデモクラシー・市民的権利との妥協点が、切実に求められるようになった。教育はこの時代において、いわば、一種の思想的格闘の場、思想的妥協の場となっていった。そうした時代的背景のもと、教育の世界に新しい考え方や実践が登場した。この時期に新たに登場し流布した教育は、一般に「大正新教育」とか「大正自由教育」と呼ばれている(3)。

当時は、国家主義的な考え方のもとで、体制側の価値を子どもに刷り込むために教育内容が画一的に統制され、教育の形式化・形骸化が蔓延し始めていた。そうした状況に対する批判はしだいに高まり、ついに国家の教育政策を論議し策定する場でも、その批判を無視できなくなった。たとえば、一九一七（大正六）年に設置された臨時教育会議には小学校教育の改善策が諮問され、これに対する同会議の答申には「児童ノ理解ト応用トヲ主トシ不必要ナル記憶ノ為ニ児童ノ心力ヲ徒費スルノ弊風ヲ矯正」する必要があると記されている。もっとも、このような教育改革は、絶対主義的な体制を揺るがせない範囲で部分的に行われた。すなわち、国家主義的な教育目的・教育内容に抵触しない、教育形態や教育方法においては、ある程度その画一的注入的方法を改めることが許されたのである。このような「新しい」「自由」な教育を求める声は、主として都市のブルジョワジー、いいかえれば、中産階級の自由・平等の権利要求を背景としながら登場してきたものであるが、国家主義体制という枠組みの中で、主として教授法改革をスローガンとした運動として教育界に広がっていった。

3 「新教育」の受容と展開

大正期から昭和初期にかけて広がった「新教育」(「自由教育」)は、基本的にヨーロッパ、アメリカの教育理論や実践の紹介ないしは受容によって展開されており、きわめて多様な実践が総花的に展開していた。この時期の多様な実践に共通していたのは、従来の画一主義、注入主義、暗記主義的な教育方法を批判し、子どもの個性、自発性の尊重を主張していたことである。こうした批判や主張を特徴とする新教育は、すでに明治末期に樋口勘次郎や谷本富らによって提唱されていた。彼らは、近代社会・近代国家にふさわしい人材の養成のために、人間形成の新しい方法を模索していた。大正期の新教育は、こうした明治末期における先行的な新教育を、いわば呼び水としながら、この時代の政治的・文化的な自由主義的風潮と結びついて、大きな拡がりをみせていったといえよう。

その先駆となったのは、及川平治が主事を務める兵庫県明石女子師範学校附属小学校の「分団式教育」であり、一九一二(大正元)年にはその実践理論を著した及川の『分団式動的教育法』が刊行された。第二次世界大戦後まで続く同校の実践は、ベルクソン(Henri-Louis Bergson)の生命哲学、デューイ(John Dewey)やドクロリー(Jean-Ovide

Decroly）の生活教育思想の受容によって形成された及川のカリキュラム論（生活単元論）を具現化する試みであった。この後、奈良女子高等師範学校附属小学校の主事木下竹次は「生活即学習」論に基づく「学習法」を提唱し、東京女子高等師範学校附属小学校でも主事北澤種一が作業主義に基づく労作教育を展開するなど、多くの師範学校附属小学校で新教育が始まり、実践研究の拠点となった。さらに、この時期の新教育を象徴する八大教育主張講演会が、一九二一（大正一〇）年に東京高等師範学校講堂で開催された。樋口長市、河野清丸、手塚岸衛、千葉命吉、稲毛金七、及川平治、小原國芳、片上伸はそれぞれに個性的な教育論を唱えた。及川の「分団式動的教育法」や、小原が成城学園で展開した「全人教育」、手塚が千葉県師範学校附属小学校で行った「自由教育」などは多くの教育者に影響を与え、普及した。

また、大正期には特色ある私立学校が多く創設され、「自学」や「自治」を掲げて子どもの自由の尊重と個性の伸張を目指した。西山哲治の帝国小学校（一九一二）、中村春二の成蹊学園（一九一二）、澤柳政太郎の成城小学校（一九一七）、羽仁もと子の自由学園（一九二一）、野口援太郎らの児童の村小学校（一九二四）、赤井米吉らの明星学園（一九二四）、小原國芳の玉川学園（一九二九）は、「新教育」を標榜した新学校として有名である。この運動を特徴づける実践として有名な成城小学校では、「個性尊重の教育」、「自然と親しむ教育」、「心情の教育」、「科学的研究を基礎とする教育」の四つの方針を掲げ、一学級三〇名以内の少人数指導や子どもの発達段階を考慮したカリキュラム改革を行うなど、公立小学校ではみられないユニークな実践を展開した。

このような「新教育」の実践は私立学校や師範学校附属小学校などでは盛んとなったが、多くの公立学校では本格的な導入は難しかったといわれている。この運動が実践現場の教師たちによる自主的な取り組みであったため、その支持層の拡大は文部省や地方行政当局の警戒するところとなり、多くの公立学校においては国定教育を逸脱した新教育の弾圧が厳しく行われるようになった。一九三〇年代に入ると、学校教育全体が軍国主義的国家統制に組み込まれ、新教育運動は衰退・停滞の傾向をみせる。

4 大正新教育研究の課題

以上に、通説的な大正新教育の概要をみてきたが、従来、その盛衰については社会改革運動との関係で説明されることが多く、ブルジョワ的性格と思想の脆弱性によって、体制に抗しきれなかったことが限界であるとされてきた。中野光をはじめとする多くの教育方法史研究は大正新教育の現代的意義を追求してきたが(4)、一方で、その歴史的評価は、「失敗した教育運動」のままである。それは、大正新教育に対して、当時の社会・政治情勢への対応という側面からの評価を超える枠組みが、未だ提示されないからであろう。この枠組みにとらわれる限り、新教育が持つ多様性の意味や、個別の実践が示す改革の射程は看過されることになる。

この課題に対して私たちが注目してきたのは、教育実践に内在する本質的価値の問題である。前著『大正新教育の思想』(田中智志と共編著)においては、そこに通底する「生命思想」に注目し、大正新教育の独自性と普遍性を描出しつつ、その思想史的意義を考察した(5)。その過程で私たちは、実践を変えようとする実践家の内面でどのような変化が起きているのかを考証したいと考えるようになった。たしかに、新教育には教育現実・社会変動・政治状況への機能的対処・反動的対応といった側面があり、座学/活動、学知/生活、言葉/経験、能動/受動、主体/客体、個人/社会といった二項対立図式にとらわれるという側面もある。しかし、これらは、近代以降の教育学研究がとらわれ続けている図式であり、その中で新教育研究が見出したものは、実質的に平板な価値規範にすぎない教育的価値である。むしろ、大正新教育運動の担い手たち、当時の実践改革に関わった人びとこそが、この二項対立を経験し、葛藤し、その図式を乗り越える論理や方途を真剣に模索していたのではないだろうか。

明治末期、日本の教育界では「実際教育」（あるいは「教育実際」）という言葉が流行し始め、大正期に入ると実践改革を志向する教育関係者は、自らを「実際家」と称して「理論家」への対抗意識を露わにするようになった。その象徴ともいえる出来事が、八大教育主張講演会である(6)。「実際家」たちは、教育の理論を実際に展開することと同時に、教育事実に基づく研究こそが「実際家の使命」であると主張するようになり、やがて、日本の「教育事実を発展」させるためには、実践家と理論家が協力して研究を進める必要があると訴えるようになっていった(7)。実践家たちのこうした教育改造に対する篤い想いが大正新教育運動を支えていたのであり、彼らの思想や行動を解明することなしに、この運動の本質を掴むことはできないであろう。しかし、従来の研究は、「自由」「協同」「生命」「愛」などの価値を語った学者や雄弁な指導者には注目してきたが、実践家自身が掴んだ価値やその具現化のプロセスを看過してきたのではないだろうか。彼らの試みや取り組みの成果は体系的な思想や理論として残されていないため、その真摯な努力は評価されつつも、その価値は「語り得ない」とみなされがちである。たしかに、実践家の語りがたい信念は実践の中にしか可視化されない。だからこそ、彼らの言葉や行動を精査し、重ね合わせて、実践解釈や実践的営為を読み解く必要がある。

5　受容史という方法

そこで、本書では、実践主体の葛藤やその思想の構造化過程を解明するために、受容史の方法を用いることとした。筆者はかつて、明治初期の教育情報受容のプロセスを研究するうえで有効な方法として、次のような視点を設定した(8)。

1. 受容される教育情報が、どのような背景で、どのように生成したものであるか。
［教育情報の生成］
2. 受容する側が、どのような方針と体制で、教育情報の受容を図ったか。
［情報受容の主体］
3. 教育情報はどのように研究され、試行的実践がなされたか。
［教育情報の研究・試行］
4. 地方の教育現場では、伝えられた教育情報にどのような反応が示されたか。
［現場の反応］

こうした視点から、従来、「知」と呼ばれてきたものを「情報」と捉え直してその流れに注目するとき、「知」の構造だけではなく、「知」とならずにこぼれ落ちたものや、変質した情報の存在を認識することができ、その意味を検討することが可能になる。情報受容のプロセスを解明することは、情報の変容や捨象の実態をも明らかにすることになるだろう。受容のプロセスをいくつかのアスペクトから検討するという方法は、大正新教育の実践史研究においても有効であると思われる。この方法によって、国際新教育運動の中で生起したさまざまな実践情報がどのように日本で普及していったのか、すなわち、情報普及の側面から当時の教育界の状況を俯瞰すると同時に、日本の実践家がどのような意図でそれらを取捨選択し、理解（あるいは誤解）しながら実践改造に取り組んでいたのか、という個別事例の実態解明を進めていきたい。

この二つの課題は、そのまま本書の第1部と第2部の主題となっている。

第1部では、戦前の教育実践に多大な影響を与えたといわれるモンテッソーリ・メソッド、ゲーリー・プラン（プラトゥーン・プラン）、ドクロリー・メソッド、プロジェクト・メソッド、ドルトン・プラン、ウィネトカ・プランに関する情報を取り上げ、日本における普及状況を明らかにする。第1章から第6章では、それぞれの教育情報について教育雑誌記事の調査を行い、情報普及の特徴について考察した。各章では、各メソッドやプランが成立した背景や概要、日本への流入の経緯やルート、記事の広がりに関する量的・質的な傾向などについて詳細な分析がなされていく。

第2部には、国際的な視点からアプローチした個別事例についての研究成果を収めた(9)。大正新教育期に多くの学校現場で海外の思想や教育方法が研究されていたことは、先行研究においても指摘されてきたが、そのほとんどは実践への影響の有無を論じるにとどまっている。第7章から第11章においては、実践改革に関わった人物の内面の変化に留意しながら、彼らがどのような個人的衝迫（課題意識）によって教育情報と関わりながら実践知を更新、進化させていったのかに迫ることを試みている。現段階では、各事例における受容のプロセスの全容を解明するには至らないが、こうした方法の有効性を提示することが、他の事例研究の促進につながることを期待している。

なお、史料の引用に際しては、原史料の文面などを損なわないよう可能な限り原文のとおりに引用した。ただし、漢字は旧字体を新字体に改め、くの字点は開いた。

注

(1) 二〇一七(平成二九)年三月に公示された「次期学習指導要領」では、幼稚園、小学校、中学校の各学習指導要領の「総則」において「主体的・対話的で深い学びの実現への工夫」が求められたほか、小学校と中学校では、道徳以外のすべての教科と活動の章で「主体的・対話的で深い学びの実現」への配慮が求められている。文部科学省HP (http://www.mext.go.jp/a_menu/shotou/new-cs/1383995.htm) 最終閲覧日 二〇一七年四月一二日。

(2) 代表的なものに、海老原治善「日本資本主義社会の発展と教育」(『社会体制と教育』青木書店、一九六〇年、一四一―四九頁)、中野光『大正自由教育の研究』(黎明書房、一九六八年) がある。従来の研究では、大正新教育 (大正自由教育) に関する多くの実践例は、おおむねこうした枠組みの中に位置づけられてきた。

(3) 大正新教育運動の生起や特質についての概説は、拙稿「教育学の受容と新教育」(森川輝紀・小玉重夫編著『教育史入門』放送大学教育振興会、二〇一二年、一三六―一四九頁) を参照。その他、前掲中野書や拙稿「大正新教育・再訪」(橋本美保・田中智志編著『大正新教育の思想――生命の躍動』二〇一五年、三―三二頁) に詳しい。

(4) たとえば、中野光『学校改革の史的原像――「大正自由教育」の系譜をたどって』(黎明書房、二〇〇八年) など。

(5) 前掲橋本・田中書。

(6) 当時、自ら「実際家」を名乗った人たちの中には、小学校の訓導や校長だけでなく、中学校や師範学校の教員、高等師範学校の教授や私立学校の設置者、教育ジャーナリストなど、多彩な顔ぶれがみえる。彼らは、「理論家」に対抗意識を有していたとみられ、自身は「教育実際界」の人間であることを強調している。拙稿「八大教育主張講演会の教育史的意義」(『東京学芸大学紀要』総合教育科学系Ⅰ、第六六集、二〇一五年、五五―六六頁) では、八大教育主張講演会の実態を明らかにし、その教育史的意義を考察した。

(7) 拙稿「実際の理論化――看過されてきた実践思想――」『近代教育フォーラム』第二五号、二〇一六年、二九―三〇頁。

(8) 拙著『明治初期におけるアメリカ教育情報受容の研究』風間書房、一九九八年、序一―五頁。

(9) 各章の初出論文は、巻末の「初出一覧」のとおり。

第1部　欧米新教育情報と日本の教育界

第1章　モンテッソーリ教育情報の普及
第2章　ゲーリー・プラン情報の普及
第3章　ドクロリー教育情報の普及
第4章　プロジェクト・メソッド情報の普及
第5章　ドルトン・プラン情報の普及
第6章　ウィネトカ・プラン情報の普及

第1章　モンテッソーリ教育情報の普及

M. Montessori

永井　優美

1　はじめに

モンテッソーリ教育は、二〇世紀初頭の国際的な新教育運動の中でヨーロッパ新教育実践の一つとして世界的に着目された。日本にも明治末から大正期にかけてそれが積極的に紹介されている。本章では、近代日本におけるモンテッソーリ教育情報の普及状況について考察する。そのために、戦前期に発表されたモンテッソーリ教育を主題とする教育雑誌記事を分析し、モンテッソーリ教育情報普及の特質を検討する。

先行研究においては、モンテッソーリ教育の影響を幼児教育・障害児教育分野を中心に検討するものが多い(1)。そのような中、吉岡剛は当時の日本におけるモンテッソーリ教育運動の概要を示し、モンテッソーリ教育が教育界にどのように受け止められたかについて詳述している(2)。しかし、吉岡は日本国内の動向だけに着目しているため、日本におけるモンテッソーリ教育情報普及における国際性は看過されている。そこで本章では、特定の分野に限定せず、近代日本教育界へのモンテッソーリ教育情報移入の様相を、国際新教育運動とのつながりを視野に入れつつ明らかにしたい。

2　モンテッソーリ教育情報の伝播

モンテッソーリ教育情報の生起

モンテッソーリ（Maria Montessori, 1870-1952）は、イタリア初の女性医学博士である。彼女は医学のほか、教育学も修め、障害児教育研究を行っていたが、その成果を健常児にも応用しようと、一九〇七年一月六日、ローマに幼児を対象とした「子どもの家（児童の家）」を創設した。その実践については一九〇九年に出版した主著 *Il Metodo della Pedagogia Scientifica. Applicato all' Educazione Infantile nelle Case dei Bambini*（『子どもの家における幼児教育に適用された科学的教育学の方法』以下、『科学的教育学』とする）に詳しい。同書を中心に、講演活動や視察報告・紹介記事などによって、モンテッソーリ教育は子どもの自由と個性を尊重した実践として各国に紹介された[3]。

世界のモンテッソーリ教育研究をリードしたのはアメリカである。アメリカでは一九〇九年にモンテッソーリ教育が初めて紹介されたが[4]、一九一一年のトジール（J. Tozier）による記事[5]が契機となり、それは多くの保護者や教師たちの注目を集めることとなった[6]。一九一二年にはハーバード大学のH・ホームズ（H. W. Holmes）監修のもと、アメリカで最初に子どもの家を開設したジョージ（A. E. George）によって『科学的教育学』が英訳された[7]。一九一三年にはモンテッソーリがアメリカを訪問し、熱烈な歓迎を受けている。しかし、アメリカでのモンテッソーリ・ブームは急激に冷め、ピークは一九一四年までであったといわれている[8]。

イギリスにおいてもモンテッソーリ教育に多大な関心がよせられた。まず、初期の新教育運動に関わったE・ホームズ（E. G. A. Holmes）によってモンテッソーリ教育研究が着手されている。E・ホームズは一九一二年にローマの子どもの家の視察報告[9]を出し、同年にはモンテッソーリ協会を設立している。その後、イギリス各地でモンテッソーリ教育に関する講演活動が行われるようになり、モンテッソーリ学校も設立されていった。モンテッソーリ教育が普及する一方、フレーベル主義者のメイソン（C. M. Mason）や新教育運動の指導者であるボイド（W. Boyd）など、それを批判的に捉える者も現れている(10)。

各国中、先駆的にモンテッソーリ教育を導入したのはアメリカとイギリスである。その後の両国におけるモンテッソーリ教育受容の様相は異なるのであるが、いずれも一九一四年前後にモンテッソーリ教育批判が起こっている。日本におけるモンテッソーリ教育情報の普及は、諸外国のこのような動きと密接に関連しているため、以下ではその点に着目しながら、普及状況の全体像を確認していこう。

教育雑誌記事数の推移

ここでは、モンテッソーリ教育を主題とする雑誌記事が日本の教育界にいつ頃、どのくらい発表されたのかについて整理していく。〈表1—1〉はモンテッソーリ教育を主題とする記事の一覧である(11)。先行研究ではモンテッソーリ教育に関する動向の把握が進められてきた。しかし、それらはモンテッソーリ教育に関連する雑誌記事のほか、著書や講習会なども含めて列記したり(12)、各自の関心によってモンテッソーリ教育が主題でない記事を恣意的に拾ったりしているため(13)、当時のモンテッソーリ教育の流行現象を客観的に捉えることが困難である。そこで、本研究では、対象を一九〇七（明治四〇）年から一九四五（昭和二〇）年の教育雑誌記事に限定し、モンテッソーリ教育情報の普及状況を把握することとしたい(14)。

表1—1　モンテッソーリ教育に関する雑誌記事一覧

番号	発行年	月	日	著者名	記事名　(　)内数字は転載元	掲載誌	巻	号
1	1912	2	25	鈴木重信	モンテスソリー教育法	教育時論		967
2	1912	3	1	川副桜喬	マリア・モンテスソリーの最新児童教育の様式	帝国教育		356
3	1912	3	1	倉橋惣三	モンテッソリの教育	心理研究	1	3
4	1912	4	5	倉橋惣三	モンテッソリの教育 (3)	婦人と子ども	12	4
5	1912	5	25	三澤糾	開発主義の新教育者モンテソリ	愛媛教育		300
6	1912	6	5	森岡常蔵	モンテスソリ女史の新教育主義	小学校	13	6
7	1912	8	10	野上俊夫	新しき幼稚園の試み—モンテツソリ女史の「科学的教育学」を読む—	教育学術界	25	5
8	1912	9	1	記者	マリア・モンテソリイ	内外教育評論	6	9
9	1912	9	10	野上俊夫	新しき幼稚園の試み (二) —モンテツソリ女史の「科学的教育学」を読む—	教育学術界	25	6
10	1912	9	10		幼児に感官練習を課しつゝあるモンテツソリ女史 (口絵)	教育学術界	25	6
11	1912	9	25	森岡常藏	モンテスソリ女史の新教育主義 (6)	秋田県教育雑誌		252
12	1912	10	1	ロツテ、ワイゲルト述	羅馬二於ケル新シキ教育法	児童研究	16	3
13	1912	10	10	野上俊夫	新しき幼稚園の試み (三) —モンテツソリ女史の科学的教育学を読む—	教育学術界	26	1
14	1912	11	1	山桝大次郎	ドクトル、エム、モンテソッリ	初等教育		53
15	1912	11	1	稲垣末松	『モンテッソリー』の科学的教育法を評す	普通教育	3	11
16	1912	11	5	春山作樹	ドクトル、モンテソリー夫人の新教育法	小学校	14	3
17	1912	11	5		モンテソリー学校の教室 (口絵)	小学校	14	3
18	1912	11	10	野上俊夫	新しき幼稚園の試み (四) —モンテツソリ女史の「科学的教育学」を読む—	教育学術界	26	3
19	1912	11	20	乙竹岩造	モンテソリー評	小学校	14	4
20	1912	11	30	野上俊夫	モンテツソリソリ女史の感官教育法 (13)	岐阜県教育会雑誌		219
21	1912	12	1	山桝大次郎	ドクトル、マリア、モンテソッリ女史 (続き)	初等教育		54
22	1912	12	5	乙竹岩造	モンテソリー評 (二)	小学校	14	5
23	1912	12	5	新井誠夫	児童の家 (一)	教育実験界	30	12
24	1912	12	20	新井誠夫	児童の家 (下)	教育実験界	30	13
25	1912	12	31	米田仁太郎	「児童の家」の日課と訓練と教授	岐阜県教育会雑誌		220
26	1913	1	1	野上俊夫	モンテッソリー女史の著書に就いて	普通教育	4	1
27	1913	1	10	野上俊夫	新しき幼稚園の試み (五) —モンテツソリ女史の「科学的教育学」を読む—	教育学術界	26	5
28	1913	1	24	麻生正蔵	モンテッソリー女史教育法『児童の家』	家庭週報		207
29	1913	1	31	麻生正蔵	モンテッソリー女史教育法『児童の家』	家庭週報		208
30	1913	2	7	麻生正蔵	モンテッソリー女史教育法『児童の家』	家庭週報		209
31	1913	2	10	野上俊夫	新しき幼稚園の試み (六) —モンテツソリ女史の『科学的教育学』を読む—	教育学術界	26	6
32	1913	2	14	麻生正蔵	モンテッソリー女史教育法『児童の家』	家庭週報		210
33	1913	2	25	佐藤満寿	モンテツソリー氏教育的器具に就て	京阪神聯合保育会雑誌		30
34	1913	3	5	新井誠夫	「児童の家」(上) (23)	教育時論		1004
35	1913	3	25	新井誠夫	児童の家 (下) (24)	教育時論		1006
36	1913	3	25	乙竹岩造	伊太利のモンテソリー女史の教育法	九恵		145
37	1913	4	4	桜風会教育研究員	モンテッソリー女史の教育法	家庭週報		217
38	1913	4	11	桜風会教育研究員	モンテッソリー女史の教育法	家庭週報		218
39	1913	4	16	上野一良	モンテソツリ教育法を読む	都市教育		103
40	1913	5	15		モンテッソリイ新教育法	ナショナル	1	0
41	1913	5	16	上野一良	モンテソツリ教育法を読む (承前)	都市教育		104
42	1913	6	6	桜風会教育研究員	モンテツソリー女史の教育法　従順の徳はどうして養ふか	家庭週報		226
43	1913	6	10	野上俊夫	フィッシャー女史の観たるモンテッソリ式幼稚園	教育学術界	27	3
44	1913	6	15	今西嘉蔵	モンテソリー式教育法	小学校	15	6
45	1913	6	15		モンテッソリー式教具 (口絵)	小学校	15	6

46	1913	7	10	佐々木兵四郎	モンテッソリ女史の訓練法	教育学術界	27	4
47	1913	7	20	下澤瑞世	モンテツソリ女史の感覚教育法	教育実験界	32	2
48	1913	8	1	今西嘉蔵	英国に於けるモンテソリー運動	小学校	15	9
49	1913	8	5	望月くに	触覚筋覚関節覚を其根底とせる図画教授の実験的研究	婦人と子ども	13	8
50	1913	8	20	下澤瑞世	モンテッソリー女史の感覚教育法（承前）	教育実験界	32	4
51	1913	9	5	下澤瑞世	モンテッソリー女史の感覚教育法（承前）	教育実験界	32	5
52	1913	9	13	上野一良	モンテソツリ教育法を読む（承前）	都市教育		108
53	1913	9	15		モンテソリイ新教育法	ナショナル	1	4
54	1913	9	20	下澤瑞世	モンテッソリー女史感覚教育法（承前）	教育実験界	32	6
55	1913	10	1	今西嘉蔵	モンテソリーの教育法	兵庫教育		288
56	1913	11	6	島村嘉一	モンテツソリ式教育に就て	教育界	13	1
57	1913	11	10	ウオルカー、T. T. 生抄訳	モンテッソリーを訪ふ	京都教育		257
58	1913	11	15	河野清丸	間接教育法	日本之小学教師	15	179
59	1913	12	15	河野清丸	間接教育法（二）	日本之小学教師	15	180
60	1913	12	19	あや子	モンテッソリー式教具を幼児の玩具に用ひし母の経験	家庭週報		251
61	1913	12	26	あや子	モンテッソリー式教具を幼児の玩具に用ひし母の経験（前承）	家庭週報		252
62	1914	1	1	河野清丸	モンテツソリー氏の教授用具に就て（上）	児童研究	17	6
63	1914	1	20	望月くに	触覚筋覚関節覚を其根底とせる図画教授の実験的研究（49）	京阪神聯合保育会雑誌		32
64	1914	1	20		モンテツソリー女史新教育（注 15）	京阪神聯合保育会雑誌		32
65	1914	1	25	高橋勝一	モンテソリー女史の教育を論ず	愛媛教育		320
66	1914	2	1	河野清丸	モンテツソリー氏の教授用具に就て（下）	児童研究	17	7
67	1914	2	1	吉田圭	愛の教―モンテッソリー教育の根本精神に付いて―	内外教育評論	8	2
68	1914	3	1		モンテッソリー夫人	婦人之友	8	3
69	1914	3	5	吉田圭	モンテツソリー教育の根本精神に就て（同前）	教育実験界	33	5
70	1914	3	15	楯悦太郎	モンテソリーの教育原理を応用したる珠算教授	小学校	16	12
71	1914	4	1	楯悦太郎	モンテソリーの教育原理を応用したる珠算教授及び練習法（二）	小学校	17	1
72	1914	4	1	孤雲（日田権一）	モンテソリー女史の活動的訓練（英和対訳）	現代教育		7
73	1914	4	15	去水生	マリア　モンテッソリー	慶應義塾学報		201
74	1914	5	1	記者	モンテッソリー教育法と世界各国	内外教育評論	8	5
75	1914	5	1	日田権一	モンテソリー女史の活動的訓練（つゞき）	現代教育		9
76	1914	6	1	原田実	幼児の新教育法―モンテッソリー女史の『子供の家』―	婦人評論	3	11
77	1914	6	25	小澤一	特殊児童とモンテッソリー女史の教育法（其二）	九恵		160
78	1914	7	3	蘇影生	河野文学士著『モンテツソリー教育法と其応用』を読む	教育界	13	9
79	1914	7	3		モンテツソリー女史教育の原理及実際	教育界	13	9
80	1914	7	10		モンテッソリー教育法の批評	丁酉倫理会倫理講演集		143
81	1914	7	30	中尾清太郎	野天に営まるゝ『子どもの家』再びモンテソリ女史の教育法に就きて（注 16）	京阪神聯合保育会雑誌		33
82	1914	8	10	九天史	モ氏教育法と其応用を読む	教育学術界	29	5
83	1914	8	15	新井誠夫	河野学士著『モンテツソリー教育法と其応用』を読む	小学校	17	10
84	1914	8		A. L. Howe	Montessori Methods in the United States	Eight Annual Report of the Kindergarten Union of Japan		8
85	1914	9	1	たなか	モンテツソリー女史教育の原理の実際	学校教育	1	9
86	1914	9	15	島村嘉一	モンテツソリー女史の自由原理を評論す	小学校	17	12
87	1914	10	3	一記者	モンテソリー教授用具につきて	教育界	13	12
88	1915	1	15	平木熊一	ボイド博士のモンテッソリー評論	小学校	18	9
89	1915	2	15	平木熊一	ボイド博士のモンテッソリー評論（二）	小学校	18	11
90	1915	3	1	平木熊一	ボイド博士のモンテッソリー評論（三）	小学校	18	12
91	1915	4	10	膳たけ	関西保育界とモンテツソリー女史教育思想	婦人と子ども	15	4
92	1915	6	15	平木熊一	ボイド博士のモンテッソリー評論（四）	小学校	19	6
93	1915	7	1	平木熊一	ボイド博士のモンテッソリー評論	小学校	19	7

94	1915	7	28	膳たけ	関西保育界とモンテッソリー女史教育思想（91）	京阪神聯合保育会雑誌		35
95	1915	8	25	河野清丸	モンテツソリー教育法の功罪（上）	教育時論		1093
96	1915	9	5	河野清丸	モンテツソリー教育法の功罪（中）	教育時論		1094
97	1915	9	15	河野清丸	モンテツソリー教育法の功罪（下）	教育時論		1095
98	1915	11	1	中澤泰次	河野文学士著『モンテツソリー教育法と其応用』を読む	教育学術界	32	2
99	1915	11	3	蘇影学人	河野文学士著「モンテツソリー教育法真髄」を紹介批評す	教育界	15	1
100	1915	12	1	MW 生	モンテツソリー教育法真髄を読む	帝国教育		401
101	1915	12	1	河野清丸	中沢学士に答ふ	教育学術界	32	3
102	1915	12	1	膳たけ述	関西哺育会トモンテッソリー女史教育思想	児童研究	19	5
103	1916	1	1	河野清丸	中澤学士に答ふ（承前）	教育学術界	32	4
104	1916	1	7	岸邊福雄	モンテッソリー女史と語る	婦人週報	2	2
105	1916	2	3	河野清丸	モンテツソリー教育法の功罪（上）（95-97）	京阪神聯合保育会雑誌	36	
106	1916	3	1	中沢泰次	自由及性善に就いて再河野学士に質す	教育学術界	32	6
107	1916	4	1	中澤泰次	自由及性善に就いて再河野学士に質す（承前）	教育学術界	33	1
108	1916	5	1	ステルン述 A、S、抄	モンテッソリーと其の小児教育所	児童研究	19	10
109	1916	6	1	ステルン述 A、S、抄	「モンテッソリー」と其の小児教育所（承前）	児童研究	19	11
110	1916	7	8	ルイス・クライン	モンテッソリーの教育主義とフレーベルの教育主義と	婦人と子ども	16	7
111	1916	7	30	長谷川久一	モンテツソリー女史の事業	岐阜県教育		264
112	1916	8	1	石井正雄訳	教育改革者としてのモンテソリ夫人及びホームズ氏（上）	教育実験界	37	7
113	1916	8	1	稲葉城楠	二十三、モンテツソリ館	兵庫教育		322
114	1916	9	1	石井正雄訳	教育改革者としてのモンテソリ夫人及びホームズ氏（下）	教育実験界	37	8
115	1916	9	1	クライン	モンテソリー博士の新教育法	現代教育		37
116	1916	9	5	河野清丸	モンテソリーの教育説に就て	婦人と子ども	16	9
117	1916	10	1	クライン	モンテソリーの新教育法	現代教育		38
118	1917	1	1	河野清丸	児童教育家としてのモンテッソリー女史	教育実験界	38	1
119	1917	8	20	野上俊夫	赤裸々に見たモンテツソリ式教育―本家本元の伊太利国を視察して驚き帰つた土産話―(注17)	京阪神聯合保育会雑誌		39
120	1917	12	1	KS 生	モンテツソリー学校の近況	教育学術界	36	3
121	1918	1	1	山﨑良平	英国教育とモンテッソリー	教育学術界	36	4
122	1918	5	15	松月秀雄抄	モンテッソリー式教授用具の起源	児童研究所紀要	1	
123	1919	6	1	谷本富	幼稚園教育学講義―神戸に於ける講演―第三章モンテツソリーの方法に就て	幼児教育	19	6
124	1921	4	1	モンテツソリイ女史	軽信と想像とは同一ではない―子供にお伽噺を聞かせるに就いて―	女学世界	21	4
125	1921	8	10		お伽噺と想像	児童研究所紀要	1	
126	1922	4	15	樋口長市	モンテソーリの母親学校を観る	幼児教育	22	4
127	1923	2	20		伊太利に於けるモンテツソリー運動	千葉教育		370
128	1924	5	1	野口援太郎	パークハーストかモンテッソリーか	教育の世紀	2	5
129	1924	5	10	石原キク	フレーベル、モンテスソリー、ペテーヒル教育法比較	都市教育		233
130	1924	6	10	石原キク	フレーベル、モンテスソリー、ペテーヒル教育法比較（承前）	都市教育		234
131	1924	7	10	石原キク	フレーヘル、モンテスソリー、ペテーヒル教育法比較（承前）	都市教育		235
132	1925	8	29	財部叶	子供の叫（二）	教育週報		15
133	1927	1	1	SA 生	ロンドンに於けるモンテッソリーの教育指導	帝国教育		533
134	1927	10	1		モンテツソリー・メソッド	教育問題研究		91
135	1928	4	10		モンテソリーの教育説	教育学術界		臨時増刊
136	1928	8	1		英国に於けるモンテソリー運動	教育研究		331
137	1931	3	15	氏原鍉	玉成幼稚園参観の記	幼児の教育	31	3
138	1931	6		河野清丸	モンテソリーとその思想	社会福利	15	6
139	1932	1	13	平塚益徳	欧米に於けるモンテツソリー運動	教育思潮研究	6	1 輯

140	1932	1	15	宇佐美けい	モンテツソリー幼稚園―在イタリー国ミラノ―	幼児の教育	32	1
141	1932	2	17		モンテッソリー幼稚園（口絵）	幼児の教育	32	2
142	1932	11	15	天野匴	フロエーベルとモンテッソリー	児童研究	36	4
143	1932	12	5	渡辺誠	フレーヨル「幼稚学校に於けるモンテッソーリ法」	教育思潮研究	6	4輯
144	1934	1	1	杉谷正毅	ルウビツェク「幼児の集団教育」―モンテソリー法及精神分析の立場より―	教育思潮研究	8	1輯
145	1934	9	5		第六節モンテツソリー教育法	教育学術界	69	秋季特大号
146	1934	12	1	平塚益徳	其後の「モンテッソーリ」運動について	教育	2	12
147	1936	10	15	高市慶雄	欧米幼児教育視察記（二）	幼児の教育	36	10

表1―2　年次別雑誌記事数

年	記事数
1912	25
1913	36
1914	26
1915	15
1916	15
1917	3
1918	2
1919	1
1920	0
1921	2
1922	1
1923	1
1924	4
1925	1
1926	0
1927	2
1928	2
1929	0
1930	0
1931	2
1932	5
1933	0
1934	3
1935	0
1936	1

記事の全体的傾向

日本でモンテッソーリ教育が着目されるきっかけとなったのは、一九一二（明治四五）年一月一一日の「万朝報」に掲載された記事である[18]。新井誠夫によれば、これはアメリカの雑誌 *The Literary Digest* から抄出されたものであるという[19]。教育雑誌記事にモンテッソーリ教育が主題として初めて取り上げられたのは鈴木重信の記事（記事1）である。その後、〈表1―1〉にあるように、著名な教育学者をはじめ、幼稚園保姆、小学校訓導、中学校教諭、女学校教諭、ジャーナリストらにより、戦前において総数一四七件の記事が発表された。

〈表1―1〉より、年次別雑誌記事数〈表1―2〉を作成したところ、記事数のピークが一九一三（大正二）年（三六件）にあり、一九一七（大正六）年に記事数が激減（三件）したことが明らかとなった。この傾向は、一九一七年一二月に寄稿された以下の記事内容（記事120）からも妥当であるといえる。

> モンテツソリー女史の自動主義教育並に感覚教育は其精神及び方法が或程度まで我国の教育に融合された為であるか若く

は全然流行的に携つた為に早くも世人が忘却した為であるか若くは此両者が共に行はれた為であるか兎に角具体的人物としてのモンテツソリー女史の姓名並に学校は稍々下火になつた[20]

したがって、一九一六（大正五）年（一九件）まではモンテッソーリ教育への関心が持続していたが、一九一七年にはそのブームが去ったといえよう。アメリカおよびイギリスでは、一九〇九年〜一九一四年までに二〇〇件の文献と論文が発表され、特に一九一三年だけで七〇件に上った。しかし、一九一五年〜一九一八年までは総計六〇件で、一九一八年はわずか五件であった。一九二〇年代にはほとんど活字にならなかったようであるから、日本の雑誌記事数の傾向もこの動きと並行していたと考えられる[21]。

吉岡はモンテッソーリ教育への対応の動向を三期にわけ、第一期は一九一二年〜一九三一（昭和六）年、第二期は一九三二（昭和七）年〜一九三五（昭和一〇）年、第三期は一九五二（昭和二七）年〜としている。吉岡の時期区分については再検討の余地があると考える[22]。特に、第二期は「外国におけるM法について情報提供がなされた時期」と見なされているが[23]、筆者の調査によれば、後述するように、一九一二年に日本にモンテッソーリ教育が紹介されて以降、最初期から継続的に外国教育情報の紹介がなされていることが明らかとなった。モンテッソーリ教育情報はイタリア以外にも、主にアメリカ・イギリス経由で流入したのであるが、次節では、出典が明記されている記事を中心に、情報源から外国教育情報紹介の特質を考察していこう。

3　外国教育情報紹介の特質

情報源

まず、早期の紹介の特徴について確認するために、新井による記事（記事23、24、34、35）に着目してみよう。新井はモンテッソーリ教育が紹介された後に日本で発表された論考は「多くは西洋雑誌に現はれたるものを抄訳し或は解説したものに止まる」[24]として、各論文の典拠を示している。それらは一九一一年に*McClure's Magazine*に掲載されたトジールによる①「驚くべきモンテッソリ教育」[25]と②「羅馬に於けるモンテッソリ教育」[26]、③スミス（T. L. Smith）の「モンテッソリ教育と児童の家」（*Pedagogical Seminary*, 一二月号）、④「無拘束の教育法」（*The Literary Digest*, 一九一一年一二月号）、⑤ワレンホワードの「児童の家」（*The Journal of Educational Psychology*, 三月号）である。特に新井は⑤を「氏が実験心理学の学者たるだけに女史の新教育を論じて的確なるものあり」[27]として全訳している。なお、③は倉橋惣三（記事3）、④は川副桜喬（記事2）、⑤は森岡常蔵（記事6）においても用いられている。このように、まだ情報が少なかった紹介早期には、アメリカで発表されたさまざまな雑誌記事が複数の執筆者に重ねて参照されていた。

その後、情報源として外国文献も活用されていった。モンテッソーリの主著『科学的教育学』は、まず野上俊夫によって要点が翻訳された（記事7、9、13、18、27、31）。野上は原著に基づいてモンテッソーリ教育を説明しているが、記事27では英訳版において追加された内容についても言及している。乙竹岩造（記事19、22）や稲垣末松（記事15）なども原典を参照していると考えられるが、その後英訳版が普及すると、それを用いたモンテッソーリ教育の紹介記事が増加した。その他の文献としては、モンテッソーリの『教育的人類学』（*Pedagogical Anthropology*）[28]（記事67）や、アメリカのフィッシャー（D. C. Fisher）による『モンテッソーリ・マザー』（*A Montessori Mother*）[29]がよく利用されている（記

モンテッソーリ教具を使用した感覚教育の様子（1909年頃）。サンドペーパーとなめらかなカードを比べて触覚を認知する（左）。幾何学的な差し込み式教具によって異なる形を認識する（中央）。生地の触感を感知する（右）。

事43、46、67）。

直接的な情報源としては、視察報告や弟子による講演がある。イギリス留学時にモンテッソーリ教育が流行していることを知った今西嘉蔵は、その視察を目的にローマを訪れている（記事44）(30)。彼は実際にモンテッソーリと面会し、直接説明を受けながら学校を見学したという。また、モンテッソーリ自身は来日していないが、アメリカの弟子であるクラインが一九一六年に来日している(31)。一九一六年にはクラインによる三本の雑誌記事が発表されている（記事110、115、117）。クラインの講演内容記事である記事115では、モンテッソーリ教育の意義が述べられ、教具については *Montessori's Own Handbook* (32) を参考にするようにと記されている。視察や弟子を通した直接的な情報は全体の中では少ないものの、モンテッソーリ教育を理解する上では重要なものであったであろう。

関心の様相

①諸外国の動向への関心

モンテッソーリ教育に関しては、諸外国の動向にも常に関心が向けられていた。今西は、アメリカのハーバード大学のH・ホームズおよびノートンによってモンテッソーリ教育研究が着手されたと述べている。また、モンテッソーリ運動がアメリカの次に盛んであるのはイギリスで、両国ではモンテッソーリ法を採用する学校が多くなってきたと報告している[33]（記事44）。今西は記事48ではイギリスモンテッソーリ運動の経緯を記している。そのほか、記事74では、*The Times Educational Supplement* より諸外国の状況が紹介されている。それによれば、最多の留学生を派遣しているのはイギリスであり、研究者としては、アメリカのジョージ、フランスの「プジヨール」らが著名であると示されている。同論文では、各国中最も熱心であるとされるアメリカのほか、フランス、ドイツ、ハンガリーの近況が記されている。その後、一九三〇年代にも各国のモンテッソーリ運動が取り上げられている（記事139、143）。

このように、諸外国のモンテッソーリ教育の様子が随時紹介されていた。各国におけるモンテッソーリ教育普及の状況は多様であるが、特に、モンテッソーリ教育先進国であったアメリカ・イギリスを中心に、世界のモンテッソーリ教育・研究の動向が同時代の日本に伝えられていたのであった。

②教育実践への関心

モンテッソーリ教育が幼児を対象とした教育から始まったことから、それを保育実践に取り入れようとする試みが比較的多くみられる（記事33、49、91）。また、頌栄幼稚園のハウ（A. L. Howe）[34]（記事84）や玉成幼稚園のアルウィン（S. A. Irwin）[35]（記事137）など、日本の幼児教育分野で活躍した外国人が情報を移入したり、モンテッソーリ教育を部分的に導入したりしている。しかし、記事総数一四七件中、幼児教育関係者による記事は二〇件ほどであり、保育界以外にも、さまざまな立場からモンテッソーリ教育が注目を浴びていた。

ここで小学校教育への影響についてみてみよう。小学校教育実践へのモンテッソーリ教育の影響については、これまで日本女子大学校附属豊明小学校主事河野清丸によるモンテッソーリ教育の受容が注目されてきたが(36)、〈表1―1〉より、河野がモンテッソーリ教育研究に傾倒していく以前に、麻生正蔵（記事28、29、30、32）や桜風会教育研究員（記事37、38、42）など、日本女子大学校関係者によりその研究が着手されていたことが指摘できる。河野はこのような背景のもと、モンテッソーリ教育を追求していくこととなった（記事58、59、62、66、95、96、97、101、103、105、116、118、138）。その他、同校関係者の記事には記事60、61がある。日本女子大学校における組織的なモンテッソーリ教育研究への取り組みについては稿を改めたい。

また、モンテッソーリ教育情報が河野を通してほかの小学校に影響を与えた例を示しておこう。河野のもとで研究を行った楯悦太郎が珠算教授にモンテッソーリ教育を応用している（記事70、71）。その経緯は以下の通りである。

> 吾人も一昨年来モンテソリー教育研究の大家たる河野文学士につきて研究を進むるに従ひて、多大なる趣味と利益を感ぜり。さりながらモンテソリーの研究は主に幼稚園の児童に試みられたる結果なるにより、直ちに之を小学校に施すこと能はずと雖ども、その精神は採りて以て小学校に応用し得らるゝと思考し、同文学士指導の許に研究を続けつゝあり。今茲に球《ママ》算教授に応用したるものゝ一部を発表して、同好の士の研究資料に供し、併せて実地家の批正を乞はんと欲す(37)

楯は以前から珠算教育実践を試みてきたが、一九一二年頃より河野のもとでモンテッソーリ教育研究を続ける中で「信念」を得たと述べている。それはすなわち、「自動教育、趣味教育、個別教育」であり、「この三大主義に基づく」ものであるという(38)。このようにモンテッソーリ教育情報は、保育界だけでなく小学校教育にかかわる実践家にも参照され、実践改革の材料となっていたのであった。

4　モンテッソーリ教育批判の実相

早期における部分的批判

記事内容はモンテッソーリの経歴とその教育の概要などについて著したものが多い。そのような中、批評を加える記事もあった。ただし、早期の批評は、一部の問題点を指摘しつつも、モンテッソーリ教育を好意的に受け止めたものが多数を占めていた。吉岡によれば、モンテッソーリ教育批判は一九一四（大正三）年二月の入澤宗寿による記事からであるというが(39)、部分的批判は紹介当初からみられた。

鈴木重信（記事1）はモンテッソーリ教育について紹介し、「察するにしかく欧米を驚かせた程の長所は其理論に於いてではなく、寧ろ其実際に子供を取扱ふ点に於て人の及び難き手腕を有する所にあるのではあるまいか（中略…筆者注）。其理論の上に於ては何等新しい説も見出でないからである」(40)とすでに理論面の脆弱性を指摘している。このような見解は後続の記事の中にも散見される。

稲垣は一九一二年一一月の論考でモンテッソーリ教育を否定的に講評している（記事15）。稲垣はモンテッソーリ教育の一部は肯定するものの、それに科学的根拠はなく、日本の制度上それを取り入れても意味がないと述べている。この批評は野上（記事26、31）など、モンテッソーリ教育研究の主導者に注目されるものであった。

原田実（記事76）はモンテッソーリとその訓育法や具体的な教育方法について説明したうえで、総評として「これらの疑問は決して女史の事業に何等の傷害をも与へはしません」(41)と断りながらも以下の疑問を挙げている。

一、女史の事業の効果は、その訓育の方法がいゝからといふよりも、寧ろ女史の人格が豪い為によるのではなからうか。即ち外の人がかゝる訓育法を行つたのでは、案外効果が少ないではなからうか。

二、七歳にも満たぬ児童に読み書きまで教へるといふことは、女史の主張の反対に、児童に過労を起こさせはしないだらうか。

三、女史の主張もその根本に於ては決して新しいものではなくて、古来の偉大なる幼児教育家例へばフレーベルとかペスタロチーとかいふ人達と同じなものではなからうか(42)

原田の意見は、当時の教育関係者にある程度共通のものであったであろう。一は、モンテッソーリには可能な教育方法であっても一般化が難しいという点、二は、就学準備教育としての読み書きを幼児教育に取り入れることへの懸念、三は、そもそもモンテッソーリの説は特に新しいものではないという見方である。この講評は、この頃のモンテッソーリ教育に対する指摘を集約した内容であるように見受けられる。ただし、モンテッソーリ教育を部分的に問題視すると同時に、基本的にはそれを賞賛するという態度が、早期の一般的なモンテッソーリ教育研究の姿勢であった。

批判論の輸入

〈表1―1〉の記事内容を分析すると、一九一四年頃からモンテッソーリ教育を批判する記事が増加していることがわかる。ここでは、特徴的な論文を用いてその傾向を読み解きたい。今回の調査では、モンテッソーリ教育への本格的な批判が現れたのが記事80である。これによると、アメリカではモンテッソーリの講演をきっかけとしてさまざまな批評が試みられているとあり[43]、シカゴの長老教会雑誌『コンチ子ント』(*Continent*)[44]誌上のモンテッソーリ教育に対する「激烈な攻撃」を紹介している。

児童に対して完全な教育を施さうとすれば、必ず二方面の発達に注意しなければならぬ。即ち一は児童の個人性の発達に、他は児童の社会に対する順応性の発達に注意せねばならぬ。此点から観てモンテツソリー教育法には欠点がある。『モンテツソリー女史は第一の発達にのみ眼を注いで、第二の発達を全く忘れて居る。(中略…筆者注)児童を社会の一人として正しく教育するものは権威である。然らば此の権威を一途に排斥するモンテツソリー教育法は教育の最も重要なる社会的重要素を欠如するものと云はねばならぬ[45]

同誌では、モンテッソーリは児童の個人性の発達のために自由を強調するが、むしろ社会性こそが重要であり、そのために必要な権威まで一切排斥していると非難している。また、ロンドンの『テレグラフ』(*Telegraph*)に掲載されたイギリスの心理学者・教育者であるマーレー(E. R. Murray)の見解についても紹介している。マーレーはモンテッソーリ教育が科学的ではないと断言し、「心理学上甚しい誤謬に陥つて居る」と述べている。マーレーはこれまでモンテッソーリ教育が賞賛されてきた点である感覚教育・教育方法・教具に対して批判し、デューイの見解を交えながら酷評している。さらに、実際にマーレーがイギリスにあるモンテッソーリ学校を訪問した際の様子は以下のように記されている。

モンテッソリー主義を唱導する人々は、此の教授用具は、一切他の目的の為めに使用してはならぬと云ふて居る。然し伊太利の児童と雖も他国の児童と同様に、或は家を建て、或は人形を拵へたいであらう。又マーレー氏は実際彼等が与へられた僅かばかりの材料を以て家や人形を造つて居るのを見て、可愛さうに感じたと云ふことである。中には命ぜられた通りに、筒を穴に入れることや紙を撰り分けることに夢中になつて居る者もあつたが、一般普通には、児童は暫らくの間は此れをしても、全く自由に放任されると間もなく其等を用ひて思ひ思ひに家を建てたり汽車を造つたりするのであると(46)

マーレーのみたイタリアのモンテッソーリ学校の実態は、このように子どもの興味や関心と相容れない教具による教育であった。執筆者はマーレーの説をまとめて「モンテッソリー女史の所謂自発性は真の自発的でなく、又其の自由は真の自由で無い」(47)と記している。同論文では、これまでモンテッソーリ教育の利点であると考えられてきた点がことごとく否定されている。

また、記事88、89、90、92、93では、イギリスのグラスゴー大学のボイドによる『ロックからモンテッソーリへ』(*From Locke to Montessori*)(48)における論評が訳出されている。記事92では特に原理面への指摘がみられ、記事93では「モンテッソリー女史の個性論は、女史が人間の個性を生物学的の事実と見て、之が社会的の事実たるを忘れたから失敗に帰したのだ」(49)と、社会性の不備に言及している。そのほか、発達段階への理解の不十分さ、美的・道徳的方面の教育がなされない点、それと関連して教材の範囲が狭い点、家庭教育を補うことができないことなど、辛辣な批評が繰り広げられている。

アメリカにおいては、通説ではコロンビア大学のキルパトリック(W. H. Kilpatrick)の批判により、モンテッソーリ教育は衰退したとされている。キルパトリックは一九一二年頃からモンテッソーリ教育を批判的に検討し始め、一九一四年には*The Montessori System Examined*(50)を出版し、その問題点を指摘している。その批判論の紹介は、〈表1—1〉にみる限りでは、一九一九（大正八）年に神戸で行われた谷本富による保姆を対象とした講演の記事である記事123が直接的なものである(51)。当該記事には一九一五年の「*Montessori Examined*」を参照しているとあるため、ロンドンで出版されたものが用いられていると考えられる(52)。谷本は同書から批判点をまとめている。まず、フレーベルとモンテッソーリを比較し、「モ氏の理論は如何にも尤らしいが、彼の実際の方法は拙ない」と述べている。また、自己教育については、機械的で無変化、社会的興味の欠如、遊戯がない、話が部分的である、粘土細工がないという。さらに、実際的生活が実現されず、「社会的の団結」がない点、感覚練習に対する学説の根拠が古い点、早期からの読み書きは不要である点が挙げられている(53)。キルパトリックのモンテッソーリ教育批判は、このように谷本に理解され、現場の保姆にも伝えられたのであった。

先行研究では、日本におけるモンテッソーリ教育衰退の要因がさまざまに論じられてきた(54)。西川は「野上俊夫の転換と呼応するようにモンテッソーリ教育法への関心は急激に衰退する」(55)と述べている。西川によれば、野上の視察報告が端緒となり、それまでモンテッソーリ教育を試行してきた神戸幼稚園の実践者たちばかりか、教育界までもがモンテッソーリ教育から離れていったという(56)。しかし、筆者の調査によれば、野上の視察談（記事119）は記事数が激減した一九一七年に発表されており、これを契機に教育界全体においてモンテッソーリ・ブームが終息したとは考えにくい。さらに当該記事の内容を分析すると、批判は方法面に限定されているため、この視察談が決定的なものであったとは言い切れない。また、吉岡は、倉橋惣三、野上俊夫、入澤宗寿、小西信八、吉田熊次らの教育学者や、そのほかの実践者による、「各面各観点からの批判」が重なった結果、モンテッソーリ教育の受容は「第一期には結局、挫折に終った」と結論づけている(57)。

たしかに、教育界が信頼を寄せる教育学者たちの批判や一部の実践者の態度変容によって、モンテッソーリ教育は低迷したようにみえるが、実際にはより世界的な動向が関係しているのであった。〈表1―1〉に挙げた記事内容を分析すると、アメリカおよびイギリスの多様な批判論が輸入されていたことが明らかとなった。前述したように、アメリカやイギリスでは一九一四年前後からモンテッソーリ教育批判が起こっていたが、それと連動するように日本でも一九一四年頃からモンテッソーリ教育への本格的な批判が現れ始め、記事数も減少傾向となった。したがって、国内から自然発生的に批判がなされるようになったというよりも、むしろ国外からの情報によってモンテッソーリ教育離れが進行したと考えられよう。

5　おわりに

以上、教育雑誌記事の調査に基づき、近代日本におけるモンテッソーリ教育情報の普及状況について考察してきた。モンテッソーリ教育が日本の教育界に流行していたことは、モンテッソーリ教育に関する総計一四七件の雑誌記事が発表されていたことから明らかである。それは、一九一二年から紹介され始め、そのピークは一九一三年の三六件で、一九一七年には三件に激減していた。

雑誌記事の内容や典拠を分析したところ、その情報ルートは、外国の出版物（雑誌記事・文献）、視察者、来日した弟子などであった。その中で出版物からの情報が圧倒的に多い。これらの出版物は、英訳された『科学的教育学』『教育的人類学』などのモンテッソーリによる著作以外にも、アメリカやイギリスなどで発表されたモンテッソーリに関する文献や記事が中心であった。英語による情報収集の容易さもあったであろうが、諸外国中、両国は特にモンテッソーリ教育研究が盛んであったため、情報源となったといえよう。

本章での検討を通して、モンテッソーリ教育情報普及の特質として、以下の二点が明らかとなった。第一に、モンテッソーリ教育情報のほとんどがアメリカ・イギリス経由で流入しており、批判論までも主に両国から輸入されていた。モンテッソーリ教育が紹介された早期からすでにそれへの部分的批判がなされていたが、アメリカやイギリスにおいてモンテッソーリ教育批判が活発になされるようになると、国内でもそれをもとに多様な批判論が紹介された。したがってモンテッソーリ教育が衰退したのは、先行研究で指摘されてきたような国内からの自発的な批判によるというより、むしろ、直接的な要因は外国からの情報移入にあったといえる。

第二に、モンテッソーリ教育の流行現象が教育界全体に及んだことである。雑誌記事執筆者の顔ぶれをみると、教育学者のほかにも、幼稚園保姆、小学校訓導、中学校教諭、女学校教諭などがおり、さまざまな学校種における実践者がモンテッソーリ教育に着目していた。特に本研究では、モンテッソーリ教育が幼児教育だけではなく、小学校教育にも影響を与えていたことについて言及した。

以上より、当時の日本において、世界的なモンテッソーリ教育の展開を反映した情報普及の傾向がみられたことから、今後はよりグローバルな視点からモンテッソーリ教育受容の研究を進める必要があると示すことができた。また、モンテッソーリ教育は幼児教育や障害児教育などの特定の分野だけでなく、さまざまな研究・実践の現場に受容されていたと考えられる。今後は、大正新教育の先駆けの一つであったモンテッソーリ教育実践に関する個別事例の研究を蓄積することで、大正新教育実践の初期の特質や、それがその後の研究・実践に与えた影響について考察していきたい。

注

（1）北野誠子の研究（「我国の幼稚園に於けるモンテッソリー教育法の受容過程」『お茶の水女子大学人文科学紀要』第一八巻、一九六五年、一七―四三頁）をはじめ、西川ひろ子の研究（「大正期におけるモンテッソーリ教育法の受容――モンテッソーリ教具を中心に――」（『保育学研究』第三八巻第二号、二〇〇〇年、八―一六頁）、「野上俊夫と大正期のモンテッソーリ教育法」（『乳幼児教育学研究』第五号、一九九六年、六三―七一頁））など、幼児教育分野への影響に関する研究が多い。障害児教育分野においては、平田勝政・馬木菜々子の研究（「戦前日本におけるモンテッソーリの障害児教育への影響に関する歴史的考察――モンテッソーリ関係文献の整理・検討を中心に――」『長崎大学教育学部紀要』教育科学、第七一号、二〇〇七年、一三―二一頁）がある。

（2）吉岡剛「わが国におけるMontessori Methodの移入――その歴史と現在の動向――」『比較教育学研究』第一号、一九七一年、一九―三六頁。吉岡剛「わが国におけるMontessori Methodの移入――その歴史と現在の動向――（二）」『聖母女学院短期大学家政学科研究紀要』第五輯、一九七二年、七〇―九一頁。吉岡剛「モンテッソーリ法への「第一期」対応――受容と挫折の一サイクル――」『大正の教育』一九七八年、四三一―四八二頁。

（3）モンテッソーリ教育の動向や記事については『マリア・モンテッソーリ――子どもへの愛と生涯――』（リタ・クレーマー／平井久監訳、新曜社、一九八一年）を参照した。

（4）J.B. Merrill, "A New Method in Infant Education," *The Kindergarten-Primary Magazine*, 23 (4), 1909, 23(5), 1910, 23 (10), 1910.

（5）J. Tozier, "An Educational Wonder-Worker: The Methods of Maria Montessori," *McClure's Magazine*, 37(1), 1911.

（6）M. L. Fugina, *Origins and Current Status of the Montessori Movement in the United States*, University of Pittsburgh, 1963, p. 46.

（7）M. Montessori, *The Montessori Method*, New York, Fredrick A. Stokes Co., 1912.

（8）M. L. K. Wills, *Conditions Associated with the Rise and Decline of the Montessori Method of Kindergarten- Nursery Education in the United States from 1911-1921*, Graduate School Southern Illinois University, 1966, p. 36.

（9）E. G. A. Holmes, *The Montessori System of Education, Educational Pamphlets*, Great Britain Board of Education, no. 24, London, 1912.

（10）中田尚美「一九一〇年代イギリスのモンテッソーリ教育法導入過程に関する一考察」『大阪総合保育大学紀要』第九号、二〇一五年、一九五―二一〇頁。

（11）本調査では主に教育ジャーナリズム史研究会の『教育関係雑誌目次集成』の第一―四期（日本図書センター、

一九八六―一九九三年）を用いたほか、閲覧可能な教育学関連の主要な雑誌を活用した。記事の抽出に関しては、モンテッソーリ、モンテッソーリ教育、児童の家に該当する語句などを取り上げ、内容に基づき行った。モンテッソーリ教育に関して部分的に言及したものは含まずに、主題としたものを一覧にまとめた。なお、調査方法に関しては、遠座知恵氏、橋本美保氏よりご教示いただいた。

(12) 吉岡は当時のモンテッソーリ教育の動向を、モンテッソーリ教育関連の文献・雑誌記事・講演会・講習会・特記事項などから把握している。

(13) 吉岡による研究をもとに、淺野弘嗣ほか（「モンテッソーリ教育法受容第一期の教育界に関する一考察」『鳴門教育大学研究紀要』教育科学編、第一〇巻、一九九五年、一七七―一九四頁）や平田（前掲論文）もモンテッソーリ教育関連文献および雑誌記事のリスト化を進めた。

(14) なお、新聞上にもモンテッソーリ関連記事が掲載されているが、今回それらは一覧に含めなかった。ただし、新聞からの抜書が雑誌に掲載されている場合はその情報を付記した。

(15) 「大阪毎日新聞」日曜附録、一九一三年一二月一日。

(16) 「大阪毎日新聞」日曜附録、一九一四年五月一七日。

(17) 「大阪毎日新聞」一九一七年五月三一―五日。

(18) 「モンテスソリ教育」「万朝報」第六六三三号、一九一二年一月一一日。

(19) 新井誠夫「河野学士著『モンテツソリー教育法と其応用』を読む」『小学校』第一七巻第一〇号、一九一四年、六一頁。

(20) ＫＳ生「モンテツソリー学校の近況」『教育学術界』第三六巻第三号、一九一七年、六〇頁。

(21) 前掲『マリア・モンテッソーリ』三二一頁。

(22) 吉岡は第一期を一九一二年〜一九一五年頃までの「吸収期」、一九一九年六月までの「反省批判期」、一九三一年までの「講壇期」と区分しているが、後述するように批判は紹介早期から部分的に、一九一四年頃からは本格的に行われていた。また、早期から学者による紹介が行われていたことから、講壇期の時期にも再検討の余地があろう。

(23) 前掲「わが国における Montessori Method の移入――その歴史と現在の動向――」二一頁。

(24) 新井誠夫「児童の家（一）」『教育実験界』第三〇巻第一二号、一九一二年、七頁。

(25) Tozier, op. cit.

(26) J. Tozier, "The Montessori Schools in Rome," *McClure's Magazine*, 38 (2), 1911.

(27) 新井誠夫「「児童の家（上）」」『教育時論』第一〇〇四号、一九一三年、三三頁。

(28) M. Montessori, *Pedagogical Anthropology*, New York, Frederick A. Stokes, 1913.

(29) D. C. Fisher, *A Montessori Mother*, New York, Henry Holt & Co., 1912.

(30) 今西嘉蔵「モンテソリー式教育法」『小学校』第一五巻第六号、一九一三年、六五頁。

(31) 一九一五年一一月二五日にアメリカでモンテッソーリと面会した東洋幼稚園長岸辺福雄によると、モンテッソーリの弟子であるクラインが来日するとモンテッソーリが述べたという。実際一九一六年二月の岸辺の講演ではクラインが来日していることが言及されている（岸辺福雄「モンテッソリー女史と語る」『婦人週報』第二巻第二号、一九一六年、五頁。「亜米利加幼児教育視察談――（フレーベル会二月常集会に於ける講演）――」『婦人と子ども』第一六巻第三号、一九一六年、一〇四頁）。

(32) M. Montessori, *Montessori's Own Handbook*, New York, Frederick A. Stokes Co., 1914.

(33) 前掲「モンテソリー式教育法」六六頁。

(34) 西川ひろ子「大正期におけるフレーベル主義者たちのモンテッソーリ教育法との接触――頌栄保母伝習所創立者　アニー・L・ハウを中心に――」『中国短期大学紀要』第三一号、二〇〇〇年、一八五―一九六頁。

(35) 吉岡剛「我国におけるモンテッソーリ教育の諸動向――戦前期の各種状況（1）――」『モンテッソーリ教育』第三二号、一九九九年、四〇―四三頁。

(36) 吉岡はモンテッソーリ教育が小学校教育に適用された例として、河野清丸による実践や長野県師範学校附属小学校での実践を示している（前掲「わが国におけるMontessori Methodの移入――その歴史と現在の動向――」三〇頁）。河野に焦点をあてた研究には吉岡の「モンテッソーリ法紹介者・河野清丸の軌跡」（『関西教育学会紀要』第二号、一九七八年、四九―五二頁）や西川の「河野清丸におけるモンテッソーリ教育法の受容と自動教育論との関係」（『広島大学教育学部紀要』第一部、教育学、第四七号、一九九九年、一七九―一八七頁）などがある。

(37) 槇悦太郎「モンテソリーの教育原理を応用したる珠算教授」『小学校』第一六巻第一二号、一九一四年、一〇頁。

(38) 同前論文、一一頁。

(39) 前掲『大正の教育』四六三頁。

(40) 鈴木重信「モンテスソリー教育法」『教育時論』第九六七号、一九一二年、一五頁。
(41) 原田実「幼児の新教育法――モンテッソリー女史の『子供の家』――」『婦人評論』第三巻第一一号、一九一四年、四〇頁。
(42) 同前。
(43) 「モンテッソリー教育法の批評」『丁酉倫理会倫理講演集』第一四三号、一九一四年、八七頁。
(44) *Continent*, Chicago, McCormick Pub. Co.
(45) 前掲「モンテッソリー教育法の批評」八八頁。
(46) 同前論文、九二―九三頁。
(47) 同前論文、九三頁。
(48) W. Boyd, *From Locke to Montessori: A Critical Account of the Montessori Point of View*, London, George G. Harrap & Co., 1914.
(49) 平木熊一「ボイド博士のモンテッソリー評論」『小学校』第一九巻第七号、一九一五年、二三頁。
(50) W. H. Kilpatrick, *The Montessori System Examined*, Boston, Houghton Mifflin Co., 1914.
(51) ただし、キルパトリックの批判論の輸入については、〈表1―1〉に挙げたモンテッソーリを主題とする論文からだけでは分析が不十分であるため、今後雑誌記事以外の情報も含めて検討したい。
(52) W. H. Kilpatrick, *The Montessori System Examined*, London, s. n., 1915.
(53) 谷本富「幼稚園教育学講義――神戸に於ける講演――第三章モンテツソリーの方法に就て」『幼児教育』第一九巻第六号、一九一九年、二七五―二七六頁。
(54) 前掲の吉岡、西川、平田の研究のほか、土山きよみ他の研究（「わが国におけるモンテッソーリ教育法の受容第一期」『鳴門教育大学研究紀要』教育科学編、第八巻、一九九三年、一一一―一二三頁）などがある。
(55) 前掲「野上俊夫と大正期のモンテッソーリ教育法」六八頁。
(56) 西川がその根拠として挙げている雑誌記事数の推移が、一九一二年に一八件、一九一三年に二九件、一九一四年に一九件、一九一五年に二三件、一九一六年に六件、一九一七年に九件、一九一八年に二件、一九一九年に三件、一九二〇年に二件、一九二一年に四件と記され、「この推移表からも野上の転換とモンテッソーリ教育法の関心の衰退が同時期に起こっている」としているが（前掲「野上俊夫と大正期のモンテッソーリ教育法」六八頁）、野上の視察報告は一九一七年五月（注17に示した「大阪毎日新聞」上の記事）以降であり、西川の調査において一九一五年から一九一六年の最も大きく記事数が減少している時期とは矛盾している。

(57) 前掲『大正の教育』四六六、四七〇頁。

第2章　ゲーリー・プラン情報の普及

W. A. Wirt

角谷　亮太郎・塚原　健太

1　はじめに

問題関心と研究目的

ゲーリー・プランは、アメリカのインディアナ州ゲーリー市の教育長ワート(William Albert Wirt, 1874-1938)によって創案された公立学校改革の計画であり、初期進歩主義教育運動における教育改革の典型として評価されている(1)。当時のアメリカでは都市を中心に、急速な産業発達とそれにともなう社会構造の変化によって、地域社会や家族によって醸成されていた伝統的な価値観に代わって、物質主義、政治的民主主義、金融資本主義などの論理が横行していた。こうした混乱した社会状況にあって、人間性や真の民主主義を教育から回復しようと、民衆や教育関係者の情熱によって展開されたのが初期進歩主義教育である。一方で、工業都市の爆発的な人口増加は、急増した子どもたちを限られた教育施設によって教育しなければならないという現実的な問題を生じさせていた。同プランは、これら初期進歩主義教育が抱えていた理念上と現実上の両面の課題に対応したものであった。こうした事情から、同プランは一九二九年に四一州二〇二の都市において一〇六八校に採用されており、その影響をまったく受けなかった地方はほとんどなかったとまでいわれている(2)。

このように、ゲーリー・プランがアメリカにおいて広く普及したことは指摘されてきたものの、同時期の日本においても早くから注目を集めていたことはあまり知られていない。実際に、吉田熊次や長田新といった教育学者や、河野清丸、北澤種一といった実践研究の主導者など、著名な教育家が同プランの紹介に努めていたことから、その情報が重視されていたことは明らかであるが、日本への影響についてはほとんど解明されていないのである。先行研究は、同プランが一九一六（大正五）、一九一七（大正六）年頃に注目され始めたことや、労働力確保や実業教育という国家的要求に即して理解されていたこと、そして日本の実践改革にほとんど影響を与えなかったことを指摘している。しかし、これらの知見は同プランを紹介したわずかな刊本や雑誌記事を検討したものであり、そもそも日本においてその情報がどの程度普及し、またどのような文脈で理解されていたのかは不明である。同プランが日本の教育改革に与えた影響を実証的に解明するためには、まず日本の教育界全体がどのような関心を示したかを明らかにすることが必要であろう。

そこで、本章では、近代日本におけるゲーリー・プランの受容実態に迫るための基礎作業として、同プランに関する情報が日本にどのように普及し、どのように受け止められていたのかを明らかにしたい。そのために戦前におけるゲーリー・プランに関する教育雑誌記事の調査に基づき、第一に、紹介の嚆矢を検討することで、導入初期においてゲーリー・プランのどのような側面が注目されていたのかを明らかにする。第二に、記事数の推移と執筆者の変化からゲーリー・プラン情報の普及状況を概観する。第三に、記事内容の分析によって、日本の教育界の関心の動向や、情報の普及実態の特徴について考察したい。

以上のような課題の遂行は、日本におけるゲーリー・プラン受容実態の解明に資するのみならず、初期進歩主義教育の情報がどのように理解されていたのかを明らかにするうえで、示唆を与えると考えられる。そこで以下では、まずゲーリー・プランのアメリカ教育史上の位置づけについて整理しておきたい。

ゲーリー・プランの概要とアメリカ教育史上の位置づけ

インディアナ州のゲーリー市は、一九〇五年に米国製鋼会社（United States Steel Corporation）が、ミシガン湖のほとりに製鉄工場の建設を決定したことが契機となって急速に発展した工業都市である。同市の人口は製鋼工場の労働者を中心に急激に増加し、一九一〇年には約一七、〇〇〇人、一九一六年には約五万人、一九三〇年には約一〇万人にも上ったのである(3)。一九一〇年当時の人口構成は、本人・両親ともに国内生まれの白人は27％とわずかであり、残りの73％がヨーロッパを中心とした移民やその二世が占めていた。したがって、同市は、社会的地位が低い層の人口の増大、多様な民族や言語の混在という状況にあり、そうした市民をいかにアメリカ化するかという、工業都市特有の問題を抱えていたのであった。そうした課題に取り組むうえで学校教育が重要になると考えられるが、当時の同市には学校がなく、子どもたちは隣接する小さな町の学校に通っていた。そこでは多様な子どもたちを大量に収容して教育しなければならず、一人の教師が六七人もの子どもたちを一度に教えていたという。このような状況の中で、学校教育改革を期待され、ワートは一九〇七年に同市の教育長として招聘されたのである(4)。

ワートは、一八七四年一月二一日にインディアナ州マークルに生まれ、一八九四年にデポー大学（DePauw University）を卒業した。一八九三年からは同州レッキー市のハイ・スクールの校長、一八九五年には同市の教育長を歴任している。一八九八年にM. A.（Political Science）を取得し、一八九九年には同州ブラフトン市の教育長に着任しているが、そこでの取り組みの中でゲーリー・プランの着想を得ていたといわれている(5)。その後、七年間にわたるブラフトン教育長時代を経て、一九〇七年にゲーリー市の教育長に着任し、同市公立学校の改革を主導していくことになる。ワートは、着任当初、自身の改革案（ゲーリー・プラン）を「仕事・学習・遊びの学校組織（Work-Study-Play School Organization）」と呼称していたが、一般には「ゲーリー・システム」や「ワート・システム（Wirt System）」として普及した。さらに一九一〇年代末頃からは「プラトゥーン・プラン（Platoon Plan）」という名称で知られるようになる（6）。

これまでの研究において、同プランは二つの視点から評価されてきた。一つは、クレミン（Lawrence Arthur Cremin）のように、ワートをデューイ理論の継承者とみて、民主主義的な社会改革を目指したものとして同プランを高く評価するものである（7）。すなわち都市に失われた人間性と人間関係を回復し、民主的な社会を実現するという、当時のアメリカ社会が抱える課題に教育実践から切り込んでいったとみる立場である。もう一つは、キャラハン（Raymond Eugene Callahan）やラッシュ（Christopher Lasch）のように、同プランは、教育における経済効率を追求するものであり、人間性回復や民主主義の実現といった教育理念に主眼があったのではないとする評価である（8）。すなわちゲーリー・プランが「二部制（duplicate school system）」の採用によって、最小限の設備や人的資源で、一度に大量の子どもを収容する経済的な効率性に優れたプランだとして全米でもてはやされたように、工業都市特有の人口激増という至極実際的な問題に対応した教育計画と捉える立場である。

こうした研究から、筆者は、ゲーリー・プランの特徴は初期進歩主義教育が直面していた上記二つの課題に同時に取り組んでいたことにみられると考える。すなわち、人間性回復と民主主義の実現という社会改革的な理念を確立し、さらに、それを経済的制約の厳しい公立学校制度の中で実現してみせたところに意味があるのではないだろうか。だからこそ、同プランは決して経済的に裕福ではない地方の自治体にもそれぞれの条件の下で公立学校を改革できる可能性を提示し、希望を与えることができたのであろう。

以上のように、ゲーリー・プランは当時全米の教育関係者が注目した改革事例であり、この後全米で展開される進歩主義教育運動を先導した学校改革であったと位置づけられる。

そこで次節では、このプランが同時代の日本にどのように紹介され、教育界に普及していったのかをみることとしよう。

2　ゲーリー・プランへの注目

日本における紹介の嚆矢——眞田幸憲による紹介

従来、ゲーリー・プランが最初に日本に紹介されたのは、一九一六、一七年頃であると推測されてきた(9)。それは、一九一八（大正七）年七月に刊行された田中廣吉著『ゲーリー式の学校』が、欧米に留学（一九一三—一九一六）していた京都帝国大学教授の野上俊夫が持ち帰った資料に多くを依拠していることによっている。しかし筆者が調査したところ、それよりも三年ほど早い、一九一三（大正二）年五月にはすでに「ゲーリー式の学校施設」という記事が『小学校』誌上に掲載されていた。そのことから、文献上における同プランの紹介は、一九一三年に始まったとみてよいだろう。この記事は、当時、奈良女子高等師範学校教授兼同附属小学校主事であった眞田幸憲によって著されたものであり、当時シカゴ大学の教授であったボビット（John Franklin Bobbitt, 1879-1956）による一九一二年の論文"The elimination of waste in education"の内容のうち、ゲーリー・プランにおける「科学的経営法（scientific management）」の四原則に関する部分を抄訳し、それに対して眞田自身が所見を述べたものである。

ボビットは、アメリカ教育史において、カリキュラムの科学的研究を創始した人物として位置づけられているが、その端緒となったのがゲーリー・スクールの評価を行ったこの論文である。彼はその中で、近代的な労務管理の起源とされるテイラー（Frederick Winslow Taylor, 1856-1915）の「科学的経営の原理」を援用することで、ゲーリー・プランの学校経営の原理について説明した(10)。ボビットが提示した四つの原則のうち、はじめの三つは二部制に象徴されるように効率的な学校経営に関するものである。また第四原則においてボビットは、工場生産のメタファーを教育の過程に応用することによって、個に応じたカリキュラムを構成する必要性を述べた。教育長を「教育エンジニア」、学校を「工場」と表象し、原料がその特質に応じた製品に作り上げられる過程と教育の過程の同質性を見出すことによって、個々の子どもの器量、つまり性別や将来の社会的、職業的な要求に応じることができるように、カリキュラムをフレキシブルにすることが求められた。こうした当時の産業発展を背景に、工場生産の過程と教育の過程のアナロジーを見出し、社会の要求に応じて効率性を追求する教育を提唱したことから、ボビットは社会的効率主義に立つ教育学者として評価されている(11)。

それでは眞田は、ボビットの論文を通してゲーリー・プランの特徴をどのように紹介していたのであろうか。彼はゲーリー・スクールで採用されている科学的経営法を「科学的学校利用法」と訳出し、その要点が、工業発達にともなう都市の人口増から生じた教育実施上の現実的な問題に対して「教育の効力を失ふことなきを目的とする」ところにあると述べる。すなわち彼は、ゲーリー・スクールの学校経営法を、教育的な効果を担保しつつ経済的な問題を解決しうる方途と捉えていたと思われる。そうした彼の姿勢は、第一の原則、「学校を使用し得らるゝ時間中は、其全設備を利用すべし」に対する所見の中にも確認できる。この原則は、普通教室と特別教室や運動場などを子どもたちが移動することで、授業時間帯はそのすべてを使用することが可能になり、すべての学級分の普通教室を設ける必要がないという設備上の効率性に関するものである。この原則を紹介する中で眞田は、日本の初等・中等教育における設備投資が、外装に偏る傾向があるために、日常生活や学習に密接に関係する部分を蔑ろにすることがないようにと警鐘を鳴らしていた(12)。そして、このような経済効率上の特徴よりも、「個人の能に応じて教育すべし」という第四の原則が示している教育の個別化が「学校革新の一理想」であり、「学校革新の一動機」であると述べ、この点にこそ科学的経営法の教育理念上の特徴があるとみていたのである(13)。

眞田は以上のようなゲーリー・プランの特徴に注目したうえで、同プランの原理を日本の学校教育に敷衍する可能性について言及している。日本とゲーリー市では、制度や経済状況の点で事情が異なることをことわりつつも、「教育の効果を減ぜずして、しかも経費を要すること尠からしむべしとする主義」においては、両者の共通点を見出している。そのうえで、行政家や政治家が進める経済性重視の政策の下で、当時の日本の教育者が、理想の教育の実現よりも経済的な事情を考慮する傾向にあることに問題を感じていた(14)。以下の記述から、眞田がゲーリー・プランを、こうした状況を打破するための一つのモデルと捉えていたことがわかる。

教育実際家に於て、二部教授以外に、適切なる学級編制法ありて、経済上有利なるものを提供せんか。豈之をとらざるの理あらんや。若し夫れ経済的圧迫の為に、教育の効果を減ずることありとせば、学校の施設法に関し、教育の実際に当る吾人の研究、尚不十分なる点あるに帰すべきものも尠しとせざるべし。ゲーリー式編制法を述ぶるに際し、最後に所感を述ぶること丶せり。(15)（傍線—引用者）

眞田は、経済的圧迫という現実的な問題を乗り越え、教育の理想を追求するうえで適切な方法を研究することを「教育実際家」に求めるとともに、その研究対象の一つとしてゲーリー・プランに可能性を見出していたのであった。

情報普及の端緒——吉田熊次による紹介

筆者による調査では、眞田がボビットの論文による紹介を行ってから三年弱の間は、ゲーリー・プランを主題とした雑誌記事はみられなかった。その後の情報普及の端緒になったのが、一九一六（大正五）年の一月から二月に二号にわたって『教育学術界』誌に発表された吉田熊次による「ゲーリー・システム論」であったと考えられる。当時、東京帝国大学助教授であった吉田は、私費による欧米旅行中の一九一三（大正二）年一一月にゲーリー市のエマーソン校を視察している(16)。この記事は、彼自身が参観によって把握したゲーリー・プランの特色について、帝国教育学研究会で発表した内容に基づき、寄稿されたものである(17)。

視察報告であるこの記事の紙幅は、そのほとんどが時間割や教室の運用法に割かれている。それは、彼がゲーリー・プランを「教育主義上の特色を有つて居る学校教育」であるという見方に疑問を呈し、「ゲーリー・システムの本質は学校管理即ちスクール・マネージメントの点に在る」「即ち経済的に学校を経営して、しかも、設備を良くせんとするのがゲーリー・システムの本質である」と捉えていたからにほかならない(18)。ボビットが提示した科学的経営法の第四の原則である「生徒の個性に応じ、個性相当の発達をさせる」という特徴についても、吉田は単に子どもの好みに応じた科目の自由選択や、放課後や土曜日における補習の問題に矮小化して論じており、個人の能力に応じ教育を展開することが学校改革の原動力となり得ると主張した眞田の捉え方とは対照的である(19)。

吉田は「ゲーリー・システムを新しい教育主義の学校組織とは見ない」としながらも、教育的な特徴について少なからず言及している。ただし、それは、学科担任制を採用している点や、小学校と中学校を同じ校地校舎に設けている点など、学校経営上の工夫が紹介されているにすぎない。そして、そうした特徴よりも、ゲーリー・プランが教育上に抱える問題点の方が強調されている。吉田の注意は、学校設備の経済的利用を重視したことによる子どもの学力差や精神疲労の状態などではなく、教室の効率的使用を優先した時間割組織法に向けられている。すなわち、そうした学校設備や時間割の運用方法に対して、「却て生徒の学習のエヒゼン《ママ》シーを度外する事がないか」と疑問視しているのである。彼は「科学的管理法は主義に於て結構」と述べるように、その理念自体には賛同していたが、それが経済効率の追求にのみ機能していることを批判し、「教育的エヒセンシーを挙げ」るために機能すべきだと主張したのであった。

以上のようにゲーリー・プランの特徴をめぐって、設備上の経済効率の行き過ぎを批判し、教育的効率を重視する必要があると主張する点において、吉田と眞田は同様の立場に立っていたといえる。しかし、経済的問題を解決したうえで、さらに教育的効果を高めていく方途の追求という観点からは、その立場を異にしている。すなわち眞田がそのための学校改革のモデルとしてゲーリー・プランを研究する可能性を認めていたのに比して、吉田は次のように、同プランを研究対象とすることに批判的な態度を採ったのであった。

> ゲーリー・スクールは、新しく研究する必要があるとしても、果して是が教育の学術的経営と云ふことが出来るか何うかと云ふ事は、断言は出来ない。私などは寧ろ此点に於て、スケプチツクの態度を取る者である。(20)

このようにその後の情報普及の端緒となる紹介は、ゲーリー・プランを学校改革のモデルとして研究することに批判的な立場から行われていたのである。

3　雑誌での紹介とその動向

雑誌記事数の推移

前節でみたように、先駆的な紹介者である眞田と吉田は、ボビットの論文に依拠したことで、ゲーリー・プランを科学的経営法の文脈で理解していたのであった。それでは、その後日本の教育界において同プランの情報は、どのような広がりをみせ、どのように受け止められたのであろうか。この点を解明するために、本研究ではゲーリー・プラン、プラトゥーン・プラン、仕事・学習・遊びの学校組織などを主題とする雑誌記事がいつ頃、どのくらい発表されていたのかを調査した。〈表2―1〉は、戦前に刊行された教育関係雑誌を対象として、筆者が収集した記事を一覧にしたものである。

〈表2―1〉から、吉田による紹介と同年の一九一六年には、すでにゲーリー・スクールの情報のみならず、ニューヨーク市におけるゲーリー・プランの実施が報じられていたことがわかる。ニューヨーク市では、市政改革の一環として教育改革に取り組んだミッチェル市長（John Purroy Mitchel）が、一九一四年六月のゲーリー市への視察を経てゲーリー・プランを採用することを決定した。数ヶ月のうちにブルックリンとブロンクスの各一校ずつに同プランが導入され、翌年（一九一五年）の秋には市内のすべての小学校において同プランを採用することが求められるに至った。その後、ミッチェル市長による性急な導入や同プランの経済的・教育的意義に対して懐疑的な政治家による反対運動が展開された。一九一七年の市長選では、ゲーリー・プランの導入が主な争点となったが、現職のミッチェルが敗北したことにより、同プランが市全域に実施されることはなかったという[21]。久保良英の記事（記事6）が掲載された一九一六年時点では、ニューヨーク市におけるゲーリー・プランの全面的な導入の成否は判明

表2—1　ゲーリー・プランを主題とする雑誌記事一覧

	発行年	月	日	著者名	記事名	掲載誌	巻	号
1	1913	5	15	眞田幸憲	ゲーリー式の学校施設	小学校	15	4
2	1916	1	1	吉田熊次	ゲリーシステム論	心理研究	9	1(49)
3	1916	1	1	吉田熊次	ゲーリー・システム論	教育学術界	32	4
4	1916	2	1	吉田熊次	ゲーリー・システム論（続）	教育学術界	32	5
5	1916	8	15		ゲーリー式公立学校	日本之小学教師	18	212
6	1916	12	1	久保良英	紐育市に試みられつゝあるゲーリー式の学校	内外教育評論	10	12
7	1917	2	1	長谷川乙彦	米国「ゲーリー」学校の教育法（一）	学校教育		39
8	1917	2	28	長谷川乙彦	「ゲーリー」学校の教育法	岐阜県教育		271
9	1917	3	1	長谷川乙彦	米国『ゲーリー』学校の教育法（二）	学校教育		41
10	1917	3	1		米国「ゲーリー」学校総校長ワート博士と其令息	学校教育		41
11	1917	4	1	市村與市	ゲーリー、公立学校（一）	教育学術界	35	1
12	1917	5	1	市村與市	ゲーリー、公立学校（二）	教育学術界	35	2
13	1917	5	20	在米八田三喜通信	ゲーリー学校経営法概観	東京教育		324
14	1917	7	1	KS生	ゲーリーシステムと運動問題	教育学術界	35	4
15	1917	9	1	槇山榮次	ゲーリーシステムに適用せられたる教育の理説	帝国教育		422
16	1917	11	25	三宅驥一	ゲーリーシステム	教育時論		1174
17	1918	2	1	福家惣衞	ゲーリー学校の実況	小学校	24	10
18	1918	9	1	パットマン大野生訳	ゲーリー案の批評	教育研究		182
19	1919	7	31	平田華藏抄	ゲーリー、システムに対する批評	児童教育研究会紀要	1	
20	1919	12	1	瀬尾武次郎	ゲリーシステムに就て	内外教育評論	13	12
21	1920	1	1	河野清丸	ゲーリー学校の教育法（一）	教育論叢	3	1
22	1920	2	1	河野清丸	ゲーリー学校と教育経済	教育論叢	3	2
23	1920	4	1	河野清丸	ゲーリー学校の教科目訓練並に批判（完）	教育論叢	3	4
24	1920	6	25	北五高小英語会	プラトーン、システム。	宮城教育		271
25	1921	3	15		ゲーリー制の嚆矢	教育時論		1293
26	1921	6	30	總山文兄	「ゲーリー学校に就て」	岐阜県教育		322
27	1921	7	20	文部省調査	ゲーリーシスラムの大要	山口県教育		259
28	1921	8	1	瀬尾武次郎	ゲーリー式の論争	内外教育評論	15	8
29	1921	10	1	大杉謹一	ゲーリー学校について	裁縫雑誌	20	10
30	1921	10	1	阿部重孝	ゲーリー・スクール（上）	帝国教育		471
31	1921	11	21		ゲーリー　システムニ対スル米国諸都市視学官ノ意見	文部時報		57
32	1921	12	1	阿部重孝	ゲーリー・スクール（下）	帝国教育		473
33	1921	12	15	文部省	ゲーリー、システムの状況	日本学校衛生	9	12
34	1922	10	1	島爲男	流動組織プラツウーン学校案の研究	教育問題研究		31
35	1923	2	1	島爲男	流動組織プラツウーン学校案研究	教育問題研究		35
36	1923	4	1	阿部重孝	プラトーン・プラン（一）	小学校	35	1
37	1923	6	1	阿部重孝	プラトーンプラン（二）	小学校	35	5
38	1923	6	15	阿部重孝	プラトーン・プラン（三）	小学校	35	6
39	1923	10	1	島爲男	プラツウーン・プラン学校について	教育学術界	48	1
40	1923	11	1	島爲男	プラツウーンプラン学校について（下）	教育学術界	48	2
41	1924	1	15	窓外生	中等教員にゲーリーシステムの採用を望む	千葉教育		381
42	1924	6	1	長田新	合衆国の新学校　プラトーン学校	教育学術界	49	3
43	1924	7	1	長田新	「プラトーン」学校ノ七大目的	児童研究	27	10
44	1925	6	1	山本勘助	プラツウーンスクールに就いて	小学校	39	3
45	1926	4	1	北澤種一	「作業―学習―遊戯」学校の教育原理及其組織	児童教育	20	4
46	1926	5	1	北澤種一	「作業―学習―遊戯」学校の教育原理及其組織（完）	児童教育	20	5
47	1926	5	1	北島修一郎	プラトーン学校の紹介と報告	教育問題研究		74
48	1926	8	15	生田美記	米国の新組織プラトウーン学校	南満教育		63
49	1927	5	1		ゲリーシステム	教育問題研究		86
50	1927	6	15	吉良信之	プラトウン、プランの一変形	教育時論		1512
51	1927	6	15	生田美記訳	プラトウーン組織を加味せる学級編成	南満教育		73

52	1927	8	1		プラトウン・プラン	教育問題研究		89
53	1928	7	1	塚本清	ゲーリー・プランの最近事情―そのエマーソン校視察記（一）―	学習研究	7	7
54	1928	8	1	塚本清	ゲーリー・プランの最近事情―そのエマーソン校視察記（二）―	学習研究	7	8
55	1929	8	5	S・T生	プラテーゥン案の学校経営	教育時論		1589
56	1929	8	15	S・T生	プラテゥーン案の学校経営（二）	教育時論		1590
57	1929	8	25	S・T生	プラテゥーン案の学校経営（三）	教育時論		1591
58	1931	5	1	堀七藏	米国小学校教育に於けるプラトウンプラン	児童教育	25	5
59	1934	9	1		ゲーリー・システム　十四章	教育学術界	69	

表２－２　ゲーリー・プランを主題とする雑誌記事数の推移

年	ゲーリー	プロジェクト	ドクロリー
1913	1		
1914	0		1
1915	0		
1916	5		
1917	10		
1918	2		
1919	2		
1920	4	1	0
1921	9	28	0
1922	1	27	1
1923	6	11	1
1924	3	2	1
1925	1	4	9
1926	4	2	2
1927	4	5	3
1928	2	3	2
1929	3	3	4
1930	0	0	6
1931	1		4
1932	0		1
1933	0		4
1934	1		2
1935			2
記事数合計	59	86	43

していなかったが、いずれにしても初期の段階において、同プランが他の公立学校改革にも影響を与えていた事実は日本に紹介されていた。

次にゲーリー・プラン情報普及の量的な特徴を把握するために、プロジェクト・メソッドに関する遠座知恵・橋本美保による同様の調査、およびドクロリー教育法に関する橋本による同様の調査を参考に比較を試みたい(22)。〈表2―2〉は遠座・橋本の研究および橋本の研究から年次別記事数の推移を引用し、今回の調査結果と比較したものである。

ゲーリー・プランに関する記事の総数は、プロジェクト・メソッドの八六件に対して五九件と少なく、ドクロリー教育法の場合と同程度となっている。またプロジェクト・メソッドの記事数が一九二一（大正一〇）年から翌一九二二（大正一一）年にかけて急増し、一九三〇（昭和五）年にはまったくみられなくなるのに対して、ゲーリー・プランを紹介した記事は、先述の一九一六年の吉田の記事以降一九二九（昭和四）年まで絶えず発表され続けている。その後、紹介記事がみられない年もあるが、一九三四（昭和九）年までは継続して記事が発表されており、眞田による一九一三年の記事から、二〇年間にわたって日本の教育界がゲーリー・プランに注目していたことが看取される。記事数の推移をみると、一九一七年の一〇件、一九二一年の九件と、二度のピークがみられる。また、一九二〇（大正九）年の北五高小英語会（記事24）による記事を皮切りに、「プラトゥーン・プラン」という用語を冠した記事が多くを占めるようになってきている。プラトゥーン・プランが全米の公立学校改革に影響を与えていくというアメリカ教育界における情報の広がり方に呼応して、日本の教育界でも同様の広がり方をしていたことを指摘できる。

執筆者の変化

ゲーリー・プランを紹介した執筆者には、東京帝国大学の吉田、阿部重孝、広島高等師範学校の長田新など教育学研究者の名が全期間を通してみられる。とりわけ最初の記事数のピークである一九一七年までの執筆者には、吉田のほかアメリカのクラーク大学（Clark University）に留学中であった心理学者の久保などの研究者、また奈良女子高等師範学校附属小学校主事の眞田や、当時渡米中であった東京府立第三中学校校長の八田三喜といった、教育実践に関心を持つ研究者が多くみられる。

次に、一九一八年以降の執筆者をみると、福家惣衞、瀬尾武次郎、塚本清などの教員や、河野清丸、北澤種一など小学校主事として学校現場で実践改革に携わっていた人物による記事が目立つ。第二回目のピークである一九二一年には、文部省による調査報告が複数あり、同年以降には元公立学校長で当時、岐阜県教育会幹事だった總山文兄、南満州の視学であった生田美記といった教育行政の関係者による紹介がみられる。このように、同プランが文部省や地方の教育行政関係者によって注目されていた点は、プロジェクト・メソッドやドクロリー教育法など他のメソッドの普及にはみられない特徴である。

それを典型的に表しているのが、文部大臣の諮問機関として一九一三（大正二）年六月一三日から一九一七（大正六）年九月二一日まで設置されていた教育調査会[23]による、一九一七年八月一五日の『ゲーリー公立学校制度』の発行である[24]。同書には、アメリカで発行されたゲーリー・プランに関する複数の報告書や雑誌記事などの翻訳が収められている。中等・高等教育を中心とした学校制度に関する調査・審議を行っていた教育調査会や、文部省によってゲーリー・プランが紹介されていた事実から、同プランが学校制度改革を進めていく上での何らかのモデルとなっていた可能性もあるが、同プランが注目された経緯や、学制改革への影響の解明は今後の課題である。

その他、植物学者で東京帝国大学農科大学助教授の三宅驥一などの教育関係ではない人物による紹介があることも、ゲーリー・プラン情報の普及の特徴である。〈表2―1〉からは除外したが、教育関係以外の雑誌においてもゲーリー・プランの紹介がいくつかみられる。『龍門雑誌』には澁澤榮一事務所による抄訳（一九一六年）[25]、『斯民』には法学士の高木季熊による紹介（一九一七年）[26]、『実業之日本』には実業家の井上雅二による紹介（一九二二年）[27]などがみられる。

続いて、〈表2―1〉の記事の執筆者がゲーリー・プランのどのような点に着目していたのかをみていきたい。

4　記事内容にみる着眼点

効率性への注目

〈表2―1〉に挙げたほぼすべての記事に共通して言及されているのが、ゲーリー・プランないしプラトゥーン・プランが、児童・生徒数の増加に対応するためのプランだという点である。教育対象とする子どもの半数が収容できる普通教室と、残りの半数が収容できる特別教室や講堂などを設置し、すべての施設を常に使用することで、従来の設備のままで二倍の子どもを教育できることが紹介されていた。

三宅驥一（記事16）や窓外生（記事41）による紹介では、当時の日本で高まっていた中等・高等教育の機会拡大の要求に対応するために、ゲーリー・プランを採り入れることで学校を新設しなくとも多くの生徒を収容できることを主張していた。三宅はゲーリー・プランの特徴を「変則の二部教授」と述べており[28]、同プランを二部教授の延長で捉えていたといえる。阿部重孝の記事（記事30、32）は、同プランの特徴として、カリキュラムにおける多様な教科の導入を挙げつつも、「校舎なり設備なりを有効に且つ経済的に使用する点」にも特徴を見出しており、その学校組織を「二重学校」（Duplicate School）と表現したうえで、時間割や教室の運用方法を中心に紹介を行っている[29]。また、北五高小英語会の記事（記事24）を嚆矢とするプラトゥーン・プランの紹介では、プラトゥーンという用語に象徴されるように、児童・生徒を小団に分けて、普通教室と特別教室を交互に使用するという学校組織の運用方法の説明に紙幅が割かれている。

一方、児童・生徒数の増大への対応策が、従来の二部教授とは異なることを指摘するものもあった。たとえば、大野生（記事18）による、パットマン（John Harold Putman）の"Modern educational movements"[30]の翻訳では、児童・生徒数の増加に対しては「二部教授をなし、一教室に於て一教師が二学級を教へるのが普通であるが、監督ウアート氏は全く別種の方案を工夫して、それを実施した」として、教科担任制を採用するとともに、従来軽視されてきた遊戯や音楽などを重視してその活動のための設備と時間を確保することが要点であることにふれている[31]。また、河野清丸（記事21）も、ゲーリー・プランを「巧に利用せば、我国の学校から二部教授を駆遂《ママ》して了ふことが出来る」と述べており[32]、大杉謹一（記事29）も、「「ゲーリースクールプラン」なるものは、決して我々が単純に考へてゐるやうな二部教授でもなければまた生徒が学科毎に毎時間その教室をまはり歩く「空巣ねらひ」でもない」と指摘していた[33]。彼らの記事では、ゲーリー・プランが採用している「二部制」が、日本で一般的に行われている「二部教授」とは根本的に異なるものであるとの認識のもと、後者を乗り越える可能性を同プランに見出していた。

エマーソン・スクールにおいて生徒たちによって運営される自治組織（Boyville）での銀行の様子。こうした機関や工場などで実際的に仕事に従事することによって、学校全体がコミュニティとして機能するとともに社会性の育成が目指された。

実社会との連続性への注目

先に検討したゲーリー・プランの効率性は、多くの論者が注目した特質であるが、同プランの主眼が「学校の社会化」にあると捉える論者もいた。大杉の記事（記事29）では、同プランは「「学校の社会化」といふ最近アメリカに於ける教育哲学の流れが根底をなしてゐる」と紹介している(34)。八田三喜の記事（記事13）は、ゲーリー・プランの特色の一つに「学校を中心とする社会教化を目的として実社会と学校との連絡を計ること」があるとし、職業訓練が教育活動として採り入れられている点や、学校の中に工場や店を設けることで実社会と同様の訓練を実施できる点、土曜日や平日の夜に地域に学校を開放し、児童・生徒のみならず住民の教育に寄与している点に言及していた(35)。また、瀬尾武次郎の記事（記事20）でも、地域住民に学校が開かれている点について、次のように紹介されている。

是のシステムを一言に約すれば一般市民――一般国民、の教育に関しての共鳴である、而して児童青年も勉強すれば中年老年も勉強する、其市町村に関しての出来事には老若男女皆関係して、極力働くと言ふことである。従来は、家庭だけで其家族が喜怒哀楽を共にして居たのを、この度は推し拡げて其社会のもの一同が共にすると言ふことにする、かくして教育家は教師の肩書あるものの謂でなくて、一般市民も亦教育家であると言ふ精神となることである。(傍点を省略―引用者)(36)

このように、学校と実社会との連続性については、工場、銀行や商店などで実際に行われている社会的活動が採り入れられている点と、学校での教育・設備が地域住民にも開かれている点にその特質が確認されていた。「作業・学習・遊戯」(Work-Study-Play)を掲げたゲーリー・プランの教育原理については、多くの記事では説明されていないが、この点に注目した紹介も少数ではあるが行われていたので、次にみてみたい。

教育原理への注目

市村與市の記事(記事11、12)では、ゲーリー・プランにおける三つの教育原理のうちの「学習」を取り上げ、それが単に個々の教科の知識・技能を習得するだけでなく、それらを相互に関連させて学校生活の場で活用させるものであったことを次のように説明している。

歴史科、地理科は其地方、州、及市政都市の設計、人民の生活及習慣等を古代より近世に亘りて研究する。彼等は新聞雑誌を読み、絵画を蒐集し、又自身で地図を作製する。彼等は何故に現代があるかを説明する為めに倒まに歴史を研究する。作文や、文法の様な普通の学校では死んだ学科として取扱はれてゐるものでも、ゲーリー学校では之を巧に活用して居る。[中略]昨年(一九一五年)化学科は牛乳の分析表を学校印刷工場で印刷して発表した。［中略］かくの如く研究は此巧妙なる方法によりて各部門が互に協力して働き、其の製作物を豊富にする。(37)

また、福家惣衛の記事（記事17）でも、「ゲーリーの努力の大切なる特色の一は学科の聯絡を密ならしむることである」と述べられていた(38)。

ゲーリー・プランの教育原理について比較的詳しい紹介を行ったのが、河野清丸（日本女子大学校教授兼同附属豊明小学校主事）の記事（記事21、22、23）で、これはボーン（Randolph Silliman Bourne）の *The Gary Schools*(39) を解説したものであった。この記事では、ゲーリー・スクールの第一の特徴として、児童の全人教育（Educating the whole child）、すなわち「児童の心身全体を円満に、調和的に発展」させることが挙げられている。それを実現するためのゲーリー・スクールでは、「興味の四単位」を採用していることが指摘され、その具体相として①運動、②知的研究、③工場、実験室における作業、④集会室・校外における社会的・発表的活動の四点が記されている(40)。また、第二の特徴として、工場、研究室、実験室、講堂（集会場）の四つの場と「作業」、「学習」、「遊戯」を採用し、児童自身がその一員となって学校という社会を形成することに言及している。このように河野は、ゲーリー・プランの意義が興味を起点とした人格形成とコミュニティとしての学校にあると捉えていた。

5　結び――ゲーリー・プラン情報普及の特徴

ゲーリー・プランを最初に紹介した眞田と彼に数年遅れてその紹介を行った吉田は、いずれもボビットの論文を参照しており、効率的な学校経営にその特色を見出していた。ただし、両者の評価には異なる点もあった。眞田は経済効率だけでなく、教育的効果も備えた学校改革のモデルとして、ゲーリー・プランに可能性を見出していた。一方で、吉田はゲーリー・プラン自体が経済効率を追求するあまり、教室の運用方法にばかり目を向けていると批判したのであった。「効率性」への着目は、その後の日本における情報普及においても継続してみられた現象であった。これには、他の新教育情報とは異なり、中・高等教育の機会拡大という教育課題を背景に、文部省や教育調査会がゲーリー・プランに注目していたことが影響していた可能性も考えられるため、これらが同プランに注目した経緯や、その影響の実態を解明していきたい。

また、ゲーリー・プラン情報の普及においては、上記以外の着眼点からその特質を捉えようとする記事もみられた。ゲーリー・プランの特質を「学校の社会化」とみる記事では、実社会における活動を学校の中に導入することや、地域住民にも開かれた学校の在り方が紹介されていた。ゲーリー・プランの教育原理については河野が比較的詳しく言及したが、カリキュラム編成などに関する詳細な説明は行われていなかった。この点に関する言及が少ないのは、そもそもワート自身がそれを体系的に語っていないことに起因すると考えられる。ただし、その実証は、ゲーリー・プランに関心を寄せた情報受容の主体がどのような背景や意図によって、その研究に取り組んでいたかをふまえた事例研究が必要である。

なお、プラトゥーン・プランという用語を冠した記事が発表されるようになってからは、ゲーリー市やニューヨーク市の公立学校の情報だけでなく、デトロイト市や他に同プランを採用した市の情報も紹介されるようになっていった。そのため、受容主体がどのような事例のいかなる点に関心を見出すかによって、同プランへの認識の仕方が変化している可能性も考えられる。それを解明するためには、同プランのアメリカ国内での普及状況と合わせて検討を進める必要があり、この点についても今後の課題となろう。

注

(1) 杉峰英憲「社会改革としての公立学校改革構想――ゲーリー・スクールの理論と実践をめぐって――」『研究年報』奈良女子大学文学部、第二四号、一九八一年、六七頁。
(2) 同前論文、六八頁。
(3) 同前論文、七〇頁。
(4) 同前論文、七一頁。
(5) 笠原克博「ゲァリー・プランの評価について――W・A・ワルトの見地――」『日本デューイ学会紀要』第二六号、一九八五年。「ゲァリー・プランの革新性――ワルト像の修正に対して――」鰺坂二夫編著『教育方法学の位相と展開』福村書店、一九八七年、一〇九―一一六頁。
(6) 松村将「ゲーリー・プランに関する一考察」『女子大学芸』京都女子大学教育学会、第二一号、一九八一年、一六頁。
(7) Lawrence Arthur Cremin, *The Transformation of the School: Progressivism in American Education, 1876-1957*, Knopf, 1961, pp. 154-160.
(8) Raymond Eugene Callahan, *Education and the Cult of Efficiency: A Study of the Social Forces That Have Shaped the Administration of the Public Schools*, University of Chicago Press, 1962, pp. 126-147; Christopher Lasch, *The World of Nations: Reflections on American History, Politics, and Culture*, Knopf, 1972, p. 257.
(9) 松村、前掲論文、一八―一九頁。
(10) 佐藤学『教育方法学』岩波書店、一九九六年、二〇頁。
(11) Herbert Martin Kliebard, *The Struggle for the American Curriculum, 1893-1958*, 3rd ed., 2004, pp. 83-84.
(12) 眞田幸憲「ゲーリー式の学校施設」『小学校』第一五巻第四号、一九一三年、一二四―一二五頁。
(13) 同前論文、二八頁。
(14) 同前論文、二七―二八頁。
(15) 同前論文、二八―二九頁。

(16) 吉田熊次「ゲーリー・システム論」(『教育学術界』第三二巻第四号、一九一六年、三頁)には、ゲーリーを訪れたのは「一昨年の十一月六日」であったと記されているが、この記事が刊行されたのが一九一六年一月であることと、同じ講演の内容を紹介している吉田熊次「ゲリーシステム論」(『心理研究』第九巻第一冊(通号第四九号)、一九一六年、九五頁)には、「一昨年(大正二年)十一月六日」とあることから、吉田がエマーソン校を参観したのは、一九一三年一一月六日のことであったと考えられる。

(17) 吉田熊次「ゲーリー・システム論」『教育学術界』第三二巻第四号、一九一六年、一〇頁。

(18) 同前論文、三—六頁。

(19) 同前論文、五頁。

(20) 吉田熊次「ゲーリー・システム論(続)」『教育学術界』第三二巻第五号、一九一六年、二二頁。

(21) 松村、前掲論文、一三—一五頁。

(22) 遠座知恵・橋本美保「日本におけるプロジェクト・メソッドの普及——一九二〇年代の教育雑誌記事の分析を中心に——」『東京学芸大学紀要』総合教育科学系、第六〇集、二〇〇九年、五三—六五頁。橋本美保「近代日本におけるドクロリー教育情報の普及——国際新教育運動と大正新教育——」『東京学芸大学紀要』総合教育科学系I、第六八集、二〇一七年、九—二三頁。

(23) 教育調査会については、国立教育研究所編『日本近代教育百年史』(第一巻、教育政策一、一九七四年、八九四—八九八頁)、中野実「教育調査会の成立と大学制度改革に関する基礎的研究」(『立教大学教育学科研究年報』第二五号、一九八二年、二七—四七頁)に詳しい。

(24) 教育調査会『ゲーリー公立学校制度』、一九一七年。本書は雑誌記事ではないため、〈表2—1〉には含めていない。

(25) 澁澤事務所抄訳「娯楽主義の「ゲーリー」公立学校」『龍門雑誌』第三四五号、一九一六年、七一二—七一八頁。

(26) 高木季熊「ゲーリー式学校経営法」『斯民』第一二巻第一号、一九一七年、四八—五五頁。

(27) 井上雅二「ゲリー学校とハル・ハウス」『実業之日本』第二五巻第八号、一九二二年、七五頁。

(28) 三宅驥一「ゲーリーシステム」『教育時論』第一一七四号、一九一七年、二九頁。

(29) 阿部重孝「ゲーリー・スクール(上)」『帝国教育』第四七一号、一九二一年、一七頁。

(30) John Harold Putman, "Modern educational movements," *Education Review*, no. 55, 1918, pp. 284-293.

(31) パットマン／大野生訳「ゲーリー案の批評」『教育研究』第一八二号、一九一八年、九〇―九一頁。
(32) 河野清丸「ゲーリー学校の教育法（一）――〈ボーン氏著『ゲーリー学校』の解説〉――」『教育論叢』第三巻第一号、一九二〇年、一一一頁。
(33) 大杉謹一「ゲーリー学校について」『裁縫雑誌』第二〇巻第一〇号、一九二一年、一二頁。
(34) 同前。
(35) 在米八田三喜通信「ゲーリー式学校経営法概観」『東京教育』第三二四号、一九一七年、七―一三頁。
(36) 瀬尾武次郎「ゲリー、システムに就て」『内外教育評論』第一三巻第一二号、一九一九年、一八―一九頁。
(37) 市村與市「ゲーリー、公立学校（二）」『教育学術界』第三五巻第二号、一九一七年、二七頁。
(38) 福家惣衞「ゲーリー学校の実況」『小学校』第二四巻第一〇号、一九一八年、四四頁。
(39) Randolph Silliman Bourne, *The Gary Schools*, Houghton Mifflin, 1916.
(40) 河野、前掲論文、九七―九八頁。

第3章　ドクロリー教育情報の普及

O. Decroly

橋本　美保

1　はじめに――問題関心と本章の目的

ドクロリー教育法は、モンテッソーリ教育法とならんでヨーロッパにおける新教育実践の二大潮流の一つである。従来、新教育の実践情報はアメリカ経由で日本に輸入されたと考えられ、デューイ（John Dewey）を中心とする進歩主義教育運動の影響を受けたことが強調されてきた。一方、ドクロリー教育法に関していえば、その影響力は欧米の新教育運動に与えた大きさとは対照的に、日本の実践現場にはほとんどみられなかったと考えられてきた。先行研究では、ドクロリー教育の日本への紹介は一九二〇年代からなされてきたが、戦前にはその概要が部分的に紹介されただけで、研究が本格化するのは第二次世界大戦後であるといわれている(1)。

しかし、近年、筆者は、一九二〇年代の東京女子高等師範学校附属小学校（以下、東京女高師附小）や兵庫県明石女子師範学校附属小学校（以下、明石附小）において、ドクロリー教育情報を用いたカリキュラム開発が行われていたことを明らかにした(2)。いずれの学校においても、欧米からもたらされたドクロリー教育に関する情報が、附属小学校の実践改革に影響を与えていたのである。大正新教育運動を主導したこの二校の実践改革が、ドクロリー教育法の研究に基づくものであったことは、この運動の性格を論ずるうえで新たな視点を提示したと考える。つまり、ヨーロッパ新教育の実践情報が大正新教育運動に与えた影響の実態を解明することによって、この運動の特質を再検討する必要があるという見方である。

そこで、本章では、近代日本におけるドクロリー教育法の受容の実態に迫るために、ドクロリー教育に関する情報が日本に流入したルートや普及の状況を明らかにしたい。先行研究では、教育の世紀社や東京市富士尋常小学校（以下、富士小）においてドクロリー教育情報の翻訳や紹介が行われていたことが指摘されているが、それらは個別事例の中の参照情報の一つとして言及されている(3)。筆者は、これまでにドクロリー教育法の導入に先駆的に着手した四つの実践校、すなわち東京女高師附小、明石附小、成城小学校（以下、成城小）、富士小のそれぞれについて研究の契機と着手の時期を指摘した(4)。今後は、それらの実践研究がどのような情報のもとで展開されていたのかを明らかにしていきたい。そのために本章では、まずドクロリー教育情報の日本への流入の経緯を確認する。次に、戦前におけるドクロリーおよびドクロリー教育法に関する教育雑誌記事の調査に基づき、第一に記事数の推移と執筆者の変化からドクロリー教育情報の普及状況を概観する。第二に、記事の内容分析を行うことによって、日本の教育界の関心の動向や、情報普及の特徴について考察したい。

2　ドクロリー教育法への注目

ドクロリー教育情報の生起

ベルギーの精神医学者にして教育者であるドクロリー（Jean-Ovide Decroly, 1871-1932）は、二〇世紀初頭にモンテッソーリ（Maria Montessori）同様、障害児の治療や教育の経験から、既存の学校における子ども理解と実践を批判して新教育に着手した人物である。彼はさまざまな子どもの観察に基づく発生心理学研究によって、独自の認知論を提示した[5]。彼の認知論の大きな特徴は、「全体化機能（la fonction de globalisation）」と「興味の中心（centres d'intérêts）」理論にある。

　ドクロリーは、子どもは世界の認識方法が大人とは異なり、対象を分析的に捉えるのではなく、情動的要素の強い「興味」を媒介にして、自分にとって意味のある全体として捉えると考えた。このような「全体化機能」は六―七歳までの幼い子どもに顕著であり、分析的思考はそれ以降徐々に発達するため、特に幼稚園や小学校低学年の子どもには、その心理特性を考慮した活動の方法が必要であるとされる。こうした立場からドクロリーは、従来の教科区分や教育方法を批判し、「興味の中心」理論に基づく題材選択や、「観察―連合―表現」という活動で構成される「観念連合プログラム（programme d'idées associées）」を考案した。彼が、学校教育の実践改革をめざして、一九〇七年にブリュッセル郊外のエルミタージュ通りに「生（活）のための生（活）による学校（l'école pour la vie, par la vie）を掲げた実験学校（以下、エルミタージュ校）を創設したことはよく知られている。

　エルミタージュ校における実験については、当初からドクロリー自身の論考やフェリエール（Adolphe Ferrière）の紹介などによって、ヨーロッパのフランス語圏で注目されていた。それ以外の地域にドクロリー教育情報が広まっていく契機となったのは、一九二一年の夏にフランスのカレーで開催された新教育連盟（The New Education Fellowship）の第一回国際会議におけるドクロリーの講演であった。新教育連盟の創設大会であったこのカレー会議は、一四カ国から一〇〇名以上の代表を迎えて七月三〇日から八月一二日までの期間開催された[6]。大会のテーマは「子どもの創造的自己表現」であり、子どもの本性を十分に考慮した教育を行うべきであるという共通信念のもとで、演劇、芸術、手芸、知能検査、少年団活動、共学などに関する講演が行われた。

八月一三日付のロンドンタイムズ教育版は、前日に終了したカレーの国際会議においてドクロリーが行った演説内容を「ベルギーのプロジェクト・メソッド」と題する記事で報じている(7)。ドクロリーの講演「子どもの個人的活動を伴う低学年プログラムの経験（Une expérience de programme primaire avec activité personnelle de l'enfant）」では、生命思想に基づく生活教育によって人類の連帯と平和を目指す彼の哲学が語られ、その理念を具現化するためにエルミタージュ校で行われている実験の概要が述べられていた(8)。ロンドンタイムズ教育版の記事は、この演説中ドクロリー教育法の実践的な特徴に注目し、ドルトン・プランにも似たところがあると紹介している。記事は短く概略的なものであったが、これによりイギリスやアメリカ、さらにそれ以外の国々にもベルギーの新学校としてのエルミタージュ校とその創始者ドクロリーの名が知られるようになった(9)。さらに、新教育連盟の機関誌となった雑誌 *The New Era* でも、一九二二年一〇月号（第二巻第八号）においてカレー会議の概要が報告されたほか、一九二三年四月号（第三巻第一〇号）ではドクロリー教育法の特集が組まれ、ドクロリーの論考のほか、エルミタージュ校での教職経験を経て他校で指導者を務めたアマイド（Amélie Hamaïde）による実践報告や、ブリュッセル市内における導入状況の視察記が掲載された。新教育連盟の支部は、フランスとドイツでも機関誌を発行しており、ドクロリー教育法やその実験場としてのエルミタージュ校は国際的な注目を浴びることとなった。また、同年には、エルミタージュ校の取り組みを紹介したアマイドの著作 *La Méthode Decroly* が公刊され、二年後の一九二四年にはその英訳版の *The Decroly Class* がニューヨークで刊行された。同書は、ドクロリー教育法の原理のほか、それに基づく学年別の実践例を数多く紹介した実践書であり、一九二五年にはロンドン、トロントでも発行された。

このような文献を通して、ドクロリーや彼の教育法に関する情報は同時代の日本にももたらされ、教育実践にも影響を与えていたのである。まずは、ドクロリー教育情報の日本への流入の経緯を確認しておこう。

日本における紹介の嚆矢

ドクロリー教育法の日本への紹介については、これまで、いくつかの学校史や人物史研究の中で断片的にふれられてきた。その中で、日本への紹介の嚆矢と考えられてきたのが、一九二五（大正一四）年一月の『教育の世紀』誌上における「デクロリー・メソッド」の特集である。しかし、筆者の調査によれば、文献上における最初の本格的な紹介はそれよりも一年半近く早い、一九二三年七月に『帝国教育』誌に掲載された「デクロリーの方法」という記事である。著者は、当時東京帝国大学（以下、東京帝大）助教授であった入澤宗寿であり、記事はフランスの教育雑誌 *L'Éducation* の一九二三年二月号に掲載されたエリザベート・ユグナン（Elisabeth Huguenin, 1885-1970）の "La méthode Decroly" を翻訳したものであった。原著者ユグナンはゲヘープ（Paul Geheeb）が設立したドイツの共同体学校オーデンヴァルト校でフランス語を教えた後、一九二一年から一九三一年までベーの「新しい学校」、ノルマンディーの「ロッシュの学校」などで教鞭を執った人物である(10)。ユグナンの "La méthode Decroly" は、アマイドの著書 *La Méthode Decroly* を用いてドクロリー教育法の原理を簡潔に紹介したものであり、入澤はこれを全訳している。

ただし、厳密には、それ以前にもドクロリーに関する雑誌記事はある。たとえば、日本児童学会の機関誌『児童研究』には、一九一四年三月号（第一七巻第八号）の「摘録」に「異常児童ノ智力検査」が、一九二二年三月号（第二五巻第七号）の「彙報」に「異常児童ノ教育」と題する外国雑誌からの抄訳記事が掲載されている。前者はドイツの神経内科の専門誌(11)、後者はアメリカの医学雑誌(12)に拠っており、いずれも障害のある子どもたちの治療と教育に携わる医学者としてのドクロリー紹介を目的とした十数行の短い記事であるが、日本でも心理学や障害児教育の分野においてはドクロリーの名が早くから知られていたことがわかる。こうした中で、教育学者であった入澤がドクロリー教育法に注目したのはなぜであろうか。

入澤宗寿によるフランス語文献の研究

入澤は、一九一九年（大正八）年一一月に東京帝大の教育学講座に助教授として着任し、「講義の外に教育問題、教育思潮の研究」を命ぜられた(13)。当初、彼が担当した研究課題は、「師範教育制度」と「プロジェクト法」であったという。入澤によるプロジェクト・メソッドの受容について研究した遠座知恵によれば、入澤は一九一〇年代から二〇年代の初頭までにアメリカで刊行された少なくとも一八種の文献を参照しており、一九二一年に最も活発にプロジェクト・メソッドに関する論考を発表している(14)。一九二二年になると、「新教育の中心概念」や「新教育の方法について」などの雑誌記事、一九二三年には『新教育の哲学的基礎』（内外書房）や『新教育方法の研究』（内外出版）を著し、新教育の理念や実践に関心を示すようになっていく。その背景には、彼がフランスの師範教育制度の研究のために読んでいたフランスの教育雑誌からの影響があったとみられる。

入澤は、東京帝大に赴任する前の一九一八年七月から、『帝国教育』にしばしばフランスの教育改革に関する記事を発表していたが、一九二〇年五月からは同誌に「仏国師範学校の改善意見」や「仏国師範学校令の改正」など、師範教育事情に関する記事を発表している。一九二一年五月ごろからは、それらの典拠であるフランス教育雑誌に掲載されていた新教育に関する記事を訳出するようになる。同時期にプロジェクト・メソッドの研究を進めていた入澤にとって、ヨーロッパで先行していた新教育運動の盛行は興味深いものであったに違いない。『帝国教育』一九二一年一二月号には、フェリエールの「学校の改造」を紹介した「シャール、シャボー」の論文を「教育評論」

から[15]、一九二三年一一月号にはフェリエールによる「活動学校」を「レデュカシオン」から訳出しているが[16]、どちらの記事にも、ドクロリーの実験学校が紹介されている。入澤は、ドクロリーがフランス語圏の新教育運動に重要な位置を占めていることを理解したからこそ、「デクロリーの方法」を紹介したのであろう。

教育の世紀社による研究の経緯

日本の実践家のうち、ドクロリー教育法に先駆的に着目したのは、新教育連盟と交流のあった野口援太郎ら教育の世紀社の同人や、東京女高師附小主事の北澤種一であった。野口は、一九二二（大正一一）年の末に *The New Era* の図書紹介を見て *La Méthode Decroly* に関心を持ち、ドクロリー本人に図書の送付を依頼したが、関東大震災のために受け取ることができなかったという[17]。そのため、*The New Era* のドクロリー教育特集号（一九二二年四月号）を先に入手した野口は、その特集記事を『教育の世紀』一九二五年一月号（第三巻第一号）で紹介した。一方、一九二二年一〇月に欧米教育視察に出発した北澤は、エルミタージュ校を訪ね、ドクロリーに面会した。一九二五年一月、帰国後間もない北澤から、野口はアマイドの著書を受け取っている[18]。北澤は『教育の世紀』の同年六月号に「デクロリー氏の実験学校」を寄稿しているが、それはエルミタージュ校を視察した日本人が同校の取り組みを具体的に紹介した最初の視察記である。続く七月号では、野口が *La Méthode Decroly* の序文を翻訳紹介した。後述のように、同書の英語版である *The Decroly Class* が刊行されると、ドクロリー教育法への関心はさらに広がりをみせていく。

このように、教育の世紀社では新教育連盟の機関誌 *The New Era* を通じてドクロリー教育法に着目し、同誌を主要な情報源としてそれを研究したと考えられてきた。しかし、同人たちは別の文献からもドクロリー教育法についての情報を得ていた。たとえば、『教育の世紀』一九二四年一月号には、「我が新教育の目的を道破した大論文」(19)と野口に紹介されたキルパトリックの「教育の新目的」と、「アメリか《ママ》の新教育の概況を知るに便利である」として「アクネス、ド、リマ」の「教育方法の進歩」が、「明日の世界」という雑誌から訳載されている(20)。原典は、*The World Tomorrow* の一九二三年一〇月号に掲載された、キルパトリック(William H. Kilpatrick)の"New Aims in Education"とリマ(Agnes de Lima)の"Has Much Progress Been Made?"である。後者には、ドクロリーの学校やアマイドの著書が紹介されているうえに、エルミタージュ校が「生活による生活の学校」と呼ばれているという訳者注が付けられている(21)。

また、『教育の世紀』には、一九二四年四月号から七月号にかけてウォシュバーン(Carleton W. Washburne)の「欧州教育進歩の傾向」が紹介されている。原典 *Progressive Tendencies in European Education* (1923)は、アメリカ連邦教育局が刊行した、ヨーロッパの実験学校に関するウォシュバーンの視察報告書である(22)。ドクロリー教育法については、「手工」、「団体教育」、「研究学校及調査学級」という項目の中でエルミタージュ校での状況が具体的に紹介されている。野口によれば、この報告書は「文部省宗教局長下村寿一氏」より寄贈されたもので、「ヨーロッパの新教育学校の概観を得るには最も適当なもの」と考えて機関誌に連載したという(23)。教育の世紀社では、結成直後から野口の人脈を中心に各方面から欧米新教育の実践情報を入手しており、いち早くドクロリー教育法の研究に着手したのである。

3　雑誌での紹介とその動向

教育雑誌記事数の推移

前節でみたように、入澤や野口、北澤など先駆的な研究者たちは、一九二二（大正一一）年ごろからドクロリー教育法に目を留め、研究を始めていた。彼らは、『帝国教育』や『教育の世紀』などにおいてその成果を発信したが、日本の教育界はそれをどのように受け止めたのであろうか。ドルトン・プランやプロジェクト・メソッドほど有名ではなかったが、ドクロリー教育法が大正新教育運動を主導したいくつかの実践校に影響を与えていたことは事実である。そうであれば、当時の教育界に何らかの情報は普及していたはずであるが、このことに関する研究はない。そこで、本研究では、ドクロリーあるいはドクロリー教育法を主題とする雑誌記事がいつごろ、どのくらい発表されていたのかを調査した。〈表3―1〉は、戦前に刊行された雑誌を対象として現在までに筆者が収集し得た記事を一覧にしたものである(24)。

先述のように、教育雑誌上にドクロリーの名が初めて現れるのは一九一四年という非常に早い時期で、当初は「異常児」の知能検査や教育法が紹介された。日本において、「普通児」に対する「ドクロリー教育法」の紹介が始まったのは一九二三年のことであった。

ドクロリー教育情報普及の特色をみるために、ここではプロジェクト・メソッドに関する遠座・橋本による同様の調査を参考にしてみよう(25)。調査対象とした雑誌総数や対象期間が異なっているので、正確な比較はできないが、紹介の始まった時期や情報の拡がり方の傾向を掴むことに役立つだろう。〈表3―2〉は、遠座・橋本の研究から年次別記事数の推移を引用して、今回の調査結果と比較したものである。

表３―１　ドクロリー教育法を主題とする記事一覧

	発行年	月	日	著者名	記事名	掲載誌	巻	号
1	1914	3	1	荘司秋次郎抄	異常児童ノ智力検査（デクローリー述）	児童研究	17	8
2	1922	3	1	医学士M、M抄	異常児童ノ教育（ドクローリー述）	児童研究	25	7
3	1923	7	1	入澤宗寿	デクロリーの方法	帝国教育		492
4	1924	12	1		デクロリー・メソッド<新年号予告>	教育の世紀	2	12
5	1925	1	1	野口援太郎	デクロリー教育法の発表について	教育の世紀	3	1
6	1925	1	1	オヴィード・デクロリー	デクロリー式教授法の心理学的論拠	教育の世紀	3	1
7	1925	1	1	アー・ハーメイド女史	デクロリー教育法の成績報告	教育の世紀	3	1
8	1925	1	1	エルスペス・エム・マクニコル	デクロリー法に就て	教育の世紀	3	1
9	1925	1	1	吉良信之	新教育としてのデクロリー・メソッド	教育の世紀	3	1
10	1925	6	1	北澤種一	デクロリー氏の実験学校	教育の世紀	3	6
11	1925	7	1	野口援太郎訳	『デクロリー教育法』の序文	教育の世紀	3	7
12	1925	9	1	F、F抄	児童ノ興味ニ就テ（ヅクロリー述）	児童研究	28	12
13	1925	11	1	山口勲抄訳	デクロリイの教育的見地と其方法論	学習研究	4	11
14	1926	11	1	島田正蔵	低学年デクロリークラス	低学年教育		20
15	1926	12	1	島田正蔵	デクロリークラスに於ける観察・聯合について	低学年教育		21
16	1927	1	1	島田正蔵	デクロリークラスに於けるプログラムの形式	低学年教育		22
17	1927	2	1	島田正蔵	デクロリークラスに於けるプログラムについて	低学年教育		23
18	1927	3	1	島田正蔵	デクロリークラスに於ける読むことと書くことに就て	低学年教育		24
19	1928	7	15	田制佐重	デクロリの「生活学校」について（一）	教育時論		1551
20	1928	7	25	田制佐重	デクロリの「生活学校」について（完）	教育時論		1552
21	1929	8	10	上沼久之丞	デクロリイの生活学校	帝都教育		293
22	1929	9	10	上沼久之丞	白耳義のプロジエクト・メソツド	帝都教育		294
23	1929	11	1	西山哲治	白耳義デクロリーの実験学校	教育研究		349
24	1929	12	1	上沼久之丞	南米の新教育運動	小学校	48	3
25	1930	1	1	北澤種一	共働作業学校の本質	小学校	48	4
26	1930	3	1	越川彌栄	デクロリー生活学校の瞥見（上）	学習研究	9	3(96)
27	1930	6	1	越川彌栄	デクロリー生活学校の瞥見（下）	学習研究	9	6(99)
28	1930	10	1	太田喜千三（訳）	デクロリー・クラスに於ける観察	小学校	49	8
29	1930	10	10	飯田晁三	モンタツシユ「ドゥクロリー、――人及び業績」	教育思潮研究	4	2
30	1930	10	10	飯田晁三	ドゥクロリー教育法	教育思潮研究	4	2
31	1931	4	12	野口援太郎	デクロリー博士の生活学校	新教育雑誌	1	4
32	1931	4	15	渡辺誠	ユグナン「ドゥクロリー学校訪問記」	教育思潮研究	5	1/2
33	1931	4	25	宮本圭三	白耳義の新学校	教育時論		1651
34	1931	7	1	奈良靖規	生活学校デクロリイの新教育法を語る	新教育雑誌	1	7
35	1932	4	1	那須克己訳	読み方及び書方学習に於けるグロバル・メソツト	新教育雑誌	2	4
36	1933	2	1	海外事情調査委員	デクロリーの教育上の業績	信濃教育		556
37	1933	4	1	飯田晁三	ドゥクロリーの生涯とその業績	教育	1	1
38	1933	4	1	篠原助市	オヴィド、ドクロリ――人と事業――	教育学研究	2	1
39	1933	4	1	山田栄	ドクロリ教育法	教育学研究	2	1
40	1934	1	1	中野佐三	ドゥクロリーの読方学習法の実験的研究について	教育心理研究	9	1
41	1934	4	1	A・アマイド（小野澤弘）	Decroly 学校に於ける初等数学	学習研究	13	4
42	1935	10	15	宮田齊	デクロリイ夫人の手紙	新教育研究	5	11
43	1935	11	10	藤井東洋男	ドクロリーの総括機能説について	児童芸術研究		6

表3―2　年次別記事数

年	ドクロリー	プロジェクト
1914	1	—
1920	0	1
1921	0	28
1922	1	27
1923	1	11
1924	1	2
1925	9	4
1926	2	2
1927	3	5
1928	2	3
1929	4	3
1930	6	0
1931	4	—
1932	1	—
1933	4	—
1934	2	—
1935	2	—
記事数合計	43	86

ドクロリー教育に関する全体の記事数は、プロジェクト・メソッドの八六件に対して四三件と少なく、半数しかない。また、遠座・橋本によれば、プロジェクト・メソッドが一般的に注目されるようになったのは一九二一年からであり、その年から翌一九二二年にかけて記事数が一気に増加している。この二年間がプロジェクト・メソッドに最も注目が集まった時期であり、それ以降は記事が急激に減少して一九三〇（昭和五）年にはまったくみられなくなっている[(26)]。このような流行現象ともみられる情報の広がり方に比べると、ドクロリー教育に関する記事は一九二三年から一九三五年までの間増減はあるものの、絶えず発表され続けている。記事数としては一九二五年が最も多く、これは『教育の世紀』が特集を組むなどしてドクロリー教育情報を集中的に発信したことによる。次いで、一九三〇年の六件、一九二九・一九三一・一九三三年の四件の順となっている。一九三六年以降一九四四年まで、管見の限り当該記事は見当たらないが、皆無であるとはいえない。

執筆者の変化

一九二五（大正一四）年までの執筆者をみると、前節でみた入澤、野口、北澤のほかに『教育の世紀』の特集号に寄稿した吉良信之の名がある。吉良は、ドルトン・プランの紹介者として有名な教育ジャーナリストかつ実践家であり、故郷の高知で教師仲間小砂丘忠義、中島菊夫（喜久夫）とSNK協会を結成した。一九二二年に上京後、小学校訓導として実践に携わる傍ら、その語学力を活かして『教育時論』や『教育週報』などに欧米諸国の教育事情を紹介した(27)。『教育の世紀』特集号の論考もその成果の一部であろう。

この後、一九三〇（昭和五）年までの間は、奈良女子高等師範学校附属小学校（以下、奈良女高師附小）の山口勲をはじめ、成城小の島田正蔵、富士小の上沼久之丞、帝国小学校の西山哲治、大分県師範学校の越川彌栄など実践家の記事が多い。一九二〇年代後半には新教育に意欲的に取り組む実践家たちによるドクロリー教育法の研究が行われていた。

一方、ドクロリー教育法を最初に紹介した入澤は、その後は記事を発表していない。教育学者によるドクロリー研究は、一九二八年に田制佐重（早稲田大学卒、著述家）が記事を発表した後は飯田晁三（東京帝大）、渡辺誠（東京帝大）、篠原助市（東京文理科大学、以下東京文理大）、山田栄（東京高等師範学校）、中野佐三（東京文理大）らによって一九三〇年代に集中的に行われている。記事数をみれば、一九二〇年代は実践家によるものが、一九三〇年代は理論家によるものが多い。

記事を複数件発表している執筆者についてみておこう。一九二五年に『教育の世紀』誌上でドクロリー教育法を紹介した野口と北澤は、その後一九三〇年代に一件ずつ記事を発表している。初期にドクロリー教育法を紹介した両者が、その後も関心を持ち続けていたことがうかがえる。成城小の島田の記事は、一九二六年から一九二七年にかけて『低学年教育』に五回連載されている。欧米教育視察から帰国した富士小の上沼は一九二九年に三件の記事を発表している。理論家の中で複数件の記事があるのは、飯田だけである。飯田は一九三〇年に二件、一九三三年に一件の記事を発表している。このうち三件以上記事を発表した島田、上沼、飯田は、後述するようにその翻訳、研究の成果をまとめて刊行している。

4　記事の内容とその特徴

外国文献の翻訳

〈表3―1〉の記事内容に関する最も大きな特徴として、そのほとんどがドクロリーおよびドクロリー教育法の紹介であったことを指摘できる。一九二〇年代に流行したプロジェクト・メソッドやドルトン・プランに関する雑誌記事にみられるような、日本での実践報告はまったくみられない。紹介記事のうち、最も多いのが外国文献を典拠とした翻訳記事であり、次いでドクロリー学校を訪問した者による視察記である。ここでは、まず翻訳記事の典拠となった主要な外国文献を取り上げ、文献ごとに記事内容を確認しておこう。

①*L'Éducation*

第2節でみたように、当初、ドクロリー教育情報に目を留めた入澤や野口が関心を持って読んでいたのは、ヨーロッパ新教育の動向を伝える教育雑誌であった。ドクロリー教育法を最初に紹介した入澤は、*L'Éducation* を用いていた（記事3）。

この雑誌は、一九〇九年にベルティエ（Georges Bertier）によってパリで創刊された。東京帝大教育学講座では同誌を一九一〇年代から購読していたようである。入澤の他にこの雑誌を用いて記事を発表したのは、同じく東京帝大の飯田晁三と渡辺誠である。飯田は一九三〇（昭和五）年の『教育思潮研究』に二件の記事を発表しており（記事29・30）、それは一九二九年一二月号のモンタシュ（M. Montassut）の“Le docteur Decroly: sa personnalité, travaux, son œuvre”と同号“La méthode Decroly”（著者名なし）を翻訳したものである。前者の文末には、飯田によって「筆者のモンタッシユ氏はフランスのエコール・デ・ロッシユ Ecole des Roches の教師である」と書き添えられている(28)。

渡辺の記事も、一九三一年の『教育思潮研究』に掲載されたもので、一九三〇年三月号のユグナンによるドクロリー学校視察記“Une visite à l'école Decroly”を翻訳したものである。モンタシュもユグナンもロッシュの学校の教師であり、彼らによる報告は、エルミタージュ校の実態が実践的かつ鋭い視点で描かれている。

② *The New Era*

一九二五年の『教育の世紀』に掲載された記事は、*The New Era* の特集記事を翻訳したり、参考にしたものが多い（記事4・5・6・7・8・9)。野口らが注目した *The New Era*（一九二二年四月号）は「低学年教授の新しい方法（A New Method of Primary Teaching)」と冠してドクロリー教育法に注目した特集号であり、当時低学年教育に取り組んでいた日本の実践家たちがこの特集に関心を寄せたことは想像に難くない。たとえば、エルミタージュ校を視察後、一九三〇年からドクロリー教育を採り入れて「富士の低学年合科教育」を開始した上沼は、「白耳義の旅行日程に、デクロリイの学校を参観する予定で出発した」のは「教育の世紀にデクロリイメソツドを紹介されて興味を持つて居たから」(29)だと述べている。

周知のように、新教育連盟の機関誌 *The New Era* は、その日本支部的な存在であった教育の世紀社の結成以降、日本の教育界で注目され続けた。正式な日本支部である新教育協会が発足した一九三〇年には、四〇以上の個人会員や機関が同誌を購読していた(30)。〈表3―1〉の記事には、『教育の世紀』以外にも*The New Era*を用いた雑誌記事がみられる。「読み方及び書方学習に於けるグロバル・メソット」(記事35)は東京市精華小学校の訓導那須克己が、アマイドの"The Global Method in the Teaching of Reading and Writing"(一九三二年二月号)を翻訳したもので、ドクロリーの言語教育論を紹介している。また、信濃教育会が発行した『信濃教育』は、一九三二年にドクロリーが急逝した後、いち早くそれを報じている(記事36)。同会の海外事情調査委員によって訳出されたのは、エンソア(Beatrice Ensor)による追悼文"Ovide Decroly—An Appreciation"(一九三二年一一号)であった。さらに、一九三四年には奈良女高師附小の訓導小野澤弘によってアマイドの"Elementary Mathematics at the Decroly School"が翻訳された(記事41)。一九三〇年代になると、小学校の訓導たちによっても同誌による研究が行われていたことがわかる。

③ *La Méthode Decroly* と *The Decroly Class*

一九二五年七月号の『教育の世紀』で、野口はアマイドの著書*La Méthode Decroly*の序文を紹介したが(記事11)、その後は同書の英語版*The Decroly Class*を用いた記事が急激に増えている。日本のドクロリー教育研究に最も貢献したのはアマイドの著作であるといっても過言ではない。その最初期のものは奈良女高師附小の山口勲による紹介であり(記事13)、一九二五年一一月号の『学習研究』に掲載されている。海外の教育事情の研究を行って合科学習の実践開発を進めていた同校では、いち早く*The Decroly Class*を入手したようである。

翌一九二六年には島田による『低学年教育』誌上での紹介が始まっている(記事14・15・16・17・18)。成城小の訓導であった島田は、澤柳政太郎から*The Decroly Class*を受け取り、その翻訳を同誌に連載していたが、それをもとにして『低学年の新教育』(文化書房、一九二七年)を刊行した。当時島田は、一九二五年入学の「クスノキクラス

（楠組）」を担任しており、低学年教育研究のために同書を参考にした[31]。島田に*The Decroly Class*を手渡した澤柳は、一九二一年八月から翌年六月まで第一次世界大戦後の欧米教育視察に出かけていた。帰国の際、「沢柳の土産は児童大百科二十冊、ベルギーの新教育、ダルトンプランの三種だった」[32]という。この「ベルギーの新教育」がどのような文献かは特定できないが、ベルギーの新教育に関心を持っていた澤柳は[33]、帰国後もその情報に敏感であったとみられる。澤柳は成城小にドルトン・プランの導入を図る一方で、低学年教育を実践していた島田にはドクロリー教育法の研究を勧めていたのだと考えられる。

　一九二八年に『教育時論』に掲載された田制の論考も、*The Decroly Class*を参考にしたものである（記事19・20）。田制は、「本篇は今より二年前に余が仕事の暇々に現代欧米諸国の新式学校について調べて置いたものの一篇であつて、未だ発表しないもの」を寄稿したと述べ、「参考書」として本書と、後述するウォシュバーンの著書を挙げている[34]。論考は二号に分けて掲載されており、前半部では他の記事同様ドクロリーの人物紹介や、ドクロリー教育の五原理および教授に関する一五則などが紹介されている。後半部では「興味の中心」理論によるカリキュラムとしての観念連合プログラムの特徴が述べられた後、ドクロリーの学科編成法が米国ミズーリ大学のメリアム（Junius L. Meriam）教授のものと似ている点を指摘している。最後に田制は教育社会学者らしい視点からドクロリー教育の意義を説明している。すなわち、ドクロリーがデューイと同様に「学校を一小社会と成し」、児童の自由な活動を通して「社会協働の心と公共精神」を養う場所に変革したことを評価している。そして、ドクロリーの学校は「学校の生活化、学校の社会化を標榜」し、「社会の将来に深刻なる改造を施さんことを、その大理想と」していることに注目すべきだと述べている[35]。

　さらに、一九二七年に欧米教育視察から帰国した後、その報告書として『生活学校デクロリイの新教育法』（教育実際社、一九三一年）を上梓した富士小の上沼久之丞も*The Decroly Class*を用いていた。上沼は視察中にロンドンから富士小にこの書を送り、自身が帰国するまでに四人の同僚に翻訳をしておくように依頼した[36]。一九二九年に『帝都教育』に発表した「白耳義のプロジェクト・メソッド」は英訳者ハント（Jean Lee Hunt）によるこの書の序文の翻訳である（記事22）。上沼の名前で刊行された上記の書では、この記事とほぼ同じ内容が「附録」の第二節「白耳義の構案教授」に収められているが、この記事が上沼によって翻訳されたのかどうかは不明である[37]。

上沼から『生活学校デクロリイの新教育法』の校閲を依頼された北澤種一は、一九三〇年に*The Decroly Class*を用いたと思われる記事を発表している（記事25）。それは、「共働作業学校の本質」と題する論考で、ドクロリーがカレー会議の講演で示した「十五の新教育信条」を紹介したものである[38]。北澤は、*The Decroly Class*の第二章に示された実験学校の特質（point）一五項を翻訳したうえで、自身の解釈を交えてこれをわかりやすく説明している。ここでは、ドクロリーの主張に沿いつつも、学科課程の改革が学校全体の意志を持って進められるべきことや、子どもを中心とした学校改革が両親や地域との協働によってなされるべきことなどに力点を置いて、北澤の見解が述べられている。

このほか、太田喜千三が『小学校』に紹介した「デクロリー・クラスに於ける観察」（記事28）も、*The Decroly Class*の第三章を翻訳したものである。訳者の太田がどのような人物であるのかは不明である。記事には所属の記載がなく、名前の前に「東京」とだけ記されている。この記事を寄稿した理由として「これにて観察と理科との関係を知ることが出来ると思ふ」[39]という文章が添えられていることから、理科教育に関心のある実践家ではないかと思われる。

さらに、ドクロリーの逝去後に記事を発表した飯田晁三と山田栄は*La Méthode Decroly*を用いてドクロリーの業績

を紹介している（記事37・39）

④ C. Washburne, *New Schools in the Old World*

ドクロリー教育研究の資料として重要な文献にウォシュバーンの著書がある。既述のように、彼のヨーロッパ視察報告書 *Progressive Tendencies in European Education* はアメリカのみならず日本の新教育研究者に注目されていたが、ドクロリー研究において重用されたのが *New Schools in the Old World*（1926）である。この書には、ウォシュバーンが特に評価するヨーロッパの新学校について、学校別にその理念や概要、実践上の特色などが詳述されており、ドクロリーについては、第六章「ベルギーにおけるドクロリー学校の概観（A Glimpse of Decroly's Work in Belgium）」に取り上げられている。〈表3―1〉の中で最も早くこの書を用いているのは、前節で挙げた田制である（記事19・20）。一九二八年八月に出版された田制の著書『教育社会学の思潮』の第二一章には、「デクロリ博士の「生活学校」」と題して当該記事とはほぼ同じ論考が収められている。章末には、「大正十五・七月稿、昭和三・七月公」(40)と記されていることから、当該記事を最初に執筆したのは一九二六（大正一五）年七月であり、このときはアマイドの書のみを参照していたとみられる。*New Schools in the Old World* が一九二六年一〇月に刊行された後、同書を参照して改稿し、一九二八（昭和三）年七月に『教育時論』に寄稿したのだと思われる。

New Schools in the Old World の第六章を翻訳した記事には、西山哲治の「白耳義デクロリーの実験学校」（記事23）、宮本圭三「白耳義の新学校」（記事33）がある。いずれもウォシュバーンの記述内容を忠実に翻訳したものである。西山は『教育研究』に寄稿した記事を、一九三〇年刊行の著書『最近欧米に於ける実験学校の経営と批判』に収載している。周知のように、西山はニューヨーク大学に留学して博士号を取得し、帰国後の一九一二年に私立帝国小

学校と幼稚園を創設した[41]。アメリカでは、ジェームズ（William James）やデューイからプラグマティズムや「子ども中心」の教育論を学んでおり、その理念を具現化すべく帝国小学校を経営した。大正新教育運動の先駆けの一つである帝国小学校の経営はアメリカの新教育の影響を受けたものと考えられているが、彼はアメリカを発った後、ヨーロッパを経由して帰国し、帰国後はドクロリー学校を含むヨーロッパの新学校研究を発表している。彼の児童中心主義の思想や学校経営についてはヨーロッパ教育情報の影響も考慮して検討する必要があろう。

『帝国教育』一九三一年四月号に「白耳義の新学校」（記事33）を寄稿した宮本圭三は、著述家として各種の欧米教育に関する記事を執筆した人物であるが、所属の記載はなく詳細は不明である。他誌の記事には「文学士」や「マスタア・アヴ・アーツ」[42]などの肩書きがみられることから、外国の大学に留学した経歴を持ち、英語に堪能で外国教育事情の紹介を通して教育学研究に携わっていた人物であると思われる。宮本は、この記事以外にドクロリー教育に関する論考を発表していない。

⑤そのほかの文献情報

以上①〜④に挙げた文献以外のものを典拠とした翻訳記事には、上沼久之丞「南米の新教育運動」（記事24）、中野佐三「ドゥクロリーの読方学習法の実験的研究」（記事40）、篠原助市「オヴィド、ドクロリ——人と事業——」（記事38）などがある。上沼の記事（記事24）はアメリカの進歩主義教育協会の機関誌 *Progressive Education*（一九二九年一月号）の「ビライナード女史視察記」を翻訳したもので、これも『生活学校デクロリイの新教育法』の附録第四節に収められている。中野の記事（記事40）は *Zeitschrift für Kinderforschung* の四二巻（一九三四年）に掲載された Sarah Forer の"Eine Untersuchung zur Lese-Lern-Methode Decroly"を、篠原の記事（記事38）は *Internationale Zeitschrift für Erziehungswissenschaft* の第二七巻第三号（一九三三年）の"Un grand disparu: Le Dr. Decroly"（偉大な故人――ドクロリー博士）を翻訳したものである。中野佐三は東京文理大の心理学者であるが、典拠文献が判明した記事のうち、ドイツ語の文献が使われていたのは彼の記事だけであった。

また、ドクロリーの論文など複数の文献を用いた研究に、藤井東洋男「ドクロリーの総括機能説について」（記事43）がある。藤井は、ドクロリーの「総括機能と教育」のほか「所謂ジユネーヴ派の研究論文」によって、全体化機能を説明した後、「総括活動は「国語教育」「児童画」などの方面で、大いに伸展性が考へられる」と述べている(43)。藤井は、大阪市立聾唖学校の教員であった一九三〇年、自費でヨーロッパ各地の聾学校を視察し、帰国後は、全体化機能に基づく聴覚障害児の発話教育「ベルギー法」を主張するなど聾啞教育の教授法改革に携わりながら、言語教育や芸術教育においてもドクロリー教育法の有効性を説いていた(44)。

視察報告

〈表3―1〉のうち、海外文献に拠った記事以外のほとんどは、エルミタージュ校の視察報告である（記事10・21・26・27）。大正・昭和初期には多くの欧米教育視察記が雑誌に掲載されているが、ここではドクロリー教育を主題にした記事を寄稿した三人の実践家の報告をみよう。

①北澤種一「デクロリー氏の実験学校」（記事10）

一九二二（大正一二）年一〇月一二日に欧米教育視察に出発した北澤種一は、フランスのマルセイユからヨーロッパに上陸した。ベルリンに約一年間滞在していたが、その間にベルギーでドクロリーに面会して、エルミタージュ校を視察している（45）。北澤による同校視察は、日本人によるものとしては早い時期であったと思われ、*The Decroly Class* を翻訳した富士小の上沼も、その校閲を「デクロリイ校最初の視察者である北澤種一先生」に依頼したと述べている（46）。北澤は、アマイドの著作を持ち帰り、野口に手渡すとともに、『教育の世紀』に視察記を発表した。エルミタージュ校では、第三学年以上の子どもが年間を通じて四つの「興味の中心」のうちの一つをテーマとした学習に取り組み、毎年それを変えていく方法をとっていること、一方で、幼稚園と低学年、すなわち一―二年生では「Occai《ママ》sionnel と称して偶発事項につき臨時に適宜季節に応じたる題目」を選択する方法をとることを紹介している。北澤はエルミタージュ校の実践が「興味の中心」理論に基づいていること、その特徴は「大人の定めたる所謂学科課程といふものに対して全然疑惑の態度を以て臨む」点にあり、ドクロリーをその実践改革に「最も成功したる一人」だと評している（47）。その後、『明日の教育』（一九二五年八月号）誌上でも北澤は「外国に於ける初等教育」と題する視察報告を行っており、その中でベルギーの新しい試みとしてエルミタージュ校の実験に言及している。同校では、子どもたちが「最も共通的な興味のある題材を選択して」、一ヶ月から一学期間それを研究し、個別の調査や協同的なプロジェクトの作業を積み重ねて「自分達の教科書と云ふものを自ら作」っているという。北澤は、エルミタージュの実験を「彼（ドクロリー―引用者注）一流の学科課程に対する考を実現して居る」（48）と、カリキュラムの視点から捉えている。

②上沼久之丞「デクロリイの生活学校」（記事21）

先述のように、『教育の世紀』でドクロリー・メソッドに関心を持った上沼は、特集号が刊行されたその月の校内研究会で「デクロリー教育法」についての報告を行っている（49）。一九二六年七月から一九二七（昭和二）年三

ドクロリー学校（ブリュッセル）における「第1学年児童の自由作業」の様子（1920年代）。この写真は、上沼久之丞が同校を訪れた際に入手したものとみられる。

月まで東京市から派遣された欧米視察では、エルミタージュ校を訪問することを出発前から決めていた(50)。一九二六年にはすでに『教育の世紀』以外の雑誌でもドクロリー教育についての紹介がみられるようになり、その名前は新教育の実践家の間に広まっていたのである。

上沼がエルミタージュ校を訪れたのは、一九二七年一月二一日のことである。『帝都教育』（一九二九年八月号）に掲載された記事には、ドクロリー教育法の概要を紹介したうえで、他国の新学校と比較しつつ、エルミタージュ校をみた感想が綴られている。上沼は、エルミタージュ校が、「米国のウインネトカの小学校、紐育のブロンクスビルの小学校、児童大学の児童の学習状態」に対比しうるものであり、「欧州に於ける新しい教育をしてゐる学校中最もよかつたものである」(51)と述べている。彼は、欧米視察の成果をほかにもいくつかの雑誌に報告しているが、いずれにおいても「欧州では児童の生々した力強い活動をして居たのはデクロリイの学校であつた」として、エルミタージュ校の子どもが最も自主的活動的に学習に取り組んでいたと語っている。上沼の視察記は、日本の教育界にドクロリーの名前やエルミタージュ校における実践のイメージを広めたと同時に、それを導入した富士小の存在を知らしめることになった。

ただし、個人の視察記には主観的な解釈や想いが加えられていることにも注意しなければならない。上沼の場合、エルミタージュ校を訪れた日の詳しい状況は、同氏が刊行した『生活学校デクロリイの新教育法』の第二章「デクロリイの学校を観る」(52)に詳述されているが、それをみると上述の報告内容に疑問を感じる点もある。たとえば、大使館の通訳の都合で、上沼が同校に到着したのは午後三時頃であり、応対したアマイド校長に「もう子供が帰るから早く教室をご覧下さい」と急かされている。北澤や越川の視察報告によれば、同校では、高学年の子どもでも四時には課業を終わって下校することになっていた。上沼が子どもの学習活動を見ることができたのは、せいぜい一時間であり、「学校中隅から隅まで子供が活動してゐる」様子を観察したとは思えない。放課後の教室や設備、子どもの作品などは丹念に見たようであるが、それを含めても滞在時間は「極短時間」であったという。短い滞在時間の中で上沼は、アマイドから同校の写真の説明書きやサインをしてもらったり、*La Méthode Decroly* の版権者であるスイス、ヌーシャテルのドゥラショー・エ・ニエスレ社（Delachaux et Niestlé S. A.）を紹介してもらったりしていることから、訪問前に同書の翻訳刊行を計画していた可能性が高い。上沼の同校視察の意図や評価の根拠についてさらに調査したうえで、彼のドクロリー理解や富士小の実践への導入過程については、再検討する必要があろう(53)。

③越川彌栄「デクロリー生活学校の瞥見」（記事26・27）

広島高等師範学校を卒業し、大分県師範学校長に就任した越川彌栄は、「文筆専門家も及ばぬ程の健筆」であり、彼が書くものの「殆ど全部は教育の内容方法に関する学究的のもの」(54)であったという。越川は、奈良女高師附小の河野伊三郎に寄稿を求められ、一九二九年一〇月二三日にエルミタージュ校を訪れたときの様子を『学習研究』に報告している。ブリュッセルにはさまざまな学校があるが、「デクロリーの学校ほど、新らし味があり、或る方面へと、徹底して居るものはあるまい。従つて他の一切の学校を見ずとも、これだけはどうしても、略することが出来ぬ」と、パリ行きの列車を遅らせてエルミタージュ校を訪問した(55)。

越川がまず注目しているのは、授業時間の区切りがフレキシブルであったことと、子どもたちが自主的かつ自由に学習に取り組んでいる様子であった。エルミタージュ校の授業時間は三〇分に区切られていて、「それを必要に応じ、自由に組合せて、或は一時間、或いは一時間半などとし、それ等に学課をあてゝ」(56)いる。児童は「興味の趣くにまかせて」時間も場所も随意に学習に取り組み、黙々と作業に集中していたという。専心している子どもたちに対して、干渉し過ぎず見守っている教師の対応に驚いている。次に、越川は同校の自然豊かな学習環境を詳しく報告している。高大な敷地に小さな建物、自然がもたらす豊かな恵みを感じながら、命ある動植物とともに成長する喜びに充ちた生活環境が観察され、描かれている。幼稚園の保育室や二、三百坪もある広場、野外の寝台に別棟の印刷場など、珍しい施設がその目的とともに、「とにかく、面白い学校である」と紹介されている。子どもの活動実態や学習環境の整備状況に注目した、実践家らしい視点からの報告である。

実践家によるこうした視察記は、文字情報では伝わりにくい学校の実態や、日本との違いが明確に表現されており、貴重な情報源であったと思われる。

5　結び――ドクロリー教育情報普及の特色

日本国内でドクロリー教育法に着目した先駆的な研究者たちは、一九二二（大正一一）年頃から情報収集を開始した。その背景には、アメリカに先駆けて学校改造に取り組んでいたヨーロッパの新教育運動に対する旺盛な関心があったことを指摘できる。一九二五年の『教育の世紀』におけるドクロリー・メソッドの特集以降、教育雑誌における本格的な紹介記事は継続的に発表され、一九二〇年代には主として実践家が、一九三〇年代には理論家が記事を寄せていた。

近代日本に普及したドクロリー教育情報の特色は、その多くが外国文献からの翻訳であり、内容がほとんど同じものであったことである。記事は、ドクロリーの人物紹介や彼の教育論の概略、エルミタージュ校で行われている「興味の中心」理論に基づく「観念連合プログラム」の特徴などを紹介したものが多い。それは、紹介者が典拠とした文献はさまざまであっても、元々の情報源として、多くの場合ドクロリーの後継者アマイドが著した記事や刊行物が使われていたからであろう。

さらに、記事数や内容の変化をみる限り、ドルトン・プランやプロジェクト・メソッドのような流行現象とはならなかったといえる。ドクロリー教育法に関しては、当時流行したほかの教授法のような実践報告やそれに基づく批判はみられない。国内における実践報告に触発され、それに基づく実践研究が行われるような状況はなかったと考えられる。ただし、少数ではあるが、北澤や田制らのように原典の解釈や他の事例との比較など独創的な観点や見解を含む記事や、実践的な視点からエルミタージュ校を観察した視察記が存在したことは注目される。このような記事の存在は、日本の教育界にドクロリー教育法への関心を維持させることにつながった可能性がある。

また、教育雑誌に実践報告はみられないが、ドクロリー教育法が実践に影響を与えていなかったわけではない。今回の調査では、ドクロリー教育法を主題にした雑誌記事を抽出しており、ドクロリー教育に特化した継続的な研究や、その導入を主題にした実践報告がほとんどなかったことを確認した。今後は、ドクロリー教育法について部分的に言及した記事も用いて、それを改革の参考にした実践校の事例に着目し、ドクロリー教育情報がどのように理解され、実践に用いられていったのかという受容のプロセスを明らかにしたい(57)。ドクロリー教育情報を受容した人びとの研究全体における同法の位置づけから、大正新教育の実践理論の構造やその特質を解明していきたいと考えている。

注

(1)　田中智志「ドクロリー教育思想の基礎――全体化と生命」(橋本美保・田中智志編著『大正新教育の思想――生命の躍動』東信堂、二〇一五年、六二―八八頁)、今野政宣「ドクロリー教育の原理とその実践に関する考察――近年の実践動向にみられる多様性――」(『研究集録』第二八号、東北大学教育学部教育行政学・学校管理・教育内容研究室、一九九七年、四五―六四頁)など。今野は、戦後本格化したドクロリー教育研究の成果を整理している。それによれば、一九六〇年代に障害児教育史の立場から清水寛が、一九七〇年代には手塚武彦や斎藤佐和がその概要を紹介・解説した。また、斎藤は、第二次世界大戦後のフランスにおいてもドクロリー教育法が継承されているサン・マンデ校の取材を通して、言語活動の重視、自己と社会・自然環境との相互作用による発達、自発的・個別活動と系統学習との融合などにその意義を見出している。一九八〇年代には佐藤広和や古沢常雄・小林亜子によって、フレネとドクロリーの理論や方法の比較検討がなされ、それぞれの学校では、両者の「融合」による実践的展開がみられることが指摘された。一九九〇年代以降、今野政宣や羽田行男(「ドゥクロリーの教育方法理論――「シュープリーズ(surprise)」の教育事例をもとに――」『関東教育学会紀要』第三八号、二〇一一年、七七―八八頁)は、現在も存続するドクロリー学校の教育実践を調査し、ドクロリー教育の特質やその現代的意義について論じており、ドクロリー教育法がフランス語圏の学校教育に影響を与え続けていることを指摘した。さらに近年、田中智志は教育思想史の立場からドクロリーの教育思想の特質とその基底にある生(vie)の概念や世界観を明らかにしている。

(2) 本書の第10章(初出は、拙稿「明石女子師範学校附属小学校におけるドクロリー教育法の受容——及川平治によるドクロリー理解とカリキュラム開発——」『カリキュラム研究』第二三号、二〇一四年、一—一三頁)、および第11章(初出は、遠座知恵・橋本美保「大正新教育の実践に与えたドクロリー教育法の影響——「興味の中心」理論の受容を中心に——」『近代教育フォーラム』第二三号、二〇一四年、二九七—三〇九頁)のほか、拙稿「西口槌太郎によるドクロリー教育法の受容——大正新教育期の教師に与えたドクロリー教育思想の影響——」(『教育学研究年報』第三四号、東京学芸大学教育学講座学校教育学分野・生涯教育学分野、二〇一五年、一五—三一頁)。なお、東京女高師附小の事例については、遠座知恵「北澤種一によるドクロリー教育法の受容——全体教育の実践思想」(前掲橋本・田中書、四二五—四四二頁)に詳しい。

(3) 民間教育史研究会編『教育の世紀社の総合的研究』(一光社、一九八四年、六三一—六三三頁)、鈴木そよ子「富士小学校における教育実践・研究活動の展開——昭和初期公立小学校の新教育実践——」(『東京大学教育学部紀要』第二六巻、一九八七年、二五一—二六〇頁)、谷口和也『昭和初期社会認識教育の史的展開』風間書房、一九九八年、二八六—三二三頁)、渡邉優子「東京市富士小学校における教育実践とドクロリーの教育思想——「創造生活」に注目して——」(『東京大学大学院教育学研究科紀要』第五二巻、二〇一三年、二三—三二頁)など。

(4) 前掲遠座・橋本論文、二九九—三〇〇頁。

(5) ドクロリーの認知論・教育論については、以下の文献を参照した。前掲田中論文。ドクロリー著/斎藤佐和訳『ドクロリー・メソッド』明治図書、一九七七年、二四七—二五七頁。Francine Dubreucq, "Jean-Ovide Decroly," *Prospects*, vol. 23, no. 1/2, 1993, pp. 249-275.　なお、本章では、ドクロリー教育法の詳細については割愛した。その特質については、第10・11章を参照されたい。

(6) W・ボイド/W・ローソン共著、国際新教育協会訳『世界新教育史』玉川大学出版部、一九六六年、一三四—一三六頁。

(7) "A Belgian Project Method," *The Times Educational Supplement*, Saturday, August 13, 1921.

(8) Jean-Ovide Decroly, "Une expérience de programme primaire avec activité personnelle de l'enfant," in Sylvain Wagnon ed., Ovide Decroly, *Le programme d'une école dans la vie. Paris: Éditions Fabert*, 2009 (1921).

(9) *The Times Educational Supplement* は、当時日本においても阿部重孝や吉田惟孝などドルトン・プラン研究者たちを中心に購読されていた。吉田は一九二一年の夏に同紙を通してドルトン・プランに関心を寄せるようになり、同年九月からの欧米視察では「此の方案（ドルトン・プラン―引用者注）とドクロリ法だけを視察して来ようと定め」たと回想している。吉田が実際にドクロリー学校を訪れたかどうかは不明である（吉良偀『大正自由教育とドルトン・プラン』福村出版、一九八五年、三三―三五頁。

(10) ユグナンの経歴については下記のサイトによる。http://www.hls-dhs-dss.ch/textes/f/F8243.php（最終閲覧日：二〇一六年九月九日）

(11) *Deutsche Zeitschrift für Nervenheilkunde* (vol. 49, no. 4, 1913) に掲載された国際会議の報告とみられる。

(12) "Education of Abnormal Children," *The Journal of the American Medical Association*, vol. 77, no. 20, 1921, pp. 1587-1588. 海外通信（Foreign Letters）の一節からの抄訳である。

(13) 入澤宗寿「私と私の教育学の生ひ立ち」『教育』第二巻第一号、一九三四年、八九頁。

(14) 遠座知恵「入沢宗寿によるプロジェクト・メソッドの受容――情報収集の実態と研究の特質――」『東京学芸大学紀要』総合教育科学系I、第六三集、二〇一二年、二三―二四頁。

(15) 筆者の調査によれば、原典は以下の文献である。Charles Chabot, "Transformons l'école," *Revue Pédagogique*, vol. 79, no. 7, 1921, pp. 1-10.

(16) Adolphe Ferrière, "L'école active," *L'Éducation*, vol. 14, 1922-1923, pp. 249-255.

(17) 野口援太郎「デクロリー教育法の発表について」（『教育の世紀』第三巻第一号、一九二五年、二頁）には「ニュー・イーラーの誌上でデクロリー教育法（La Methode Decroly）に関する記事を読んだ」とあり、一九二二年の*The New Era*第三巻第一二号（一二三頁）に図書紹介が掲載されている。

(18) 野口「『デクロリー教育法』の序文」『教育の世紀』第三巻第七号、一九二五年、五九頁。

(19) ウイリヤム、エッチ、キルパトリツク／教育の世紀社訳「教育の新目的」『教育の世紀』第二巻第一号、一九二四年、四一頁。

(20) アクネス、ド、リマ／教育の世紀社訳「教育方法の進歩」『教育の世紀』第二巻第一号、一九二四年、五四頁。

(21) 同前書、五八頁。

(22) Carleton Washburne, *Progressive Tendencies in European Education* (*Bulletin*, no. 37, Department of the Interior, Bureau of Education, 1923) は、その後、船田達也「欧州教育の新生」（『帝国教育』第五一五―五一七号、一九二五年七―九月）、および上沼久

之丞「欧羅巴の新学校」(『教育時論』第一五四五―一五四七・一五五〇号、一九二八年五―七月)でも翻訳紹介されている。アメリカだけでなく、日本においてもヨーロッパの新学校に対する関心は高かったことがわかる。

(23) シー・ダブリュー・ウォッシッス《ママ》バーン「欧州教育進歩の傾向(承前)――実験学校巡歴記――」『教育の世紀』第二巻第七号、一九二四年、一二九頁。

(24) この調査では、教育ジャーナリズム史研究会『教育関係雑誌目次集成』の第一期―第四期(日本図書センター、一九八六―一九九三年)を用いたほか、筆者がこれまでに閲覧することができた雑誌を用いた。記事の抽出は、ドクロリーやドクロリー教育法、エルミタージュ校に該当する語句のほか、その翻訳と考えられる用語を含む記事などを取り上げたうえで、内容に基づき行った。〈表3―1〉に挙げた記事は、ドクロリーおよびドクロリー教育法を主題として論じたものであり、部分的に言及した記事は含まれていない。なお、この調査の方法および記事25の所在について、遠座知恵氏よりご教示を得た。

(25) 遠座知恵・橋本美保「日本におけるプロジェクト・メソッドの普及――一九二〇年代の教育雑誌記事の分析を中心に――」『東京学芸大学紀要』総合教育科学系、第六〇集、二〇〇九年、五三―六五頁。

(26) 同前書、五八頁。

(27) 小林正洋「吉良信之」民間教育史料研究会ほか編『民間教育史研究事典』評論社、一九七五年、三五七―三五八頁。「吉良信之君」為藤五郎編著『現代教育家評伝』文化書房、一九三六年、一一―一二頁。

(28) 飯田晁三「モンタツシユ「ドゥクロリー、――人及び業績」」『教育思潮研究』第四巻第二号、一九三〇年、三〇〇頁。翌年、飯田は *La Méthode Decroly* を用いて『ドゥクロリー教育法』(目黒書店、一九三一)を刊行している。

(29) 上沼久之丞『生活学校デクロリイの新教育法』教育実際社、一九三一年、八頁。

(30) 上沼が保存していたスクラップブック「[海外通信綴]」(一九二九―一九三〇年、上沼家蔵)には、新教育連盟が作成したとみられる「日本における The New Era の購読者」リストが綴られており、四〇の個人および団体の名が記されている。

(31) 島田正蔵『低学年の新教育』文化書房、一九二七年、二頁。

(32) 志垣寛『教育太平記――教育興亡五十年史』洋々社、一九五六年、六八頁。

(33) 欧米視察中に澤柳は、ベルギーのヴァスコンセロス(A. Faria de Vasconcelos)の学校を訪れている。この学校は小原國芳が『ベルギーの新しい学校』（鰺坂國芳・高井伸子共訳、紫雨出版社、一九二〇年）で翻訳紹介した学校であったが、澤柳の訪問時にはすでに廃校となっていて視察は叶わなかったという（澤柳政太郎「ベルリンにて」『教育問題研究』第二六号、一九二二年、二頁）。

(34)　田制佐重「デクロリの生活学校」について（一）」『教育時論』第一五五一号、一九二八年、一八頁。

(35)　田制佐重「デクロリの生活学校」について（完）」『教育時論』第一五五二号、一九二八年、四―六頁。

(36)　上沼の帰国後、翻訳書出版のためにイギリスの版権者と交渉した伴安丈訓導の回想によれば、「彼（上沼―引用者注）はロンドンの本屋で「デクロリークラス」四冊を買い、速達便で教頭坂本に送り、自分が帰国するまでに坂本、小林、奈良、伴の四人に翻訳するように依頼した」という（伴安丈『教育一筋に生きる』一九八三年、八二頁、自費出版）。

(37)　欧米視察後に上沼の名前で発表されている著作には、彼自身によるものと他人の筆が入っているものとを判別することが困難な場合がある。特に、上沼は学術的な英文読解が苦手であったため、ほとんどの場合、翻訳、校閲を依頼していたようである。『生活学校デクロリイの新教育法』も北澤種一に校閲を依頼し、「この新教育法の根本原理として重要なる原則につき訂正され且懇切なる御指導をたまはつた」と謝辞を記している（上沼前掲書、自序二頁）。

(38)　北澤種一「共働作業学校の本質」『小学校』第四八巻第四号、一九三〇年、四八―五三頁。

(39)　太田喜千三（訳）「デクロリー・クラスに於ける観察」『小学校』第四九巻第八号、一九三〇年、一九頁。

(40)　田制佐重『教育社会学の思潮』甲子社書房、一九二八年、五一三頁。

(41)　清原みさ子「西山哲治」前掲『民間教育史研究事典』三九〇頁。近年の西山研究には、豊福明子「明治末期から大正期における西山哲治の「子どもの権利」思想の研究」（『九州教育学会研究紀要』第四二巻、二〇一四年、六一―六八頁）がある。

(42)　宮本圭三「米国に於ける学校訓練の研究」『修身教育』昭和八年新年特輯号、一九三三年、四三頁。

(43)　藤井東洋男「ドクロリーの総括機能説について」『児童芸術研究』第六号、一九三五年、二八頁。

(44)　藤井ツヤ子編『聾教育に関する論文集――随筆・書簡――（藤井東洋男遺稿）』藤井東洋男遺稿刊行会、一九五五年、一八六―二〇五頁。伊東雋祐「藤井東洋男小論（上）」『手話コミュニケーション研究』第二八号、一九九八年、四八―五四頁。

(45)　北澤の欧米視察の経緯や旅程については、塚原健太・遠座知恵「東京女子高等師範学校附属小学校における作業教育の研究態勢――北澤種一による欧米視察後の改革を中心に――」（『東京学芸大学紀要』総合教育科学系Ⅰ、第六六集、二〇一五年、七九―九一頁）に詳しい。

(46) 前掲上沼書、自序二頁。

(47) 北澤種一「デクロリー氏の実験学校」『教育の世紀』第三巻第六号、一九二五年、一三―一六頁。

(48) 北澤種一「外国に於ける初等教育」『明日の教育』第五巻第八号、一九二五年、二五五―二五六頁。

(49) 東京市富士尋常小学校「生活学校富士の教育」（一九三三年、三一五頁）には、上沼が一九二五年一月二一日に「デクロリー教育法」の研究発表を行ったことが記録されている。

(50) 前掲上沼書、八頁。

(51) 上沼久之丞「デクロリイの生活学校」『帝都教育』第二九三号、三二頁。

(52) 前掲上沼書、八―一九頁。以下、当日の視察内容は本書による。

(53) 富士小におけるドクロリー教育法の受容については、同校の訓導たちの実践的な関心や取り組みに注目してそのプロセスを解明する必要があると考えており、稿を改めて論じる予定である。なお、〈表3―1〉の奈良靖規の記事（記事34）は、上沼が刊行した図書の紹介記事である。

(54) 「越川彌栄君」前掲『現代教育家評伝』一〇〇―一〇一頁。

(55) 越川彌栄「デクロリー生活学校の瞥見（上）」『学習研究』第九巻第三号（通号九六号）、一九三〇年、二二頁。

(56) 越川彌栄「デクロリー生活学校の瞥見（下）」『学習研究』第九巻第六号（通号九九号）、一九三〇年、八四―八六頁。以下、越川の報告の引用はこの記事による。

(57) たとえば、明石附小の及川平治や西口槌太郎は、ドクロリー教育法を主題とした論考は著していないが、「生活単位のカリキュラム」開発のためにドクロリー教育法を参考にしたことに言及している（第10・11章を参照されたい）。

第4章　プロジェクト・メソッド情報の普及

W. H. Kilpatrick

遠座　知恵

1　はじめに

本章では、近代日本におけるプロジェクト・メソッド情報の普及状況を明らかにする。プロジェクト・メソッドといえば、キルパトリック（William H. Kilpatrick, 1871-1965）が一九一八年に発表した論文「プロジェクト・メソッド」がその普及の契機とみられてきたが、アメリカでは同論文の発表前からプロジェクトによるカリキュラム開発の系譜が複数あり、一九二〇年代初頭までに多様な教育情報が成立していた（1）。

日本におけるプロジェクト・メソッドの情報普及に関しては、一九二〇（大正九）年頃から東京女子高等師範学校（以下、東京女高師）の藤井利誉（1872-1945）や北澤種一（1880-1931）、東京帝国大学（以下、東京帝大）の入澤宗寿（1885-1945）、奈良女子高等師範学校（以下、奈良女高師）の松濤泰巌（1883-1962）らがその紹介を行ったことが指摘されている（2）。しかしながら、彼らがプロジェクト・メソッドの研究に取り組んだ個別の経緯や、検討した情報の実態、彼らの紹介以後、プロジェクト・メソッドへの関心がいかなる推移を辿ったのかなどもこれまでの研究では明らかにされてこなかった。

本章では、まず、上記の各研究機関において、誰がいつ頃どのような状況のもとでプロジェクト・メソッドの研究に着手したのかを明らかにする。続いて、教育雑誌記事の中から、プロジェクト・メソッドを主題とするものを抽出し、記事数の推移、執筆者の変化、記事の内容の特徴などを考察する。こうした教育ジャーナリズムの変化から、プロジェクト・メソッドの紹介以後、日本の教育界がいつ頃どのような関心や反応を示していったのかを明らかにしたい。

2　プロジェクト・メソッドへの注目

東京帝国大学における研究の経緯

東京帝大でプロジェクト・メソッドの研究に着手した経緯について、吉田熊次は次のように述べている。

一昨々年の秋頃だと思ふが私どもの研究室に於て外国雑誌の講読会の席上で、私より昨今米国の教育雑誌にしばしば現はれてくるプロヂエクトメソットと云ふのは面白い主張であるから、我が邦にも早晩輸入されて大流行を来すであらうと思ふことの意味を発言した。其の後色々と調べてみると、此のプロヂエクトメソツトと云ふ主張の中には種々雑多の見解があつて、用語は同一でも其の内容に於ては頗る多義であることを確めた。又其れ等の主張に就いても利害得失は一様ではないから精密に批判して取捨すべき必要があると思ふ。其れ故に私共の研究室では、プロヂエクトメソツトに関する偏頗な見方に基く教育論等の我が邦に流行しないうちに、客観的にプロヂエクトメソツトとは何う云ふものであるかを批判して我教育界の参考にしたいと云ふことを研究会の席上で提案した。其の席に列した人々は悉く之れに賛成したのである。取り敢へず入澤助教授をして専ら其の整理に当つてもらうことにした。処が其の席上でプロヂエクトメソツトと云ふことを伺う翻訳するのかが適当であるかの議が起つた。其れ々文字の吟味をしたが先づ当時我が邦に紹介せられてあるのを一度調べてみると、藤井利誉君の実演教授があつた。私共の研究室に集つて居る教育雑誌の中ではそれだけであつた(3)

（傍線—引用者、以下同様）

ここには、「一昨々年の秋頃」から吉田の提案に基づき、入澤を主任としてプロジェクト・メソッドの研究を開始したこと、「偏頗な見方に基く教育論等」が国内で「流行」する前にアメリカにおける多様な議論を整理して紹介する必要を感じたこと、プロジェクト・メソッドに関する国内での紹介状況を調査したところ、東京女高師の藤井利誉が「実演教授」と訳しているのみであったこと、などが記されている。この記事が発表されたのは、一九二二（大正一一）年一月一日であるが、脱稿の日付は一九二一（大正一〇）年一〇月一〇日となっている。どちらから遡るかによって「一昨々年」とされる時期の解釈は異なるが、入澤が東京帝大に着任したのが、一九一九（大正八）年一一月一〇日であることから(4)、東京帝大で研究が始まったのはそれ以降とみて間違いないであろう。

東京帝大の教育学研究室では、週一回外国教育雑誌の概要に関する報告会を開き、その研究成果を雑誌『帝国教育』の「最近の欧米教育思潮」という欄で毎回紹介することとなった。この連載の初回の冒頭で吉田は次のように述べている。

我等の研究室では、二十八種の外国教育雑誌を取寄せて居る。其の内で十種許は独逸のであるから、大戦争以来まだ到来しないが、爾余の分は銘々分担を定めて、毎週一回づゝ概要を報告することにして居る。此の企は全く我等相互の研究の参考にする為めに成立つたのではあるが、中には広く我が教育界に紹介したら、裨益を与へさうに思はるゝ者も少くないので、本誌を借り受けて其等を発表することに致した次第です。我が国でも明治の四五年から二十年頃までは随分海外の教育思潮が紹介されたが、其の後は国内の研究が進歩するに反比例して、海外の紹介が減少し、昨今は寧ろ此の方面の欠乏を感ずる程である。我等は此の欠陥を補ひ、我が教育界をして世界的進歩に後れざらしめる一助として此挙に出でた次第であります（5）

ドイツのものを除く約一八種の教育雑誌のうち、アメリカから何誌取り寄せられていたのかは不明であるが、おそらくその大半を占めていたと考えられる。プロジェクト・メソッドに関する彼らの研究も、こうした雑誌の概要報告会を基本に進められたのであろう。後述するように、東京帝大の研究者たちが『帝国教育』に発表した記事のほとんどは、アメリカの教育雑誌の記事がもとになっている。

「構案教授」という訳語に関しては、同研究室に所属する林博太郎が「プロヂエクトメソツトと云ふのは、「ナゲ出し」「考へ出す」方が主となるから構案教授と云ふべきであるといふので、仮にさう決めた」とされている（6）。東京帝大の研究者たちの訳語はこの用語に統一されており、彼らの間でプロジェクト・メソッドに関する一定の共通理解が図られていたと考えられる。

東京女子高等師範学校における研究の経緯

次に、東京女高師における研究の経緯を検討したい。佐藤隆之の研究では、コロンビア大学ティーチャーズ・カレッジ（以下、ティーチャーズ・カレッジ）の附属実験学校であるホレース・マン校における実験の原理を述べたキルパトリックによる「実験の基礎原理（The Theories Underlying the Experiment）」を北澤が紹介したことに着目し、彼が「わが国におけるキルパトリックのプロジェクト・メソッドに関する研究の先駆をなした」と指摘している（7）。キルパトリックの講演録にあたる「実験の基礎原理」は、一九一九年の *Teachers College Record* 第二〇巻第二号に掲載されており、“Horace Mann Studies in Primary Education” の一部をなしていた。北澤は「ホレースマンスクールの小学校初歩教育の研究」として、この報告書から、ホレース・マン小学校長ピアソン（Henry C. Pearson）による序文とキルパトリックによる講演「実験の基礎原理」を訳出した。東京女高師附小が発行する雑誌『児童教育』には、ティーチャーズ・カレッジの附属実験学校に関する紹介記事が多数掲載されており、北澤や同校の関係者が実践的研究関心から *Teachers College Record* を参照していたことは間違いないであろう。キルパトリック自身は、「実験の基礎理論」の発表に先行して、一九一八年の同誌第一九巻第四号に論文「プロジェクト・メソッド」を発表していたのであるが、北澤は同論文の検討から研究を開始したわけではなかった。

さらに、注意しておきたい点は、同校におけるプロジェクト・メソッド研究の契機を作ったのは、北澤ではなく当時同校の教授で附属小学校主事を務めていた藤井であったと考えられることである。東京帝大の吉田の述懐によれば、プロジェクト・メソッドを「実演教授」と翻訳して先駆的に紹介したのは藤井であり、その内容は「コロンビヤ大学の教育大学から出して居る研究叢書の中にのせてあつた家事科等に応用した処のプロジエクトメソットを骨子として論じたものであつた」とされている（8）。こうした紹介を、藤井が行ったのは、彼の欧米視察時の見聞が関係していたと考えられる。藤井は、一九一七（大正六）年一月二七日に横浜を出発したのち、ハワイ経由で二月にサンフランシスコに上陸し、その後イリノイ州シカゴに向かって同地に七月まで滞在した。シカゴ大学では「ジャット博士から教育に関する講演を聴き家事技芸科の講義は殊に興味を感じた」と振り返っている。その後、ウィスコンシン州マディソン、オハイオ州クリーヴランド、ニューヨーク州オルバニー、マサチューセッツ州ボストンを巡り、一〇月以降東京高師の「佐々木校長」らとともにニューヨークを訪れた。同地のコロンビア大学では「モンロー博士の教育史ストレーヤ博士の教育行政グードセル博士の女子教育及び其の他各教授の講演に出席」したと述べているが、キルパトリックとの面会については言及していない。この旅程からすると、藤井がティーチャーズ・カレッジを訪れたのは、キルパトリックの論文発表前であったと考えられる。藤井は一九一八年三月から再びアメリカ各地を訪問したのち、同年六月末にはヨーロッパにむけてニューヨークを出発し、イギリス、フランス、イタリアなどを訪れたという(9)。

一九二〇年に発行された『児童教育』第一四巻第三号には貞葉というペンネームで「米国小学校の家事教授（一）」という記事が掲載されている。この記事は、ティーチャーズ・カレッジのもう一つの実験学校であるスペイヤー校を取り上げ、同校では「Industrial and fine arts 即ち工芸科とも称すべきを設け」て、「食物、住居、衣服、記録、什器、器具、機械及刃物の六事項」の中で「実演（project）を為さしめ」ていると紹介を行っている(10)。記事の内容からみて、吉田が調査開始時に国内で唯一発表されていたとする藤井のものであると考えられる。同誌の同号で藤井は、日本では高等小学校でのみ教授される家事科が、アメリカでは早い段階から教授されていることにも言及し、スペイヤー校のインダストリアル・アーツを取り上げている(11)。プロジェクトという用語への言及はないものの、藤井は一九一九年に発表した記事でもスペイヤー校では「実業及び美術科と云ふ科目の下に図画、手工、家事を第三学年から教授し」て、「理解せしむる方面と実習せしむる方面との二方面を課して居る」とその実践を紹介しており(12)、彼が「実演教授」として帰国後にまず紹介したのは、スペイヤー校におけるインダストリアル・

アーツのプロジェクトであった。

なお、ホレース・マン校の実験について、藤井は、「幼学年の教育」と題する論考の中で、キルパトリックの「実験の基礎原理」を取り上げ、北澤が訳出した先述の「ホレースマンスクールの小学校初歩教育の研究」を参照するよう付記している(13)。こうした点からみて、「実践の基礎原理」は、東京女高師附小における低学年教育研究の参考資料とされたと考えられる。

奈良女子高等師範学校における研究の経緯

①松濤泰巌の欧米視察

藤井にやや遅れて渡米したのが、奈良女高師の松濤泰巌であった。松濤は同校に着任して間もない一九一八年の三月に横浜を出発し、一九二〇年七月に帰国した(14)。彼の欧米視察時の旅程は、まずハワイに半月ほど滞在してから、合衆国本土に渡り、その後ヨーロッパ諸国を巡るというものであった(15)。

キルパトリックが論文「プロジェクト・メソッド」を発表したのは、一九一八年九月のことである。一九一九年夏にイギリスに渡るまでの時期が、松濤のアメリカ滞在期間と考えられるため、彼の渡米時はキルパトリックが論文を発表し、教育界でプロジェクト・メソッドへの関心が高まっていた時期と重なっている。松濤は一九一八年にはアメリカで、またその翌年にはイギリスにおいてもプロジェクト・メソッドが脚光を浴びている状況を目の当たりにして帰国し、欧米視察時の状況を次のように振り返っている。

大正七八年の頃、米国に留学して居た時に、度々プロジエクト・メソツドといふ教育上の術語を耳にしたのであるが、其の頃彼地では最早新思想といふ訳では無く、苟くも教育に関係して居る者であれば、五段教授法とか知能測定とかいふと同様な程度に、万人周知の事であり、且つ頗る勢力ある思潮であつた。然るに大正八年の夏英国に渡つて見ると、米国の思潮紹介として漸くこの語が伝へられて居たのであるが、我が国に於いては昨年あたりから初めてプロジェクト・メソツドの声を聞く様である(16)

このように、アメリカやイギリスの教育関係者にとって、プロジェクト・メソッドはもはや一般的に認知されていると松濤は捉えていた。先に取り上げた東京女高師の藤井の場合も欧米視察を契機としてプロジェクト・メソッドに注目したと考えられるが、彼と松濤の欧米視察の時期には約一年のずれがあった。また、帰国後の松濤の論考をみる限り、アメリカでプロジェクト・メソッドによる実践を直接視察したことなどは述べておらず、藤井のように実践に関する具体的な情報などを入手していたのかは不明である。

帰国後の松濤は、奈良女高師内で開催された冬季講習会の講演（一九二〇年一二月開催）や長野県初等教育研究会の講演（一九二〇年一二月・一九二一年一月開催）において、まずプロジェクト・メソッドの紹介を行い、これらの内容は、『現今欧米教育の進化』（弘道館、一九二一年）に収められている。帰国直後の講演で松濤が紹介したのは、キルパトリックの論文「プロジェクト・メソッド」であり、その理由について彼は次のように述べていた。

同氏（キルパトリック―引用者）の記して居る所から察すると、此の語を現今考へられて居る意味に用い《ママ》初めたのも同教授らしく思はれるし、此の思想の概要を知るには最も適切な著述であるから、こゝにその大要を紹介しやうと思ふのである(17)

松濤はプロジェクト・メソッドに対して「目的活動主義」という訳語を試案したこともあったが、結局「全我活動主義の教育法」と訳すことにしたという[18]。帰国当初の松濤は、キルパトリックが用いた“purposeful act”や“wholehearted”という用語に注目して、プロジェクト・メソッドを捉えていたと考えられる。

②その他の研究者たちの関心

東京帝大では入澤を中心に教育学講座の研究者たちによってプロジェクト・メソッドの研究が開始され、東京女高師では藤井の帰国を機に北澤もその研究に着手していたと考えられる。奈良女高師においても、何らかの共同研究が行われたのであろうか。雑誌『学習研究』に掲載された同校関係者の記事の中にはプロジェクト・メソッドへの言及も見受けられる。

まず、校長の槇山栄次はプロジェクト・メソッドに最も批判的であったとみられ、C・マクマリー（Charles A. McMurry）の著作 *Teaching by Projects*（Macmillan, 1920）を取り上げて、次のように指摘していた。

> 地理歴史理科の如き実質的知識を取扱ふ場合には断片的の知識を授けるではなく「プロジェクト」法に依て教科に大なる単位（Large unities《ママ》 of study）を設けそれを中心として雑多の知識を統合するが宜いとしてある。其実例としてソルト河の灌漑の「プロジェクト」を挙げてをる。此「プロジェクト」を理解する為には地理上の知識を要するばかりでなく理科、数学、歴史及政府に就ての知識を要し、而かも是等の知識は此「プロジェクト」に依て密接に組織せられ連結せらるると云ふのである。併しながら学校に於ける課業の全体を斯様な方法で教

授することは不可能であると思ふ。若し一部分のみ此方法に依るとしたならばそれと他の部分との連絡を如何にする積りであるか。これに対する具体案が示されるでなければ理論として挙げてあることを承認することは出来ない(19)

C・マクマリーが開発したソルト河のプロジェクトは、実際に行われた灌漑事業を題材に、さまざまな学習内容を関連的に扱う実践であったが、槇山は教科課程全体をこのような方法で組織することは不可能であると批判している。彼はまた、スティーブンソン（John A. Stevenson）の著作 *The Project Method of Teaching*（Macmillan, 1921）を取り上げ、「理論として挙げてあることのいかにも仰山であるのにも拘はらず具体案として挙げてあることの余りに平凡なるには驚かざるを得ない」と批判し、「一口で云へば「プロジエクト、メソツド」は実際方面に於ては未だ何等の視るに足るべきものを提供してをらないのである」と総括している(20)。

他にも、同校でプロジェクト・メソッドに一定の関心を抱いたと考えられる人物には、教授兼附属高等女学校主事を務めた小川正行や、同校教授で、木下竹次の前任者として附属小学校主事を務めた眞田幸憲、附属高等女学校・実科高等女学校で地理科を担当した北川修三などがいる。

このうち、小川は、「近時、教育上児童の自己活動を高唱する新教授論が高唱され」ているが、「プロジエクト教授法のみは、他の諸主義と異なった原理に立脚して居る点が多く、一番新し味を感ずる」(21)と述べていた。彼はまたかつて同校に在職した篠原助市がアメリカから送ったとする次のような「私信」の紹介も行っていた。

プロジエクト、メソツドは、日本で騒ぐ程のものには固より之なく候。キルパトリツクや、マクマリーのプロジエクトメソツドの価値は、之を認めるが、余りに Over emphasize されありとは、米国一般の輿論に候、小生は固より其の拠つて立つるところのプラグマチズムに慊らず考へ居り候、夫れよりも、シカゴを中心とするパーカーの Project method. は穏健にて、寧ろ賛成致され候[22]

眞田と北川は、それぞれアメリカの教育情報をもとに紹介を行っている。真田は、ミラー（Irving E. Miller）の著作 *Education for the Needs of Life* の一部を翻訳し「構案法と問題法」は「技能科や農業科」では比較的導入しやすく、「作文、文学、地理、歴史、理科の場合には、種々工夫はせられて居るが、方法の基礎として、良考案を得るのは容易ではない」といった見解や、「未だ経験も熟練もないのに、之を以て、諸教科の教法の改造の骨子とせんとは、賢明なやり方ではない」といった見解を紹介した[23]。北川は、F・ブラノム（Fred K. Branom）が *Education* 誌第四二巻第五号に発表した“The Project in Geography”という記事と彼の兄弟であるM・ブラノム（Mendel E. Branom）との共著 *The Teaching of Geography: Emphasizing the Project Method*（Ginn and Company, 1921）を用いて、プロジェクト・メソッドを含む多様な地理学習の方法を紹介していた。[24]

また、同校の教授で附属小学校主事を務めた木下は、「彼のプロゼクト、メソドの如き非常にたくさんの意義を持って居る」[25]と述べたり、「プロジェクト、メソッドは学習材料を定める所に個人の自由を認め、ドルトンプランは学習の方法に於て大に個人の自由を認めて居る」[26]と言及していたが、特定の情報紹介なども行っておらず、プロジェクト・メソッドのみに特別な注意を払っていた様子はみられない。こうした人物が松濤と共同研究を行った形跡は見当たらず、プロジェクト・メソッドに対する関心や評価も様々であった。

3　雑誌での紹介と教育界の反応

関心の推移

前節で確認したように、日本国内においては、一九一九年以降プロジェクト・メソッドの研究が開始されていた。それでは、教育界では一般的にいつ頃からそれが注目されるようになり、その後どのように関心が推移していったのであろうか。この点を解明するために、筆者は、プロジェクト・メソッドを主題とする教育雑誌記事がいつ頃どれくらい発表されたのかを調査した。この調査では、一九一九年以前に発表された記事がないかどうかを確認するためにも、一九一八年以降の戦前期を対象期間とした(27)。

この時期に刊行されていた教育雑誌から、該当する記事を抽出したところ、〈表4―1〉のような結果となった。これをみるとわかるように、プロジェクト・メソッドを主題とする記事が現れるのは一九二〇年以降のことである。さらに、掲載された記事の数を年次別に整理すると〈表4―2〉のようになる。一九二〇年に確認できるのは春山作樹の記事（記事1）一件のみである。しかし、翌一九二一年には二八件となり、記事の数が一気に増加したことがわかる。こうした数値からみても、日本でプロジェクト・メソッドの紹介が本格化し、これに教育界の注目が集まるようになったのは一九二一年であったといえよう。

〈表4―1〉の最初に名前が挙げられている春山（記事1）、上村福幸（記事3）といった東京帝大の研究者たちは、プロジェクト・メソッドがすでに国内で断片的に紹介されていることに言及している。また、自らはその研究者ではないと断ったうえで、これに言及した永野芳夫（記事23）の場合は、「ちかごろアメリカからProject Methodとい ふ名前へが（その実際はずつと前から日本にもあつたことであるが）輸入されて、東大の入澤文学士と女高師の北澤主事と大塚の日田講師とが申しあはされたやうに六月頃から雑誌その他で宣伝乃至紹介をされてゐる」と述べている(28)。教育雑誌における各年の動向をまとめた特集などをみても、そこにプロジェクト・メソッドが取り上げられるようになるのは一九二一年からである。同年一二月に発行された雑誌『創造』では瀬川頼太郎が、一年を振り返り、「本年に於て注意すべきは、入澤、日田、野田その他諸氏によつて紹介されたプロゼクトメソッドであります」と述べていた(29)。

再び〈表4―2〉から、その後の推移を読み取っていこう。一九二二年にも二八件の記事があったことがわかり、一九二一年から一九二二年の二年間が教育界でプロジェクト・メソッドに最も注目が集まった時期であると考えられる。しかし、一九二三（大正一二）年には記事の数がそれまでの半数近くとなり、一九二四（大正一三）年以降激減するといった状況になっている。一九三〇年には該当する記事が見当たらず、一九三〇年代に発表された記事数は七件にとどまっている。

プロジェクト・メソッドが一般的に注目されるようになった一九二一年時点においても、教育界全体をみれば、これを批判的に捉えるものもいた。雑誌『創造』では、「欧米教育の新思潮」という特集で教育学者一六名の意見が紹介されており、プロジェクト・メソッドに言及した五名のうち、奈良女高師の松濤と東京帝大の入澤はこれを好意的に評価していた。一方、「「プロジエクトメソッド」など米国では近頃中々流行してをるようだが自分はさう価値あるものとは認めない」と述べる奈良女高師の槇山、「米国に Mendel E. Branom の The Project Method in Education （一九一九）あるも格別の事なし」と述べる谷本富、「最近に紹介せられてゐる「プロジエクトメソツド」や「モテイベーション」とかには何の新し味も見出し味も見出し兼ねます」と述べる篠原助市らは批判的な評価を下していた(30)。槇山はプロジェクト・メソッドの有効性には一貫して懐疑的であり、「大正十二年を迎ふ」と題

表4―1　プロジェクト・メソッドを主題とする雑誌記事一覧

番号	発行年	月	日	著者名	記事名	掲載誌	巻	号
1	1920	8	1	春山作樹	構案教授の心理	帝国教育		457
2	1921	3	1	北澤種一	プロジェクトメソッドとは何ぞや	児童教育	15	5
3	1921	4	1	上村福幸	プロゼクト メソッドによる近世史教授に就て	帝国教育		465
4	1921	4	1	北澤種一	プロジェクトメソッドとは何ぞや（続）	児童教育	15	6
5	1921	5	1	日田権一	新教授法プロジエクトメソッド（一）	明日の教育	1	1
6	1921	5	1	北澤種一	プロジェクトメソッドとは何ぞや（三）	児童教育	15	7
7	1921	6	1	北澤種一	プロジェクトメソッドとは何ぞや（続）	児童教育	15	9
8	1921	6	1	日田権一	新教授法プロジエクトメソッド（二）	明日の教育	1	2
9	1921	6	1	入澤宗寿	「構案教授」の諸概念	創造	3	6
10	1921	6	1	北澤種一	プロジェクトメソッドに就て	創造	3	6
11	1921	6	1	入澤宗寿	構案教授の概念の発達	帝国教育		467
12	1921	6	15	入澤宗寿	マクマリーの『構案に依る教授』（一）	教育時論		1302
13	1921	6	25	入澤宗寿	マクマリーの『構案に依る教授』（二）	教育時論		1303
14	1921	7	1	日田権一	新教授法プロジエクトメソッド	明日の教育	1	3
15	1921	7	1	北澤種一(10)	プロジェクトメソッドに就て	教育問題研究		16
16	1921	7	1		春季遠足のプロジェクト（口絵）	児童教育	15	10
17	1921	7	1	訓練部	春季遠足のプロジェクト	児童教育	15	10
18	1921	7	5	入澤宗寿	マクマリーの『構案に依る教授』（三）	教育時論		1304
19	1921	7	25	松濤泰巌	プロジェクトメソッド	小学校（臨時）		
20	1920	8	1	入澤宗寿	構案教授法の意義及ひ価値	教育学術界	5	5
21	1921	8	1	入澤宗寿	ストツクトンの構案作業論	帝国教育		469
22	1921	8	15	久保良英	幼稚園に於けるプロジェクト	幼児教育	21	8
23	1921	9	1	永野芳夫	プロゼクト・メソドと創造的智性	教育問題研究		18
24	1921	9	7	松濤泰巌	プロジェクト・メソッド（一）	富山教育		96
25	1921	10	1	松濤泰巌	プロジェクト・メソッド（二）	富山教育		97
26	1921	10	3	野田義夫	プロゼクト、メソッドに就いて	教育界	20	11
27	1921	12	1	入澤宗寿	「構案教授」と「作業学校」	教育論叢	6	6
28	1921	12	1	野田義夫(26)	プロゼクト・メソッドについて	教育論叢	6	6
29	1921	12	1	吉田熊次	プロゼクト・メソッドに関するキルパトリック教授対バグレー教授の論争	帝国教育		473
30	1922	1	1	吉田熊次	プロゼクト・メソッドとは何ぞや	教育論叢	7	1
31	1922	1	1	フレデリック・ヂ・ボンサー	プロゼクト・メソッドの困難と危険及びその救済法	教育問題研究		22
32	1922	1	1	野田義夫(26)	プロゼクトメソッドに就いて	愛知教育		409
33	1922	1	1	入澤宗寿(27)	構案教授と作業学校	愛知教育		409
34	1922	2	1	高山潔訳述	プロジエクト、メソジ《ママ》ドの危険と難点	教育研究		235
35	1922	2	1	大谷恒郎	プロゼクト・メソッドにつきて	教育論叢	7	2
36	1922	2	15	高橋一郎	理科教授に於ける全我活動主義の取扱	教育研究（臨時）		236
37	1922	3	1	入澤宗寿	構案教授の起源及び発達	教育論叢	7	3
38	1922	3	1		プロゼクト・メソッドとは何ぞや其の意義を述べ且つこれを批評せよ	教育論叢	7	3
39	1922	3	10	入澤宗寿	農業教育と構案教授	農業教育		249
40	1922	3	22	横田峰三郎	地理のプロヂエクト、メソツド（一）	千葉教育		359
41	1922	4	1	田制佐重	プロジェクトメソッドと其評価の標準	創造	4	4
42	1922	4	1	松濤泰巌	プロジエクト・メソッド参考書	学習研究	1	1
43	1922	4	22	横田峰三郎	プロヂエクトと社会的訓練	千葉教育		360
44	1922	5	1	吉田熊次	地理科に於けるプロゼクト	帝国教育		478
45	1922	5	1	二葉生	幼稚園に於ける団体生活のプロジエクト	児童教育	16	7
46	1922	6	1	島村嘉一	構案教授法に於ける問題の取扱	小学校	33	6
47	1922	6	1	越川彌栄	各科教授に於けるプロジエクトの研究（一）	教育学術界	45	3
48	1922	6	1		歴史学習のプロゼクト（口絵）	児童教育	16	8
49	1922	6	15	島村嘉一	構案教授法に於ける問題の取扱	小学校	33	7
50	1922	7	1	越川彌栄	各科教授に於けるプロジエクト法の研究（二）	教育学術界	45	4
51	1922	8	1	越川彌栄	各科教授におけるプロジエクト法の研究（三）	教育学術界	45	5
52	1922	9	1	吉田弘	プロジエクトに依る理科教授	児童教育	16	11

53	1922	9	1	石村寛逸	プロゼクトメソツドに就て	愛媛教育		424
54	1922	10	1	入澤宗寿	パーカー教授の構案教授論	創造	4	10
55	1922	10	1	渋谷義夫	問題法とプロジエクトの定義に関して	倫理教育研究	1	3
56	1922	12	1	越川彌栄	各科教授に於けるプロジエクト法の研究（四）	教育学術界	46	3
57	1922	12	1		プロジエクトによるクラス会（口絵）	児童教育	17	2
58	1923	1	1	鶴居滋一	幼学年児童の合科学習とプロヂエクトの一例	学習研究	2	1
59	1923	1	1	日田権一	プロジエクト　メソツドの批判	倫理教育研究	1	4
60	1923	1	25	大岡正	プロゼクトメソツドの教法に就きて	長崎県教育雑誌		364
61	1923	2	11	日田権一	プロジエクトの主義	岐阜県教育		342
62	1923	2	15	福島第四小学校	構案教授の研究	福島県教育	39	2
63	1923	4	1	日田権一	プロジエクト・メソッドの批判	倫理教育研究	2	1
64	1923	4	1	渋谷義夫	プロジエクトに就いて	倫理教育研究	2	1
65	1923	6	1	赤井米吉	ダルトン案とプロゼクトメソッド	教育問題研究		39
66	1923	7	1	乙竹岩造	プロジエクト法と幼稚園の作業	幼児の教育	23	7
67	1923	8	1	乙竹岩造	「プロジェクト」法ト幼稚園ノ作業	児童研究	26	12
68	1923	8	1	本誌記者	幼稚園・小学校の初等年級のプロゼエクト	幼児の教育	23	8
69	1923	8	1	山内俊次	幼年児童に試みられたプロジェクト法	児童教育	17	10
70	1923	8	1	岡篤郎	実業補習教育を社会教育に結びつくる公民教育のプロゼクト	明日の教育	3	8
71	1923	9	1	衛藤宗馬	プロゼクトメソツドに依る自然科の学習	小学校		11
72	1923	11	1	入澤宗寿	プロゼクトメソッドに就て	教育学術界	48	2
73	1923	12	1	入澤宗寿(72)	プロゼクトメソッドに就て	教育論叢	10	6
74	1923	12	1	伊藤弘之	地理学におけるプロゼクト	愛知教育		432
75	1924	1		森田嘉一郎	プロジェクトメソッドに就いて	都市教育		229
76	1924	2	1	日田権一	米国に於けるプロジエクト・メソッドの史的概略	明日の教育	4	2
77	1924	2	1	日田権一(76)	米国に於けるプロジエクト・メソツドの史的概観	教育論叢	11	3
78	1925	5	1	北澤種一	プロジエクトによる学科課程の実験	教育学術界	51	2
79	1925	7	1	海老原邦雄	計算練習のプロジェクト	教育問題研究		64
80	1925	8	1		ストーア・プロジェクトに於ける人形屋ゴツコ(尋一・尋二)（口絵）	児童教育	19	8
81	1925	8	1	山内俊次	下学年に試みたるストーアプロジェクトの実際	児童教育	19	8
82	1926	2	1	小澤恒一	プロジェクトメソッドに拠る作業と遠足	教育問題研究		71
83	1926	3	1	小澤恒一	プロジエクト・メソツド	教育論叢	15	3
84	1927	6	1		プロゼクトメソッド	教育問題研究		87
85	1927	7	5	田制佐重	キルパトリツク教授の事ども	教育時論		1514
86	1927	9	15	野瀬寛顕	キルパトリック博士の講演を聴く	北海道教育新聞	3	9
87	1927	10	1	キルパトリック	文明の推移と教育	教育思潮研究	1	1
88	1927	10	1	キルパトリック	プロ《ママ》ジェクト・メソッドの基礎原理	教育思潮研究	1	1
89	1927	11	1	奥野庄太郎	プロゼクトによる子供字引と子供本の作成	教育問題研究		92
90	1927	12	1	西本三十二	プロゼクト・メソツドそのほか	学習研究	6	12
91	1928	3	1	西本三十二	教育とは同時に行はれる三つの異つた学習の総計である	学習研究	7	2
92	1928	4	1	秋山生	(解説）プロジエクト法	教育学術界	57	1
93	1928	5	1	西本三十二	学習の種々相	学習研究	7	5
94	1929	1	1	龍山義亮	教育上に於ける構案法の原理	教育学術界	58	4
95	1929	4	10	由利吉治	各自の「全我」を発揮させる教育	帝都教育		289
96	1929	9	10	上沼久之丞	白耳義のプロジエクト・メソツド	帝都教育		294
97	1929	11	1	高橋千代三郎	プロゼクト法に依る手工科教授（上）	手工研究		112
98	1929	12	1	高橋千代二郎	プロゼクト法に依る手工科教授（下）	手工研究		113
99	1932	7	1	小澤恒一	生活指導としてのプロジェクト・メソッドの価値	教育研究		389
100	1932	9	1	仁戸田六三郎	キルパトリツク現代教育論	小学校	51	6
101	1933	9	15	及川ふみ	プロゼクト手技製作について	幼児の教育	33	8,9
102	1934	9	1		プロジエクト・メソツド	教育学術界	69	

103	1936	3	1	大阪府立青年学校教員養成所	構案自学法	青年教育		157
104	1936	4	15		米国聾学校生徒の地理科プロヂエクト	聾口話教育	12	4
105	1937	11	1		キルバトリック教授退職記念募金	教育	5	11

（註）著者が示されていないものも、内容から判別できる場合は記入した。口絵の場合は論題欄に（口絵）を、他誌に掲載された記事の転載や抜粋の場合は著者欄に（）で元の記事の番号を付記した。

表４－２　年次別記事数

年	本数
1920	1
1921	28
1922	28
1923	17
1924	3
1925	4
1926	2
1927	7
1928	3
1929	5
1930	0
1931	0
1932	2
1933	1
1934	1
1935	0
1936	2
1937	1

した『学習研究』の記事でも次のように述べていた。

「プロジエクトメソツド」は一時其声高かつたが二三の著書が翻訳的に紹介せられた位で今は下火と成つた。其代りに「ダルトンプラン」の呼声が高まるやうになつて来た。吾輩は学習研究会の大正十年における冬期講習会に其大要を紹介し本誌の創刊号に之を掲載してあつたが、此「プラン」が澤柳博士一行の帰朝土産の一つとして挙げられてから漸次諸雑誌にも掲載せられ翻訳書なども出版せられるやうに成つた。是も単に紹介せられたのみで「プロジエクトメソツド」のそれと同じ運命に終るやうなことのないやうなものにしたいものである(31)

このように、槇山は一九二三（大正一二）年に入る頃には、プロジェクト・メソッドの流行をすでに過去のものとして捉え、教育界の関心は新たに紹介されたドルトン・プランへと移ったと見なしていた(32)。

執筆者とその変化

一九二一年までの執筆者の顔ぶれをみていくと、東京帝大の春山、上村や入澤、吉田、東京女高師の北澤、奈良女高師の松濤といった研究者たちの存在を確認することができる。しかし、東京女高師の藤井やM・ブラノム *Project Method in Education*（Richard G. Badger, 1919）の訳書（『プロゼクトメソッドの理論及実際』啓文社書店、一九二一年）を刊行した市川一郎などは、同年に限らず、その後もプロジェクト・メソッドを主題に掲げた雑誌記事は発表していない。また、「新教授法プロゼクトメソッド」（記事５・８・14）と題して三回にわたる連載を先駆的に行っていた日田権一も「近来我国に於いても此の運動は非常に価値ある運動で、将来の教育は此の方針によつて改革せらるべきものの様にして居られる方もあるが、僕はそれほどには思はぬ」と述べていた(33)。プロジェクト・メソッドを紹介する者の中にもその紹介の態度や評価の仕方には違いがみられた。

これらの人物によるその後の記事についてみていこう。東京帝大の研究者のうち複数の記事を確認できるのは吉田と入澤のみであり、吉田が一九二二年、入澤が一九二三年までプロジェクト・メソッドを主題に冠した記事の執筆に取り組んでいる。東京女高師の北澤は、欧米視察の時期にあたる一九二二年以降しばらく該当する記事を発表しておらず、帰国後の一九二五年に一点だけ確認することができた。松濤も一九二二年に一点確認できるのみであるが、彼の場合は同年三月にプロジェクト・メソッドの研究書として『全我活動の教育』(教育研究会、一九二二年)を刊行している。こうした事実から、一九一九年からプロジェクト・メソッド研究を開始した日本の研究者たちは、一九二一年に集中的にこれを紹介したものの、その後発表した記事は少なく、積極的にその執筆活動を行った時期は数年間に限定されていたことがわかる。

一九二二年以降は、次第に地方の師範学校の教師や実践家などが記事を著わすようになった。記事数は一九二一年とほぼ同数を保ちながらも、一九二二年に入ると執筆者の顔ぶれは大きく変化している。一九二三年以降は特に実践家による記事の執筆が目立つようになった。

〈表4―1〉のうち、前節で取り上げた東京帝大や東京女高師、奈良女高師の研究者と交流のある実践家の記事を確認しておこう。まず一九二一年には東京女高師附小訓練部が「春季遠足のプロジエクト」(記事17)を発表したことが確認できる。また、山内俊次や吉田弘、「二葉生」というペンネームで寄稿している芳澤喜久(34)は同校の訓導であり、『児童教育』にプロジェクト・メソッドを主題とする数本の記事を発表している(記事45・52・69・81)。

東京女高師附小では、このように複数名の訓導がプロジェクト・メソッドに関する記事をまとめており、藤井と北澤の指導のもとに、その研究が組織的に行われていた可能性を示している。前記の訓導のうち、吉田は『プロジェクトメソッドによる算術教授の実際』（明治図書、一九二三年）と題する著作も刊行している。

奈良女高師附小の訓導では、鶴居滋一が『学習研究』に記事を発表している（記事58）。ただし、同校の他の訓導たちによる同種の記事は〈表4―1〉には見当たらない。『学習研究』の記事を検討したところ、同校の他の訓導では、手工と図画を担当した横井曹一がプロジェクト・メソッドに比較的関心を寄せていたと考えられるが(35)、それを主題とした論考は発表していない。また、入澤の指導を受けた山崎博もここに記事を確認することはできないが、彼は神奈川県女子師範学校附属小学校で行った実践を、『構案法に依る学校体育』（教育研究会、一九二三年）、入澤と共著の『構案法による新地理教育』（教育研究会、一九二四年）などの著作にまとめている。

これ以外の実践家としては、大分県師範学校附属小学校訓導の衛藤宗馬（記事71）、福島県師範学校附属小学校の主事を務めた小澤恒一（記事82・83・99）、成城小学校の赤井米吉（記事65）や海老原邦雄（記事79）、奥野庄太郎（記事89）、秋田県師範学校訓導兼教諭の高橋千代三郎（記事97・98）などを挙げることができる。また、入澤は一九二三年の「プロジェクト・メソツドに就て」（記事72）の中で、日本国内では「熊本県の或る小学校」や、茨城県女子師範学校附属小学校、神奈川県女子師範学校附属小学校においてプロジェクト・メソッドによる実践が行われていることに言及している(36)。

4　記事の内容とその特徴

アメリカ教育情報の紹介

プロジェクト・メソッドが本格的に紹介された一九二一年の記事は、大半がアメリカにおける議論の概要か特定人物の論考を紹介する内容となっている。教育雑誌記事の概要報告からプロジェクト・メソッドの研究を開始した東京帝大の研究者たちの記事をみると、春山の記事1は、*School and Society*誌第一一巻二七四号に掲載されたオレゴン大学のラッチ（G. M. Ruch）による“A Contribution to the Psychology of the Project”を、上村の記事3は、*Teachers College Record*第二一巻五号に掲載されたホレース・マン女子ハイ・スクールにおけるハッチ（R. W. Hatch）による“Teaching Modern History by the Project Method: An Experiment”を、吉田の記事29は、同じく*Teachers College Record*第二二巻四号に掲載されたティーチャーズ・カレッジにおけるシンポジウムの報告書の紹介であった。〈表4―1〉の中で、最も多数の記事を発表しているのは入澤であるが、彼が個別に取り上げている人物は、C・マクマリー、ストックトン（James L. Stockton）、パーカー（Samuel C. Parker）などであり、こうした紹介の中にキルパトリックは含まれていない。

一九二一年に最も参照された情報は、アメリカにおけるプロジェクト・メソッドの議論を網羅的に取り上げたM・ブラノムの*The Project Method in Education*であったと考えられる。同書の内容と同年の記事を対照したところ、これに依拠した記事は多く、一六点に及んでいた（記事2・4・5・6・7・8・9・10・11・14・15・19・24・25・26・28）。帰国当初キルパトリックの論文を紹介した松濤も、一九二一年には多様な論者に注目する記事を著わしており（記事19・24・25）、この時期キルパトリックの論文に焦点化した記事は見当たらなかった。

一九二一年三月に、ティーチャーズ・カレッジで開催された「プロジェクト・メソッドの危険および困難とその克服法（The Dangers and Difficulties of the Project Method and How to Overcome Them)」と題するシンポジウムについては、前掲の吉田の記事29を含め複数の記事で注目していた。このシンポジウムは、アメリカにおけるプロジェクト・メソッドへの関心の高まりを背景に、それを反省的に捉えようとしたもので、報告者のうちバグリー（William C. Bagley）が最も批判的な見解を示していたが、吉田の記事（記事29）はこの点に着目してキルパトリックとバグリーの見解の相違を紹介している。また、翌一九二二年のボンサー（Frederick G. Bonser）の翻訳記事（記事31）、高山潔の記事（記事34）もこのシンポジウムについて紹介ないし言及したものであった。すなわち、日本においては、プロジェクト・メソッドの紹介が本格化して間もない時期に、アメリカでの反省的な議論も伝えられており、短期間に多様な情報が普及したとみることができる。当時ティーチャーズ・カレッジに留学していた高山は、同記事の冒頭でプロジェクト・メソッドをめぐるアメリカの状況について次のような報告を行っている。

> プロジエクト、メソツドは米国人に依り唱導され、我国へ輸入せられたものであるから。或は早呑み込みの先生は、今や米国では都鄙至る所の学校、皆プロジエクト、メソツドならざるはなし位に、思はれて居るかも知れぬが、実際は大間違ひで、実を申せばまだ大学の教育学教授や師範学校の先生が、アカデシ《ママ》ツク、ジスカツシヨン（学理論）の種としてやつて居る位のもので、御膝許はさまで熱心ではない。誠に米国で最も教育能率の挙つて居る、紐育費府、市俄古、ボストンなどの学校を尋《ママ》ねて、教鞭をとつて居る先生に伺つて見ると、一体プロジエクト、メソツデとはどんなことですかなど、却て逆襲を食ふこともある位であるから。以て一般は推して知るべしである（37）

このように、高山はアメリカにおける教育現場の実情を取り上げ、教育先進都市のニューヨーク、フィラデルフィア、シカゴ、ボストンにおいてでさえ、一般の学校にプロジェクト・メソッドは浸透していないと報告している。プロジェクト・メソッドを好意的に捉えた者にとっても、否定的に捉えた者にとっても、日本で当初から大きな関心事となったのは、導入の実現可能性や実際の教育効果であったと考えられる。前節で取り上げた奈良女高師の槇山の批判もその一つであったが、欧米視察を経た北澤が一九二五年に再び行った紹介（記事78）は、プロジェクト・メソッドの成果に関する新たな知見に着目したものである。北澤が紹介したのは、コリングス（Ellsworth Collings）がその実験結果をまとめたとされる *An Experiment with a Project Curriculum*（Macmillan, 1923）であり、同研究を次のように取り上げていた。

数年前から亜米利加合衆国の教育界に於てはプロゼクトメソツドと云ふものが盛に主張せられて居たのでありますが、それが果たして教育上の実際の効果と云ふものが何うであるかと云ふこと即ち其の結果は明瞭に現はれて居らなかつたのでありますが、最近一九一七年から一九二一年の四箇年に亘つて此ミズーリーのオクラホマの大学教授のコーリングス氏が自分の案に依つたプロゼクトといふものに拠る学科課程を□つて、さうして之を実際にやつてみた四箇年間の結果を報告して居るのであります(38)

北澤は、従来型の学校教育よりも、プロジェクト・メソッドによる教育のほうが、あらゆる面で優れた効果をもたらしたと紹介している。

初期の紹介記事の影響

一九二二年にプロジェクト・メソッドに関する記事を発表した新たな執筆者たちは、一九二一年同様アメリカの論考をもとにした紹介を行っていた（記事31・40・41・43・45・46・47・49・50・51・55・56）。しかしこの年には前年の国内の紹介記事や刊行物を参照した論考を発表する者も現れるようになってきた。

たとえば、大谷恒郎「プロゼクト・メソッドにつきて」（記事35）では、プロジェクト・メソッドの議論を「キルパトリック氏」と「スネツデン氏」あるいは「主観派」と「客観派」とに大別する整理を行い、「全我活動」は前者の解釈に、「実演教授」は後者の解釈に基づいているとして、いずれも一面的であると述べている。その上で、両面を兼ね備えた「マクマリーの構案による教授」を「最も穏当なもの」と評価しているが、こうした説明は一九二一年に入澤が発表した内容のまとめとなっている。石村寛逸「プロゼクトメソッド」（記事53）でも、同様に「シネツデン氏の主張」を「（客観派……実演中心）」、「キルパトリック氏の主張」を「（主観派……全我活動中心）」と把握する形で整理を行っている。また、高橋一郎「理科教授に於ける全我活動主義の取扱」（記事36）では、「此の全我活動主義と云ふのは、外の主義をまねたのではありませぬ」として、著者自身が考案したものであることを断っているものの、児童の活動を「全心的、全我的、白熱的」とする表現などは、キルパトリック理論の紹介を行った松濤の『現今欧米教育の進化』を参照したと推察される。

実践家による実践報告

初期の記事内容は、そのほとんどが大学や師範学校の研究者たちによる紹介記事であったが、次第に実践家による実践報告も行われるようになった。〈表４―１〉の中で、最初に現れた実践報告は、一九二一年の「春季遠足のプロジェクト」（記事17）である。これは、東京女高師附小の実践紹介であり、記事には「児童の内発的活動を進展せしめて、春季遠足の諸計画を為さしむ。実に我校最初の試みなり」と記されている。遠足当日に至るまでの準備の過程が紹介されているが、わが国における先駆的な実践に位置づくと考えられる。

また、同校の訓導山内俊次は、「幼年児童に試みられたプロジェクト法」（記事69）において、「米国カ州ペラルタ学校に試みられたプロジェクト法の一例」として、男子児童の飛行機制作と女子児童の人形制作の実践紹介を行っている。「ストーア・プロジェクトに於ける人形屋ゴッコ（尋一・尋二）」（記事80・口絵）および「下学年に試みたるストーアプロジェクトの実際」（記事81）は、山内自身の実践報告であるが、彼はアメリカの実践情報を参照しながらプロジェクトの実践に取り組んでいたと考えられる。

奈良女高師附小の訓導鶴居滋一の記事（記事58）では、一九二二年の合科学習における「水」を題材とした実践を取り上げて紹介している。その他、衛藤宗馬の記事（記事71）には、一九二三年から取り組んだとされる「プロジェクト・メソッドによる自然科の学習」、小澤恒一の記事（記事82）には、福島師範附小における砂場修復作業や遠足の実践、奥野庄太郎の記事（記事89）では「子供字引」と「子供本」の制作、高橋千代三郎の記事（記事97・98）では手工科の実践などが報告されている。

キルパトリックへの再注目

プロジェクト・メソッドに関する記事の数は一九二四年以降激減していたが、一九二〇年代後半にはキルパトリックに再注目する人物も現れた。キルパトリックは一九二七（昭和二）年と一九二九（昭和四）年の二度来日し、一九二七年にはそれを受けた記事が数件発表されている。

キルパトリックは一九二七年五月二三日に下関を訪れ、六月一日に大阪朝日会館で「文化の変遷と教育の革新」、六月三日に京都市立本能小学校で「新時代における新教育」、六月七日に奈良女高師で「現代の新教育とその批判」、六月一三日に東京帝大で「プロジェクト・メソッドの基礎原理」と題する講演を行ったとされている(39)。このうち東京帝大での講演は、岡部弥太郎により翻訳されているが（記事88）、その内容はキルパトリックが論文「プロジェクト・メソッド」で提示した「学習の法則」に関する説明となっている。

また、彼の来日を受けて執筆された田制佐重の記事（記事85）は、コロンビア大学の教育哲学の教授として、キルパトリックを取り上げ、次のように述べている。

今回来朝したコラ《ママ》ンビア大学の教育哲学学《ママ》ウイリアム・ハード・キルパトリック（William Heard Kilpatrick）教授のことに就いては、これまで我が教育界に余り知られてゐなかつたやうである。丁度六七年前ばかり前に、プロジエクト・メソツドが一時盛んに紹介されたことがあつたが、その際に新帰朝者であつた当時奈良女高師の松濤教授が、キルパトリツクの『プロジエクト・メソツド』と題する小著の意見を骨子として紹介されたのが、最近ではキルパトリツク教授の名が我が教育界に伝へられた始でなかつたかと思はれる(40)

プロジェクト・メソッドの先駆的研究者のうち、キルパトリック理論の紹介者として当時最も認知されていたのは、やはり松濤であったのであろう。一九二一年に、田制自身もプロジェクト・メソッドに関する記事（記事41）を一度発表しているが、これはキルパトリックではなく別の論者の論考を紹介した内容であった。

上記の引用では、まず日本の教育界では、キルパトリックのへの関心はあまり高くなかったと述べられている。

田制は、論文「プロジェクト・メソッド」以外のキルパトリックの著作がほとんど顧みられていないことを指摘し、「彼のプロジェクト・メソッドを真に理解しようとするものは、須らく先づ此の書に依つて、彼の教育の哲学のアウトラインに通ずべきであらう」と、彼の著作 *Education for a Changing Civilization* (Macmillan, 1926) をあげている。また、同記事の結びでは、次のような指摘が行われていた。

プロジェクト・メソツドは一時我が国に於て殆ど流行的に紹介されたが、その割合に理解または実施の程度の少なかつた例は他になかつたかに思はれる。そこにはその根底思想に対する痛ましき没理解が認められた。プロジエクト・メソツド、殊にキルパトリツクのそれには根柢の教育哲学が宿つてゐる(40)

日本ではプロジェクト・メソッドが一時期流行したものの、その「理解」や「実施」は、脆弱なものであったと評価を行っている。このように、一九二〇年代後半には、国内における研究の在り方を反省し、「プロジェクト・メソッド」をキルパトリック教育思想全体の理解のもとに研究する必要性も唱えられたが、こうした見解は他の記事には見当たらず、全体としてみればごく一部にとどまったと考えられる。一九二七年には、ティーチャーズ・カレッジでキルパトリックに師事して帰国した西本三十二も再び彼の理論を取り上げたが(記事90・91・93)、教育ジャーナリズムの動向からみる限り、プロジェクト・メソッドがかつてのような注目を浴びることはなかった。

5　おわりに

日本国内では一九一九年以降プロジェクト・メソッドが注目されるようになった。東京帝大では、吉田を中心とした教育学講座における外国教育雑誌の概要報告で、プロジェクト・メソッドの流行を察知し、入澤を主任とする共同研究を開始してこれに「構案法」という訳語をあてた。彼らの研究当初の意図は、日本でプロジェクト・メソッドが流行する前にその意義を精査するというもので、特定の情報に焦点を当てたものではなかった。彼らに先行して、国内で研究を開始していたのが、欧米視察から帰国して「実演教授」を提唱した東京女高師の藤井であった。同校では、藤井と北澤が主導して附属小学校の実践研究に資する情報を検討していたとみられ、ティーチャーズ・カレッジのスペイヤー校やホレース・マン校の取り組みに関心を寄せていた。このように、東京帝大と東京女高師の研究者たちは、プロジェクト・メソッド普及の契機となったとされるキルパトリックの論文「プロジェクト・メソッド」に触発されて研究を開始したわけではなかった。一方、同論文に当初着目していたのが、それが発表された時点で渡米していた奈良女高師の松濤であり、日本に帰国するとそれを紹介して「全我活動主義の教育法」を提唱した。

教育ジャーナリズム上では、上記の人物に加えて日田権一らによって一九二一年から本格的にプロジェクト・メソッドの紹介が行われたが、それが教育界で高い関心を集めていた時期は一九二〇年代の最初の数年に限定されていた。一九二三年にはプロジェクト・メソッドの流行をすでに過ぎ去ったものとする見解も現れ、一九二四年に発表された教育雑誌記事数は激減していたのである。こうして、一九二〇年代後半になるとプロジェクト・メソッドに対する教育界の関心は急速に冷めていったとみられる。

プロジェクト・メソッド情報の普及の初期に発表されたのは、アメリカの教育情報の紹介記事であったが、その際多く用いられた情報も、キルパトリックの論文ではなく、M・ブラノムの著作のような概説書であった。また、プロジェクト・メソッドの紹介後間もなくそれを批判的に検討した情報も日本に伝えられており、プロジェクト・メソッド情報の普及傾向として、当初から用いられた情報が幅広いものであったということが指摘できる。海外教育情報の紹介に続き、次第に実践報告も発表されるようになっていった。一九二一年の東京女高師附小訓練部の記事がその先駆的なものであり、一九二〇年代初頭から実践への導入が徐々に開始されていたと考えられる。こうした実践報告を執筆した人物は、師範学校附属小学校の主事や訓導などがほとんどであり、プロジェクト・メソッドは初等教育関係者を中心に研究が進められたといえよう(41)。

なお、本章ではプロジェクト・メソッドを主題とする教育雑誌記事を抽出し、それを中心に検討して、情報普及の程度や傾向を明らかにしてきたが、プロジェクト・メソッドを紹介した研究者と実践者との間に接点がある事例に関しては、その理論・実践研究がどのように展開したのかをさらに掘り下げて明らかにする必要がある。たとえば、本章で取り上げた北澤は、一九二六年以降プロジェクト・メソッドを主題とする記事を執筆していないが、この時期の彼の関心はむしろ、新たな情報を検討することよりも、目的活動という原理を前提として実践を改革していくことにおかれていたと考えられるからである(42)。プロジェクト・メソッドをいかなる思想を基礎として捉えるかという点も個々の受容主体の理解に差異をもたらす重要な要因と考えられるため、この点については第7章で北澤を事例に考察をすすめたい。

〈付記〉

本章は、遠座知恵・橋本美保「日本におけるプロジェクト・メソッドの普及――一九二〇年代の教育雑誌記事の分析を中心に――」（『東京学芸大学紀要』総合教育科学系、第六〇集、二〇〇九年、五三―六五頁）をもとに、その後行った調査の成果を加味して修正を加えたものである。

注

（1）この点については、拙著『近代日本におけるプロジェクト・メソッドの受容』（風間書房、二〇一三年、一一―五九頁）を参照されたい。

（2）藤原喜代蔵『明治・大正・昭和教育思想学説人物史』東亜政経社、一九四三年、五五六―五六四頁。佐藤隆之『キルパトリック教育思想の研究――アメリカにおけるプロジェクト・メソッド論の形成と展開――』風間書房、二〇〇四年、二〇―二五頁。佐藤隆之は、彼らが所属したそれぞれの研究機関を日本におけるプロジェクト・メソッド研究の拠点として位置づけているほか、キルパトリックに師事して帰国した西本三十二や、ティーチャーズ・カレッジを訪問した小林澄兄、長田新、奥野庄太郎などがプロジェクト・メソッドを紹介していたことを明らかにしている。なお、松村将「キルパトリックのプロジェクト法」（鰺坂二夫編著『教育方法学の位相と展開』福村出版、一九八七年、八〇―一〇二頁）、佐藤学『米国カリキュラム改造史研究――単元学習の創造――』（東京大学出版会、一九九〇年、一二二―一五〇頁）においても、日本におけるプロジェクト・メソッドの紹介について部分的に言及されている。

（3）吉田熊次「プロヂエクト・メソツトとは何ぞや」『教育論叢』第七巻第一号、一九二二年、一―二頁。

（4）榑松かほる「入澤宗寿の研究（一）――資料・「略年譜」および「著作目録」」『桜美林論集』第二四号、一九九七年、二一一頁。

（5）東京帝国大学教育学研究室「最近の欧米教育思潮」『帝国教育』第四五三号、一九二〇年、七一頁。ただし、教育思潮研究会『最近欧米教育思潮』（第一輯、隆文館、一九二一年、序文）では、「我が東京帝国大学教育学研究室では三十余種の外国教育雑誌を取寄せて居る」とされており、購読した雑誌の数は増加している。

(6)　吉田前掲「プロヂエクト・メソツトとは何ぞや」八頁。
(7)　佐藤前掲書、二一頁。『児童教育』に北澤は「プロジェクト・メソッドとは何ぞや」と題する連載を行い、その中でキルパトリック理論の評価や問題点の指摘を行っているが、その記述は Mendel E. Branom, *The Project Method in Education* (Richard G. Badger, 1919) の翻訳である。
(8)　吉田前掲、「プロヂエクト・メソツトとは何ぞや」八頁。
(9)　留学の概要については、藤井利誉「欧米留学の経過」(『児童教育』第一三巻第一号、一九一九年、六一―六五頁)に記されている。
(10)　貞葉「米国小学校の家事教授(一)」『児童教育』第一四巻第三号、一九二〇年、六一頁。
(11)　藤井利誉「食糧問題と家事教育」『児童教育』第一四巻第三号、一九二〇年、六頁。
(12)　藤井「米国小学校の家事教授」『小学校』第二七巻第二号、一九一九年、一三―一四頁。
(13)　藤井「幼学年の教育」『児童教育』第一四巻第五号、一九二〇年、二一五頁。
(14)　「故松濤泰巖名誉教授略歴及び業績」『九州大学教育学部紀要』第九号、一九六三年。
(15)　松濤泰巖「欧米教育視察所感」『帝国教育』第四一一号、一九二一年、二三―二七頁。
(16)　松濤「プロジエクトメソツド」『大正十年最近思潮教育夏季講習録』(『小学校』臨時増刊)一九二一年、二二五頁。
(17)　松濤『現今欧米教育の進化』弘道館、一九二一年、一二二頁。
(18)　松濤前掲「プロジエクトメソツド」二頁。
(19)　槇山栄次「自己教育は教育の真義　其一」『学習研究』第一巻第一号、一九二二年、一二―一三頁。
(20)　同前論文、一三頁。
(21)　小川正行「教授の方法としての学習(其二)」『学習研究』第一巻第五号、一九二二年、三四―三五頁。
(22)　「海外教育近情」『学習研究』第一巻第六号、一九二二年、一二三頁。
(23)　真田幸憲「生の要求に対する教育」『学習研究』第二巻第一号、一九二三年、六〇―六四頁。
(24)　北川修三「地理学習の方法」『学習研究』第二巻第一号、一九二三年、八二―八九頁、同第二巻第四号、一九二三年、八二―八九、同第二巻第六号、一九二三年、六〇―六四頁。三度目の連載では著者名が伊東修三となっている。
(25)　木下竹次「学習原論(一)」『学習研究』第一巻第一号、一九二二年、一七頁。

(26)　木下「学級経営汎論」『学習研究』第三巻第四号、一九二四年、三頁。
(27)　この調査においては、教育ジャーナリズム史研究会『教育関係雑誌目次集成：第一期（教育一般編）』、『同第二期（学校教育編）』、『同第三期（人間形成と教育編）』、『同第四期（国家と教育編）』（日本図書センター、一九八六―一九九三年）を用いた他、筆者がこれまで閲覧することができた雑誌を取り上げた。また、記事の抽出は、プロジェクトやプロジェクト・メソッドに該当する語句のほか、その翻訳と考えられる用語を含む記事、キルパトリックに関する記事などを取り上げたうえで、内容に基づき行った。〈表4―1〉に含まれる記事は、プロジェクト・メソッドを主題として論じたものであり、部分的に言及した記事は含まれていない。また、本章の雑誌調査の対象外であるが、及川平治は、明石女子師範学校の校友会誌『心の玉』第三五号（一九二〇年、一四―一六頁）に「プロジエクト法に就て」と題する記事を発表している。この点については、橋本美保「明石女子師範学校附属幼稚園における保育カリキュラムの開発過程――アメリカ進歩主義の幼小連携カリキュラムの影響を中心に――」（『東京学芸大学紀要』総合教育科学系、第六〇集、三九―五一頁）を参照されたい。
(28)　永野芳夫「プロゼクト・メソドと創造的智性」『教育問題研究』第一八号、一九二一年、一三頁。
(29)　瀬川頼太郎「本年の教育学術界」『創造』第三巻第一二号、一九二一年、三七頁。
(30)　「欧米教育の新思潮」『創造』第三巻第六号、一九二一年、六二―六八頁。前掲「海外教育近情」に紹介された篠原の私信には、プロジェクト・メソッドに対する批判的評価が伺えるが、彼はアメリカの論者の中ではシカゴ大学教授のS・パーカーを評価しており、直接面会した際 *Project Teaching, Pupils Planning Practical Activity* (1922) を日本で翻訳する約束をしたという。また、キルパトリックの「Project = Wholehearted=Interest=Motivation. と見る考へ方」よりも、「Project = Practical, (not theoretical) experience, Problem—solving plan. と見る方が、面白からん」と指摘し、「キルパトリクツクにてはプロジエクトは教授の全部なれど、パーカーにては単に教授の一部に過ぎず」と述べていた。
(31)　槇山「大正十二年を迎ふ」『学習研究』第二巻第一号、一九二三年、三頁。
(32)　槇山「「ダルトンプラン」と自由教育」（『学習研究』第二巻第二号、二―九頁）では、「ダルトンプラン」を「よく纏つた自由教育実施案」として評価していた。「自由教育は其主旨とする所が立派であるとしても実際上にはとかく秩序もなく規律もなき気まぐれ教授又は気まぐれ学習に流れ易い」が、ダルトン・プランは、「気まぐれ教授の弊に陥らしめず而も自由を失はしめざる」と評価していた。

(33) 日田権一「新教授法プロゼクトメソッド（三）」『明日の教育』第一巻第三号、一九二一年、四四頁。

(34) この記事の著者名は「二葉生」とされているが、河南一『東京女子高等師範学校附属小学校における社会認識教育の研究』（平成七年度科学研究費補助金（一般研究C）研究成果報告書、一九九六年、六八―七〇頁）において、これが吉澤のペンネームであることが指摘されている。

(35) 横井曹一は、奈良女高師附属実科高女および附属小学校で手工と図画を担当した人物であり、彼の記事「児童生活の一元的立体化」『学習研究』（第三巻第五号、一九二四年、八八頁）では、「手工学習の根本方針」として「手工的作業によつて子供の生活をプロジエク《ママ》とする」ことが掲げられ、「児童各自に目的自由と方法自由を与へて、自ら目標を立てゝ計画し、これによつて材料を蒐集し、自発的の遂行をさせるのだ」と述べられている。菅生均「横井曹一の手工教育観に関する一考察」（『熊本大学教育学部紀要』人文科学、第四四号、一〇七―一二三頁）では、横井の一九二七年の著作『手工学習原論と新設備』（東洋図書）におけるプロジェクトへの言及を取り上げているが、彼は同書を執筆する数年前からプロジェクト・メソッドに注目していたと考えられる。

(36) 入澤「プロゼクトメソッドに就て」『教育学術界』第四八巻第二号、一九二三年、一〇五頁。

(37) 高山潔「プロジエクト、メソツドの危険と難点」『教育研究』第二三五号、一九二二年、八九頁。なお、高山は、このシンポジウムが *Teachers College Record* に掲載されていることに言及し、「日本にも此雑誌は廿数部行つて居る」（九〇頁）と述べている。

(38) 北澤「プロジェクトによる学課課程の実験」『教育学術界』第五一巻第二号、一―二頁。コリングスの著作はティーチャーズ・カレッジに提出した学位論文をもとにしているが、近年クノルはそれが捏造であったと指摘している。Michael Knoll, "Faking a Dissertation: Ellsworth Collings, William H. Kilpatrick, and the 'Project Curriculum'," *Journal of Curriculum Studies*, vol. 28, no. 2, 1996, pp. 193-222.

(39) 松村将『デューイ派教育者の研究』京都女子大学、一九九七年、三八―三九頁。

(40) 田制佐重「キルパトリツク教授の事ども」『教育時論』一五一四号、一九二七年、一二頁。

(41) 同前論文、一六頁。

(42) コロンビア大学ティーチャーズ・カレッジでは、ウッドハル（John F. Woodhull）が、大学準備教育としての科学教育を批判し、デューイ（John Dewey）の理論的影響のもとに中等教育におけるプロジェクトの研究を進めていたが（野上智行『アメリカ合衆国におけるゼネラルサイエンスの成立過程の研究』風間書房、一九九四年、三六四―三八五頁）、日本の中等教育界でプロジェクト・メソッドの導入に関心を示した実践者は、きわめて限られていたと推察される。

(43)　本章では、北澤が当初プロジェクト・メソッドに関するどのような情報に注目したのかを取り上げたが、北澤は最終的にはキルパトリックの論文も検討している。彼がその後の研究で検討した情報などについては、拙著（一二九―一四二頁）を参照されたい。

第5章　ドルトン・プラン情報の普及

H. Parkhurst

遠座　知恵・角谷　亮太郎

1　はじめに

本章では、近代日本におけるドルトン・プラン情報の普及状況を明らかにする。周知のとおり、ドルトン・プランは「自由」と「協働」を基礎原理として、パーカスト（Helen Parkhurst, 1886-1973）によって提唱された。本書で取り上げる新教育情報の中でも、ドルトン・プランは最も普及した教育法とみられ、教育現場における導入に関する事例研究も数多く行われてきた[1]。ドルトン・プランの普及に関しては、一九二二年から一九二四年頃までをピークとし、一九二〇年代後半には関心が衰退していったことが指摘されている[2]。しかしながら、従来の研究では、広範な教育ジャーナリズム調査に基づく情報普及の程度や特質の分析は行われておらず、最も先行研究の蓄積がある本事例ですら、基礎的な研究が十分に進められてきたとはいい難い。

そこで本章では、海外におけるドルトン・プラン情報の成立を概観したうえで、わが国でいつ頃どのような人物がそれに注目したのかを検討し、続いて教育界における関心が他の情報に比べてどの程度向けられていたのか、それがいかに推移していったのかを明らかにする。ドルトン・プラン情報の普及に関して究明すべき点は多いが、その特質の一端を明らかにするために、本章ではパーカスト来日時の講演に注目したい。海外の新教育運動の指導者たちの来日は決して珍しくはないが、パーカストの場合は、一九二四年、一九二五年、一九三五年、一九三七年と四度わが国を訪れており、その講演回数の頻度もほかには例をみない。パーカスト自身が直接情報を発信した講演は、彼女の主著 *Education on the Dalton Plan*（1922）刊行後、ドルトン・プランに関する新たな知見を得る重要な機会となっていたと考えられる。しかしながら、従来の研究では、来日時の彼女の講演内容や、それが日本でいかに受け止められたのかは本格的に検討されてこなかった(3)。本章では、教育ジャーナリズム調査の成果を活用しながら、こうした点に着目してドルトン・プラン情報の普及状況を明らかにすることとする。

2　ドルトン・プランへの注目

ドルトン・プラン情報の成立

ドルトン・プランが国際的に注目されるようになった契機は、一九二〇年五月にイギリスで発行された *The Times Educational Supplement*（以下、タイムズ教育版）にイギリス人の教育実践家レニー（Belle Rennie）の記事が掲載されたことにあった(4)。レニーは、イギリスでモンテッソーリ教育を提唱して初等教育に携わってきた人物であるが、より年長の子どもたちを対象とした新しい実践を模索していた。同年四月、彼女はマサチューセッツ州ドルトンでハイスクールの実践改革に取り組んでいたパーカストのもとを訪問し、五月六日のタイムズ教育版に“An American Experiment”と題してその視察に関する報告を行った。この最初の記事はきわめて簡易なものであったが、五月二七日に再び同じ見出しで、より詳しい記事が発表された。二回目の記事の冒頭では、この二〇年の間にイギリスの初等教育改革が進んだのに対し、中等教育改革が遅れていることを指摘し、アメリカでまさに新たな中等教育改革に取り組んでいる人物としてパーカストを紹介していた(5)。

同記事の掲載後、レニーには四〇〇を超える問い合わせが寄せられたという。彼女らが中心となりイギリスではドルトン協会が組織されることとなり、一九二一年にはパーカストを招いて各地で講演が行われた。また、タイムズ教育版でも、一九二一年七月から八月にかけてイギリス滞在中のパーカストによる記事を連載した。それを骨子として彼女の主著となる *Education on the Dalton Plan* がまとめられ、一九二二年にまずイギリスで出版されたのち、アメリカでも出版されることとなった。同書は数年間で一〇か国語以上に翻訳され(6)、日本でも赤井米吉により『ダルトン案児童大学の教育』(集成社、一九二三年)と題して翻訳されている。

実践への導入もイギリスではレニーの記事が発表されると間もなく始まった。一九二〇年六月には、バセット (Rosa Bassett) 校長の指導のもとロンドンのストレッタム校 (Streatham County Secondary School for Girls) において、七〇〇名の生徒を対象にした試行的実践が開始された。この試行一年目にストレッタム校は三日間の参観を受け付けたが、そこには二五〇〇名の教師が訪れたとされている。パーカストの *Education on the Dalton Plan* でも、第九章を中等教育の事例として同校の一年目の実践紹介に、第一〇章を初等教育の事例としてカークストール・ロード校 (Kirkstall Road School) の実践紹介にあてており、イギリスの実践校を取り上げていた。また、*Education on the Dalton Plan* と並ぶドルトン・プランに関する初期の代表的な著書にE・デューイ (Evelyn Dewey) の *The Dalton Laboratory Plan* (赤井訳『児童大学の実際』集成社、一九二二年) があるが、同書でもパーカストがニューヨークに設立した児童大学校 (Children's University School) だけでなく、ストレッタム校の実践を紹介していた。このように、ドルトン・プランはまずイギリスで大きな反響を呼び、その後を追うかたちでアメリカでも関心が高まっていったのである。

タイムズ教育版からの情報収集

わが国におけるドルトン・プランの紹介者としては、これまでにも奈良女子高等師範学校（以下、奈良女高師）校長槇山栄次、東京帝国大学の阿部重孝、教育ジャーナリストの吉良信之、熊本県立第一高等女学校校長吉田惟孝、成城学園の澤柳政太郎や赤井らの名前が挙げられてきた。伊藤朋子の研究では、一九二〇年一二月に奈良女高師附小で開催された第一回冬期講習会で、槇山がドルトン・プランについて紹介したとされている(7)。また、吉良偀の研究では、一九二一年四月に阿部重孝が雑誌『帝国教育』に寄稿した記事がわが国における最初の紹介であると指摘している(8)。

たしかに槇山や阿部はドルトン・プランの先駆的な紹介者であるが、実際には最初の紹介者ではない。〈表5―1〉は、ドルトン・プランを主題として発表された雑誌記事をまとめたものである(9)。ここでは日本への紹介のごく初期に誰が何を通じてこれに着目していたのかを確認しておきたい。筆者らの調査によれば、槇山の紹介に先立ち、一九二〇年一〇月には千葉中学校の横田峯三郎が「英米人の新計画――時間割廃止――活動写真利用」という記事（記事1）を発表し、先に触れた五月二七日付のタイムズ教育版の記事を紹介している(10)。横田がこの記事に注目したのは、中等教育改革の文脈でパーカストの実践が紹介されていたためであると考えられる。彼はその後一九二二年にも「欧米の教育問題の問点となれるダルトン・プラン」（記事13）という記事を発表している。

ドルトン・プランという用語を掲げて記事が発表されるようになるのは、一九二一年のことであり、まず阿部が「ダルトン案」と題する記事（記事2）を発表している。阿部は横田と同一の情報(11)を用いてより簡潔な紹介を行っているが、記事の発表が遅れたのは、ドルトン・プランという名称を知り得たのちにそれを執筆したためであると考えられる。一九二〇年一一月一八日のタイムズ教育版では、"An American Experiment"の主題に"The Dalton

Plan"を冠した記事が発表されており、阿部はこれを見てから先の記事を用いて紹介を行ったようである。一方、同じ一九二一年に発表された記事でも吉田の「ダルトン式方案の学校」（記事3）で用いられているのは、その年の七月二日発行のタイムズ教育版に掲載されたパーカスト自身の記事(12)である。一九二一年には阿部や吉田のほかにも、『信濃教育』に飯田小学校の訓導とみられる宮崎市蔵(13)による翻訳の連載（記事4・5・6・7）が開始されている。宮崎も吉田と同様にタイムズ教育版に掲載されたパーカストの記事を用いており、吉田よりもかなり詳しい内容を紹介している。

以上のように、教育雑誌上におけるこうした先駆的な記事はすべてタイムズ教育版に掲載された記事の紹介ないし翻訳であり、わが国ではイギリス経由でドルトン・プランへの注目がなされていたことがわかる。また、ドルトン・プランの情報普及は必ずしも特定の研究者や大正新教育の著名な実践家の研究を介して始まったわけではなく、この情報媒体を通じて当初から地方公立校の実践家も注目するかたちで始まっていたのである。

3　雑誌記事数にみる関心の推移

パーカストがドルトン・プランを提唱した一九二〇年にはそれが紹介されていたという点で、本事例における情報普及はかなり早い速度で進んだといえよう。ここでは、〈表5―1〉とその記事数を年次別にまとめた〈表5―2〉をもとに、ドルトン・プランの紹介以降の教育界における関心の推移を読み取ってみよう。

表5－1　ドルトン・プランを主題とする雑誌記事一覧

	発行年	月	日	著者名	記事名	掲載誌	巻	号
1	1920	10	30	横田峯三郎	英米人の新計画一時間表廃止一活動写真利用	千葉教育雑誌		342
2	1921	4	1	阿部重孝	ダルトン案	帝国教育		465
3	1921	9	11	吉田惟孝	ダルトン式方案の学校	熊本教育		140
4	1921	12	15	宮崎市蔵訳	ダルトン方案（一）	信濃教育		422
5	1922	1	15	宮崎市蔵訳	ダルトン方案（二）	信濃教育		423
6	1922	2	15	宮崎市蔵訳	ダルトン方案（三）	信濃教育		424
7	1922	4	15	宮崎市蔵訳	ダルトン方案（四）	信濃教育		426
8	1922	9	1	赤井米吉	ダルトンの児童大学	教育問題研究		30
9	1922	10	1	赤井米吉	ダルトン案の児童大学（二）	教育問題研究		31
10	1922	10	1	野口援太郎	ダルトン、プラン	帝国教育		483
11	1922	10	1	小林澄兄	ドルトン法とは何か	教育論叢	8	4
12	1922	10	15	吉良信之	ダルトン、プランに就きて	小学校	34	2
13	1922	10	20	横田峯三郎	欧米の教育問題の問点となれるダルトン・プラン	千葉教育		366
14	1922	11	1	長田新	児童大学を訪ふの記 自由と協同、経験と文化の新学校	学校教育		113
15	1922	11	1		口絵　児童大学校長ヘレン・パークハースト女史	学校教育		113
16	1922	11	1	小林澄兄	「ドルトン法」トハ何カ	児童研究	26	3
17	1922	11	1	吉良信之	ダルトン・プランに就て（二）	小学校	34	3
18	1922	11	1	阿部重孝	ダルトン案に関する覚書	帝国教育		484
19	1922	11	1	小林澄兄	ドルトン法とは何か	内外教育評論	16	11
20	1922	11	10	栗田茂治	思潮　ダルトン案（一）	宮城教育		281
21	1922	12	1	長田新	児童大学を訪ふ（二）	学校教育		114
22	1922	12	1	赤井米吉訳	児童大学の発祥	教育問題研究		33
23	1922	12	1		ダルトン案の長所	内外教育評論	16	12
24	1922	12	3	栗田茂治	思潮　ダルトンプラン	宮城教育		282
25	1923	1	1	赤阪清七	ダルトン案と教育家の創作的態度	学習研究	2	1
26	1923	1	1	赤井米吉訳	児童大学の発祥	教育問題研究		34
27	1923	1	1	野口援太郎	ダルトン、プランと私の考案	児童教育	17	3
28	1923	1	1	澤柳政太郎	ダルトン案を推奨する所以	帝国教育		486
29	1923	1	1	長田新	ダルトン案児童大学の本質	帝国教育		486
30	1923	1	1	赤井米吉	ダルトン案の教育と私たちの試み	帝国教育		486
31	1923	1	1	吉田惟孝	ダルトン式教育に対する私見	帝国教育		486
32	1923	1	1	小林澄兄	ドルトン法盲従者のために	帝国教育		486
33	1923	1	1	赤井米吉	ダルトンの児童大学	帝国教育		486
34	1923	1	1	小林澄兄	英米に於ける最も新らしい自由な学校	帝国教育		486
35	1923	1	1	小林澄兄	ドルトン法とは何か	帝国教育		486
36	1923	1	1	吉良信之	ダルトンプランに就きて	帝国教育		486
37	1923	1	1	栗田茂治	思潮紹介　ダルトンプラン（三）	宮城教育		283
38	1923	1	15	吉良信之	ダルトン・プラン実施案	小学校	34	9
39	1923	1	30	澤柳政太郎	ダルトン案を推奨する所以	岐阜県教育		341
40	1923	1	30	長田新	タルトン児童大学の本質	岐阜県教育		341
41	1923	2	1	槇山栄次	「ダルトンプラン」と自由教育	学習研究	2	2
42	1923	2	1	野口援太郎	ダルトン・プランと私の考察（承前）	児童教育	17	4
43	1923	2	1	附属小学校	ダルトン案批判	富山教育		111
44	1923	3	1	吉田惟孝	ダルトン式教育に対する私見	内外教育評論	17	3
45	1923	2	5	石田新太郎	ドルトン・プランを弄ぶ勿れ	教育時論		1361
46	1923	2	13	栗田茂治	思潮　ダルトンプラン（四）	宮城教育		284
47	1923	2	28	野口援太郎	ダルトンプランの利益十一個条	岐阜県教育		343
48	1923	3	1	三好得恵	自発教育の施設とダルトン案	小学校	34	12
49	1923	3	5	赤井米吉	ダルトン案に就いて	愛媛教育		430
50	1923	3	5	北村重敬	ドルトン・プランの採用について	教育時論		1364
51	1923	3	10	中田栄太郎	ダルトン案小観	富山教育		112
52	1923	3	10	嘉藤安太郎	ダルトン案批判	富山教育		112
53	1923	3	10	中田賢照	ダルトン、プランと訓練	富山教育		112
54	1923	3	10	高橋長太郎	児童観の発達とダルトン・プラン	富山教育		112

55	1923	3	10	三井栄三	地理科から見たダルトンプラン	富山教育		112
56	1923	3	10	横江宗正	理科教授上から見たるダルトン教授	富山教育		112
57	1923	3	10	得永敬二	国史教授とダルトン案	富山教育		112
58	1923	3	10	バセツト パツトン 岡島義雄訳	ドルトンプランの国語指導案	富山教育		112
59	1923	3	10	坂井与四	綴方から見たダルトン案	富山教育		112
60	1923	3	10	島崎幹	ダルトンプランの算術教授を眺む	富山教育		112
61	1923	3	10	黒田繁久	ダルトンプランに於ける音楽	富山教育		112
62	1923	3	10	高橋源重	小学校体育の新主張とダルトン案	富山教育		112
63	1923	3	10	山本儀一	是なるかな	富山教育		112
64	1923	3	15	佐藤清	新しい教育式ダルトン、プラン	福島県教育	39	3
65	1923	4	1	樋口長市	ダルトン自学案の進歩	児童教育	17	6
66	1923	4	1	三田谷啓	ダルトン案	児童研究	26	8
67	1923	4	30	曽我部福次郎	ドルトン案に就て	岐阜県教育		345
68	1923	5	1	廣畑庄太郎	ダルトン案を加味したる作業予定案の試み	学習研究	2	5
69	1923	5	1	高橋喜藤治	ダルトン案に就て	教育研究		257
70	1923	5	25	三木長苧	世界的教育思潮に垂んとするドルトン式教育法	長崎県教育雑誌		368
71	1923	6	1	廣畑庄太郎	ダルトン案を加味したる作業予定案の試み	学習研究	2	6
72	1923	6	1	松月秀雄	英国に於けるダルトン案の家庭化	教育学術界	47	3
73	1923	6	1	中野富弥	ダルトンプラン実施上の考察	教育学術界	47	3
74	1923	6	1	赤井米吉	ダルトン案とプロゼクトメソツド	教育問題研究		39
75	1923	7	1	松月秀雄	ダルトン案に於ける地理科の意義	内外教育評論	17	7
76	1923	8	1	久米慧典	ダルトンプランによる理科教授	小学校	35	9
77	1923	8	15	中島半次郎	ドルトン案実施に就いての注意	教育時論		1380
78	1923	9	1	小林澄兄	ドルトン案に対する批判	教育学術界	47	6
79	1923	10	15	水戸部寅松	ドルトンプランの解剖と批判適用（一）	教育研究		263
80	1923	11	1	水戸部寅松	ドルトンプランの解剖と批判適用（前号のつゞき）	教育研究		264
81	1923	11	1	イーマン、ヂー、ディーン	ダルトン、プランに依る国語教授	教育の世紀	1	2
82	1923	11	1	大杉謹一	ドルトン案による漢文指導の実際	国語教育	8	11
83	1923	11	3	小林澄兄	ドルトン法の日本的適用	教育界	23	7
84	1923	11	3	久米慧典	指導案の教育的意義を論ず	教育界	23	7
85	1923	11	3	守屋貫秀	ダルトンプランと児童図書館	教育界	23	7
86	1923	11	5	手塚岸衛	ドルトン案と自由教育	教育時論		1382
87	1923	12	1	手塚岸衛	ドルトン案と自由教育	教育論叢	10	6
88	1923	12	1	水戸部寅松	ドルトンプランの解剖と批判適用（承前）	教育研究		266
89	1923	12	1	岩崎一未	ダルトン式教育の印象	台湾教育		258
90	1923	12	15	手塚岸衛氏談	自由教育上よりダルトンプランを疑ふ	千葉教育		380
91	1924	1	1	久保良英	算術教授とダルトン案	幼児之研究	2	1
92	1924	1	1	小原國芳	ダルトン案につき	教育問題研究		46
93	1924	1	1	奥野庄太郎	英米のダルトン案小学校に於ける指導案の一例	教育問題研究		46
94	1924	3	1		パークハースト女史の来仙	宮城教育		297
95	1924	3	15	小林澄兄	『ドルトン法』とは何か	日本学校衛生	12	3
96	1924	4	1	東海林茂	パーカスト女史を迎ふ	愛知教育		436
97	1924	4	1	東海林茂	ダルトン・プランに就きて	愛知教育		436
98	1924	4	1	奥野庄太郎 千葉春雄 野口援太郎 下中弥三郎 為藤五郎 志垣寛	ダルトン案を中心として	教育の世紀	2	4
99	1924	4	1	三笠奈良夫	教育界の新人物――ダルトン案研究の人々――	教育の世紀	2	4
100	1924	4	1	赤井米吉	ダルトン案に対する疑問	教育の世紀	2	4
101	1924	4	1	吉良信之	ダルトン・プランと団体理想	教育の世紀	2	4
102	1924	4	1	手塚岸衛	ダルトン案は中途の案だ	教育の世紀	2	4
103	1924	4	1	下中弥三郎	パンを求めて石を得るもの――生命主義より見たるダルトン案――	教育の世紀	2	4

104	1924	4	1	澤柳政太郎	パーカスト女史を歓迎します	教育問題研究		49
105	1924	4	1		パーカースト女史講演日程	教育問題研究		49
106	1924	4	1	宮下正美	仏国に於けるドルトン法の批評（上）	教育論叢	11	4
107	1924	4	1	久保良英	算術教授ト「ダルトン」案	児童研究	27	7
108	1924	4	5		パーカスト女史来朝	教育時論		1397
109	1924	4	5	澤柳博士談	パーカスト女史	教育時論		1397
110	1924	4	5	記者	パーカスト女史来る	教育時論		1397
111	1924	4	10		富山県とダルトン案	富山教育		125
112	1924	4	10	松月秀雄	サブ・ダルトン・プラン及ダルトン会	南満教育		40
113	1924	5	1	松月秀雄	サブ・ダルトン・プラン	教育学術界	49	2
114	1924	5	1	田花為雄	ダルトンプラン考	教育学術界	49	2
115	1924	5	1	野口援太郎	パークハーストかモンテッソリーか	教育の世紀	2	5
116	1924	5	1	野村芳兵衛	ダルトンプランを聴く	教育の世紀	2	5
117	1924	5	1	稲森、小野	パーカスト女史講演略記	教育問題研究		50
118	1924	5	1	パーカースト 赤井米吉訳	ダルトン実験室案について	教育問題研究		50
119	1924	5	1	奥野庄太郎	ミス、パーカースト観光案内記	教育問題研究		50
120	1924	5	1	岸英雄	パーカースト女史来校の記	教育問題研究		50
121	1924	5	1	宮下正美	仏国に於けるドルトン法の批評（二）	教育論叢	11	5
122	1924	5	1	澤柳政太郎	パーカースト女史の来朝	帝国教育		501
123	1924	5	5		パーカースト女史来県記	富山教育		126
124	1924	5	5	ヘレン、パーカースト	ザ　アウトライン　オブ　ザ　ダルトンプラン	富山教育		126
125	1924	5	15		パーカスト女史を迎ふ	愛媛教育		444
126	1924	6	1	パークハースト女史講演・加藤直士君通訳	ダルトン式教育法	愛知教育		438
127	1924	6	1	パークハースト女史述・加藤直士君通訳	日本滞在中の所感	愛知教育		438
128	1924	6	1	名古屋市東田尋常小学校	吾が校に於けるダルトンプラン実施の実際	愛知教育		438
129	1924	6	1	木下竹次	我が学習法から観たドルトン案	学習研究	3	6
130	1924	6	1	ヘレン・パーカースト	ドルトン・プランの真髄	学習研究	3	6
131	1924	6	1		奈良に於けるパークハースト女史	学習研究	3	6
132	1924	6	1	田花為雄	ダルトンプラン考（続）	教育学術界	49	3
133	1924	6	1	大杉謹一	ドルトン・プランによる外国語教授の実際	教育学術界	49	3
134	1924	6	1		パーカースト女史講演各地情報	教育問題研究		51
135	1924	6	1	川面常蔵	京都にて	教育問題研究		51
136	1924	6	1	岡島義雄	パーカースト女史来富記	教育問題研究		51
137	1924	6	1	廣瀬均	福井県に於けるパーカスト女史	教育問題研究		51
138	1924	6	1	入澤宗寿	ダルトン案について	児童教育	18	8
139	1924	6	1	児童教育研究会	ダルトン案の研究	児童教育	18	8
140	1924	6	1	渋谷義夫	ン《ママ》ダルトンプラ	児童教育	18	8
141	1924	6	1	藤山快隆	パーカースト女史講演の大要	児童教育	18	8
142	1924	6	1	ＡＹ生訳	アツサインメントの一例	児童教育	18	8
143	1924	6	1	同人	ダルトン案所感	児童教育	18	8
144	1924	6	1	パーカースト女史	ダルトンプランに就て	宮城教育		300
145	1924	6	1	篠原助市氏談	ドルトンプランと我国の教育	宮城教育		300
146	1924	6	1	県下教育実際家三十一氏	ドルトンプランに対する実際家の意見	宮城教育		300
147	1924	6	1	梧桐	パ女史来仙印象記	宮城教育		300
148	1924	6	1	ヘレン・パーカースト	ダルトン案に就いて	山口県教育		289
149	1924	6	5	薬師寺健良	パーカスト女史の「ダルトンプランの教育」を聴いて	教育時論		1403

150	1924	6	10	ヘレン、パーカースト女史	ドルトンプランに就いて	愛媛教育		445
151	1924	6	10	大野静訳	キングストンに於けるドルトンプラン	愛媛教育		445
152	1924	6	15	宮垣雅男	ダルトン案の考察と折衷案	兵庫教育		416
153	1924	6	24		パーカスト女史講演会	神奈川県教育		212
154	1924	7	1	橋本為次	パーカースト女史の講演を聴く	教育研究		275
155	1924	7	1	赤井米吉	パーカースト女史に逢ひて	教育の世紀	2	7
156	1924	7	1	藤井利亀雄	壱岐のダルトンプラン実施概要	教育問題研究		52
157	1924	7	1	高井望	パーカースト先生	教育問題研究		52
158	1924	7	1	岸英雄	パーカースト女史送別学芸会	教育問題研究		52
159	1924	7	1		パーカースト女史から	教育問題研究		52
160	1924	7	1		ミセスカフマンより	教育問題研究		52
161	1924	7	15	清水生	ダルトン案研究参考図書類	愛媛教育		446
162	1924	7	15		ダルトン案の心理的基礎	富山教育		128
163	1924	7	15	宮垣雅男	ダルトン案の考察と折衷案	兵庫教育		417
164	1924	7	20	廣瀬慶次	ダルトン案に対する公学堂教育の態度	南満教育		42
165	1924	8	1	石野隆	新教育に於ける手工図画＝パークハーストかモンテッソリーかを読みて野口先生へ＝	教育の世紀	2	8
166	1924	8	1	石川謙	ドルトン・プランの原理とその背景	教育論叢	12	2
167	1924	8	15	小林澄兄	ドルトンプランに関する一考察	小学校	37	6
168	1924	8	15	宮垣雅男	ダルトン案の考案と折衷案	兵庫教育		418
169	1924	9	1	白井信一	ドルトン案を加味せる理科教育の実際	学校教育		135
170	1924	9	1	手塚岸衛	ダルトン案の自由教育的価値	自由教育		2
171	1924	10	1	伊藤健三	ダルトン案と我が国の小学教育	帝国教育		506
172	1924	10	15	宮垣雅男	ダルトン案の考案と折衷案【続き】	兵庫教育		420
173	1924	10	30	村上義	「ダルトンプラン」ニ依ル我校数学教授ノ実際	日本中等教育数学会雑誌	6	4,5
174	1924	11	1	橋本為次	ダルトン案の原理とその批判（一）	教育研究		280
175	1924	11	1	清水雲治	我が国教育の実際より観たるダルトン案の長短	帝国教育		507
176	1924	11	1	清水亀九治	ダルトン案による理科教授の実際	帝国教育		507
177	1924	11	30	斎藤老川	ドルトン案実施学校に於ける教師及び児童の感想	都市教育		239
178	1924	12	1	橋本為次	ダルトン案の原理批判(承前)	教育研究		281
179	1924	12	1	山本宝作	ダルトン案活用上の諸問題	小学校	38	3
180	1924	12	1	清水亀九治	ダルトン案の疑義に対する感想	小学校	38	3
181	1924	12	1	清水亀九治	ダルトン案による理科教授の実際	帝国教育		508
182	1925	1	1	古賀益城	補習教育にダルトン式を導入したる公民科学習指導案の一例	補習教育		23
183	1925	1	1	大野静	ドルトン教育案に対する管見	教育の世紀	3	1
184	1925	1	1	澤口勝蔵	ダルトン案の近況	帝国教育		509
185	1925	1	15	高橋松次	ドルトンプランの我校化	兵庫教育		423
186	1925	2	1	関原吉雄	ドルトンプランに於ける児童の自修書を見る	学校教育		140
187	1925	2	1	赤井米吉	ダルトン案に於ける学習と教授の統合	教育学術界	50	5
188	1925	2	10	矢野道雄	ダルトン案に対する考察（一）	南満教育		47
189	1925	2	15	高橋松次	ドルトンプランの我校化（つゞき）	兵庫教育		424
190	1925	3	1	大杉謹一	Boy's Preparatory School に於けるドルトン・プランの改善	教育学術界	50	7
191	1925	3	1	橋本為次	ダルトン案原理批判（つゞき）	教育研究		285
192	1925	3	1	稲森縫之助	ダルトン案による美術教育の経験と志向	教育問題研究		60
193	1925	3	1	田中宜太郎訳	ニコルズ・スクールに於けるダルトン・プラン教育の実際	教育問題研究		60
194	1925	3	1	霜田静志	ダルトン案と図画手工教育の本質的交渉	帝国教育		511
195	1925	3	10	矢野道雄	ダルトン案に対する考察（二）	南満教育		48
196	1925	3	15	高橋松次	ドルトンプランの我校化（つづき）	兵庫教育		425
197	1925	4	1	霜田静志	ダルトン案に依る図画手工教育の改造	帝国教育		512
198	1925	7	1	高山潔	教育の個人化運動　ダルトンプランとウキネトカプランの比較	教育問題研究		64
199	1925	7	1	奥野庄太郎	パーカースト女史の支那行	教育問題研究		64
200	1925	7	4		再来のパーカスト女史一再び支那行の序に来朝一	教育週報		7
201	1925	7	11		パーカースト女史は八月末日本へ	教育週報		8

202	1925	7	18		我国の教育界に描いたダルトン案の波紋	教育週報		9
203	1925	8	1	長谷川乙彦	ダルトン式教授の実施案	学校教育		146
204	1925	8	1	高山潔	教育の個人化運動　ダルトンプランとウヰネトカプランの比較	教育問題研究		65
205	1925	8	1	池原憲臣	ダルトン案の真価	帝国教育		516
206	1925	8	8		再来のパ女子を中心にダルトン案の質問会	教育週報		12
207	1925	8	8		注目されてる学校の印象	教育週報		12
208	1925	9	1	林嘉一	ダルトン行脚の思ひ出	教育問題研究		66
209	1925	9	5		パ女史の講演会	教育週報		16
210	1925	9	12		パーカースト女史講演会	教育週報		17
211	1925	9	12		子供の精神生活を解放せよ！学校内の不自然を去れ！	教育週報		17
212	1925	9	19		ドルトン案の質問に答ふ	教育週報		18
213	1925	9	26		ドルトン案の質問に答ふ（二）	教育週報		19
214	1925	10	1	塚本清	ダルトン案に関するパーカースト女史の質問応答講演を聴く	学習研究	4	10
215	1925	10	1	教育論叢研究部	パーカスト女史の講演	教育論叢	14	4
216	1925	10	1	ヘレン、パークハスト	ダルトン案の理論と実際	文教の朝鮮		2
217	1925	10	20	篠原誠二	パーカスト女史の講演　ダルトン案実施上の質疑応答	愛媛教育		461
218	1925	11	1	赤井米吉	児童数の問題について　パーカスト女史と語りて	教育問題研究		68
219	1925	11	1	北澤種一	ドルトン案とウイネツカシステムの相違	教育学術界	52	2
220	1925	11	1	峰地光重	パークハースト女史の講演所感	教育の世紀	3	11
221	1925	11	10	パーカースト	将来の児童は三十歳にして悉く神経疾患に	北海道教育新聞	1	6
222	1925	11	14		ダルトン案の研究発表	教育週報		26
223	1925	11	21	赤井米吉	吉田熊次博士の「ダルトン案批判」を駁す	教育週報		27
224	1925	12	1	ラッドクリッフエ、澤口勝蔵訳	学級本位ダルトン案の研究	教育問題研究		69
225	1926	1	1	佐藤熊治郎	ダルトンプラン側面観	学校教育		151
226	1926	1	1		ダルトンプランの実験室	学校教育		151
227	1926	1	1	渡辺凞一	ダルトンプランの辿つてる道	教育問題研究		70
228	1926	1	1	鷲尾、稲森、河野、渡辺、斎藤	ダルトン会の一日	教育問題研究		70
229	1926	1	1	教育論叢研究部	ドルトン・プランに対する批評	教育論叢	15	1
230	1926	2	1	佐藤熊治郎	ダルトンプラン側面観	学校教育		152
231	1926	2	1	ラッドクリッフエ、澤口勝蔵訳	学級本位ダルトン案の研究	教育問題研究		71
232	1926	2	20	小西重直先生述	教育の本質とダルトン案の精神	愛媛教育		465
233	1926	3	1	ラッド・クリッフヱ、澤口勝蔵訳	学級本位ダルトン案の研究	教育問題研究		72
234	1926	4	15	小西重直先生述	教育の本質とダルトン案の精神（承前）	愛媛教育		467
235	1926	5	1	ラッド、クリッフエ、澤口勝蔵訳	学級本位ダルトン案の研究	教育問題研究		74
236	1926	5	20	小西重直氏講演	教育の本質とダルトン案の精神（三）	愛媛教育		468
237	1926	6	1	ラッド、クリッフエ、澤口勝蔵訳	学級本位ダルトン案の研究	教育問題研究		75
238	1926	7	1	和田廉之助	ダルトンプランに就て	国語教育	11	7
239	1926	9	1	私視学生	ドルトンプランと入学試験	教育論叢	16	3
240	1927	1	25	安吉恒右ヱ門	県内大迫校に於けるダルトン案の適用とその経過	学校教育		164
241	1927	7	1		ドルトンプラン	教育問題研究		88

242	1927	9	1	矢口亨	発生地に於けるダルトン案	信濃教育		491
243	1927	12	1	一記者	ダルトンプランの明星学園	教育の世紀	5	12
244	1928	3	1	乙竹岩造	ドルトンかウインネツカか	児童教育	22	3
245	1928	4	1	乙竹岩造	ドルトンかウインネツカか	教育論叢	19	4
246	1928	4	10	吉田熊次	フーバー「ロシアの労働学校に於けるドルトン・プラン」	教育思潮研究	1	2
247	1928	4	10	武田勘治	パークハーストの教育説	教育学術界	臨時増刊	
248	1928	4	25	齋藤金造	ドルトンプランの学校を観る	教育時論		1543
249	1928	5	5	齋藤金造	ドルトンプランの学校を観る	教育時論		1544
250	1928	8	1		英国に於けるドルトンプランの影響	教育研究		331
251	1928	10	1	西村正已	ドルトンプランの批判	教育評論	1	6
252	1929	7	1	ヘレン パークハースト	時間割について	学習研究	8	7
253	1930	10	15	山本克己	ダルトンプランの近情	教育時論		1632
254	1930	12	1	西山哲治	ウインネツカとダルトン案との比較	教育研究		365
255	1931	2	1	西山哲治	ウインネツカとダルトン案との比較（二）	教育研究		368
256	1931	6	1	堀七蔵	ダルトンプランとデレクシヨンメソツド	児童教育	25	6
257	1931	12	20	秋葉馬治訳	盲学校に於けるドルトン実験室	盲教育の友	3	12
258	1932	1	20	秋葉馬治訳	ドルトン実験案（ヘレン、パーカースト考案）	盲教育の友	4	1
259	1932	2	20	秋葉馬治訳	ドルトン実験案（ヘレン・パーカースト考案）（承前）	盲教育の友	4	2
260	1932	3	20	秋葉馬治訳	ドルトン実験案	盲教育の友	4	3
261	1932	4	20	秋葉馬治訳	ドルトン実験案（承前）	盲教育の友	4	4
262	1932	5	20	秋葉馬治訳	ドルトン実験案（承前）	盲教育の友	4	5
263	1932	6	20	秋葉馬治訳	ドルトン実験案（承前）	盲教育の友	4	6
264	1932	7	1	編輯部	ダルトンプランに依る公民科	教育問題研究・全人		73
265	1933	11	15	上田信一	ドルトン案とウイネチカ組織の考察	新教育研究	3	11
266	1934	9	5		ダルトン・プラン　ダルトン・プランを説明し且之を批評せよ	教育学術界	69	
267	1935	8	15	相澤熙	パーカースト女史の感激	新教育研究	5	9
268	1935	9	1	ヘレン・パーカスト	ドルトンプランと米国に於ける教科課程の新研究	教育論叢	34	3
269	1935	9	15		謝辞　米国代表　ヘレンパーカスト	新教育研究	5	10
270	1937	4	15		パーカースト女史の来朝	新教育研究	7	4
271	1937	5	1		ミス・パーカスト女史四度目の来朝	教育	5	5
272	1937	5	1	赤井米吉	パーカースト女史とダルトン案	帝国教育		703
273	1937	5	15		ヘレン・パーカースト女史の講演会	新教育研究	7	5
274	1937	6	1		ミス・パーカストの講演	教育	5	6
275	1937	6	15	ヘレン・パーカースト	初等中等幼児教育に於ける新思想と実際	新教育研究	7	6
276	1938	3	1	ヘレン・パーカースト	日本印象記	新教育研究	8	3

表5－2　年次別記事数

年	掲載数
1920	1
1921	3
1922	20
1923	66
1924	91
1925	43
1926	15
1927	4
1928	8
1929	1
1930	2
1931	3
1932	7
1933	1
1934	1
1935	3
1936	0
1937	6
1938	1

一九二一年の紹介は三件とまだ少ないものの、一九二二年には二〇件に急増し、翌一九二三年から一九二五年まではかなり多くの記事が発表されている。一九二一年から一九二二年に最も注目を集めたプロジェクト・メソッドと比べると、ドルトン・プランへの関心の推移はそれに少し遅れつつ、類似する傾向を示している。ただし、ピーク時の記事数は、一九二三年には六六件、一九二四年には九一件というように、プロジェクト・メソッドの二倍から三倍程度発表されている。この二年間には、複数の雑誌でドルトン・プランの特集が組まれていた。最初に特集を組んだのは『帝国教育』であり、同誌に掲載された記事をもとに、帝国教育会編『ダルトン案の批判的研究』（文化書房、一九二三年）が刊行された。これに続き、同年には『富山教育』でも特集が組まれ、富山県師範学校附属小学校の主事や訓導が記事を執筆している。

さらに一九二四年に入ると、パーカストの来日を契機に多数の特集が組まれていった。「パーカストの来朝を機として、ダルトン案の研究批評号を作った」(14)とする『教育の世紀』は、来日に先駆けて特集を組んでいるが、『教育問題研究』『愛知教育』『学習研究』『児童教育』『宮城教育』『愛媛教育』などでは、来日後の各地での講演の記録を掲載しながら特集を組んでいる。こうした特集以外にも一九二四年には、パーカストの来日を受けた記事が数多く発表されている。彼女の来日を機に、一九二四年には日本でもイギリスのように「ダルトン協会」を組織する動きがみられ、澤柳を会長に、赤井を幹事として会則も定められていた(15)。

一九二五年は、パーカストが再度来日したこともあり、記事数は四三件と依然として多いが、前年と比べると半減する数値となっている。同年にも彼女は講演を行っているが、このときは東京と大阪での二回のみであったため、講演の回数も前年に発表された記事数との違いに影響していると考えられる。しかし、その後の記事数は一九二六年には一五件へと急激に減少し、一九二七年以降は毎年一桁台となっているため、一九二〇年代後半以降はドルトン・プランへの関心が一般的に低下していたといえるであろう。

ただし、こうした記事数の大幅な減少はあるものの、教育雑誌上に発表された記事の総数は二七六件に上り、一九三八年までほぼ毎年何らかの記事が発表され続けていたことも事実である。一九三〇年代に発表された記事も、プロジェクト・メソッドの四倍近い二五件となっている。パーカストは一九三〇年代にも二度来日しており、一九三五年と一九三七年に発表された記事はすべて彼女の来日や講演に関するものとなっている。

4　講演録にみる情報普及の特質

一九二四年の講演

パーカストの海外における講演は、既述のとおり、まず一九二一年夏にイギリスで行われたが、わが国はそれに次いで招聘状を送り、中国やロシアに先んじて彼女の来日を実現させた(16)。パーカストの招聘は、赤井が着想し、一九二三年夏に澤柳が正式に依頼する形で実現することとなったという(17)。一九二四年四月に『教育問題研究』に掲載された旅程(記事105)では、パーカストは四月三日に来日し、同月二九日までの間東京(三日間)、仙台、富山(二日間)、福井、京都、奈良、大阪、神戸、広島、松山、名古屋で講演を行うこととなっていた。ところが、実際には、彼女は四月二日に来日して五月一七日に帰国の途にたち(18)、講演数も当初計画していた回数を大幅に上回った。このとき通訳の一人を務めた赤井は、「女史の講演については東京及その他にて五六回との約束であったが、愈々来朝のことが発表せられると各地教育会からの申込が殺到して、公開講演、学校講演を合せると四十数回の多きに上」ったと述懐している(19)。一九二四年の講演の正確な回数はわからないが、ニューヨークタイムズ紙でも約五〇回行ったと報道されたという(20)。最初の講演は、成城中学校を会場に四月五日から七日までの三日間いずれも午後に行われたが、その他のほとんどの会場ではある一日の午後一時間から三時間程度の講演が行われた。このような時程の違いを考えれば当然であるが、各地で行われた講演は異なるものであった(21)。

成城中学校における講演

ここではまず、成城中学校で行われた最初の講演がどのような内容であったのかを確認しておこう。成城中学校における講演は、赤井が通訳を務め、全国各地から一〇〇〇名を超える参加があったという(22)。『教育問題研究』に掲載されている講演録(記事118)は、成城小学校の稲森と小野が作成したもので、時間の都合でパーカストと赤井の校閲を受けることはできなかったと付記されている。

一日目の講演では、主としてドルトン・プランのねらいが語られている。「ダルトン案は学校を社会化する事を目的と」すると明示され、「実験室」を組織することで「学校を社会化」し、「個人教授の機械的な仕事を学校から放逐することが出来る」として、随所でドルトン・プランが学校の社会化を目指すことに言及していた(23)。

なお、この講演でパーカストは、「社会改良の第一歩は、教科課程案でなく、教科課程を実行する方法を変更する事であ」ると述べていた(24)。この点はドルトン・プランの限界であるとともに、教育方法改革にとどまったとされる大正新教育の限界と親和的に把握されてきたが(25)、彼女の説明によれば、同プランが想定するカリキュラムは、統合主義的なものであり、国定教科書制度の枠組みでそのまま実施するのは困難であろう。ドルトン・プランにおいては、一学年の教科課程を月ごとにわけたものを「作業」と捉え、これを「職員会で率直に論じ合ひ、一貫したものを産み出」すことが必要であるという。歴史で古代文明を扱うとすれば、地理でユダヤ人、フェニキア人の風土誌を扱い、ピラミッドに着目した平面利用やギリシャ美術などの研究も行うといった学習が例示され、「色々の学科に一貫した一つの中心思想」があることを、児童自身が発見しつつ統合的に学ぶ点に学習の創造性もあるとされている。この講演では、ほかにもドルトン・プランの実践が第四学年児童以上を対象として、中等教育、高等教育段階にも導入可能であること、イギリス、ロシア、ドイツ、スウェーデン、日本、中国など各国のドルトン・プランの実践校から報告が届いていることが紹介されていた。

二日目の講演では、教育実践の基礎となる心理学と教育学の一致や教授と学習の一致の必要性を説き、特にドルトン・プランが前提とする心理学的知見について論じている。その際彼女は、「一学級を小さくする」ことを説く教育界の風潮を取り上げ、それが「個人教授」の視点に基づく「古い考へ方」であると指摘し、「大きな組は小さい組よりも、学習の機会を与へ、小さい組は教授の都合よい機会を与へるのみ」であるという見解を示した。ここで彼女が提示した心理学的知見とは、集団の心理に関するものであり、「百人でも五十人でも二十五人でも、五人でも無理に集められたものは群集で、その結合がゆるめられると衝突し反撥」するが、「五人、二十人、五十人、百人でも自ら結合したものは、真の集団であ」るとして、集団形成における意識の重要性を取り上げている(26)。二日目の講演の結びでは、「各個人を十分に発達せしめ、而も集団的な生活、社会的な活動を十分に増進」することは「一寸聞くとむづかしい様に思はれるが、ダルトン案に於ては是等の事は十分遂行せられる」と述べられている(27)。

三日目の講演では、まず「ダルトン案の成敗」が「細目」を「編成する技術と理解する技術」によるとして、アサインメント作成上の留意点を示している。アサインメントは「児童の立場より考へねばな」らないとしたうえで(28)、一か月先まで見通して週単位に分割し、児童に自分の進度が把握できるようにして提示すべきことを指摘している。また、アサインメントを提示する「一週間前に職員会議を開いて論議し」て、「学科の間に連絡をとる事」や「細目の中にあるすべての問題はすべての教師が協力して、解決すべき」とする見解を示し(29)、教科間の相関とそのための教師の共同研究の必要性に言及している。こうした点にふれたうえで、アサインメントへの記載事項を説明し、それに基づき午前中三時間実験室における学習を行うことや第四学年の理科における週ごとの具体案を紹介している。

以上のように、日本におけるパーカストの最初の講演は、その心理学的根拠やアサインメントの作成も含めて、ドルトン・プランにおける社会的視点を強調するものであった。赤井の教育思想を検討した足立淳は、パーカスト来日後彼がドルトン・プランを「自学法」とみる見解を修正し、「「学校の社会化」の方法」と捉えるようになったと指摘しているが(30)、通訳を務めた彼においては当然の変化であろう。むしろ、赤井に限らず、この講演を聴けば、ドルトン・プランが目指すのは「学校の社会化」であると理解するのが自然ではないだろうか。たとえば、東京女高師附小の藤山快隆もこの講演に参加した際の記録を作成しているが（記事141）、冒頭で各日の講演要旨を、「第

ドルトン・プランでは時間割を廃止し、実験室で各自の予定に基づく学習が行われた。グループになって学習が行われている様子がうかがえる。

一日に於ては学校生活を社会化する為め従来の教室を実験室に更めねばならぬといふこと。第二日は其心理的基礎。第三日にはアツザインメント即ち細目に就ての研究法であつた」（傍線―引用者、以下同様）と述べている(31)。藤山の講演録でも、「ダルトン案の根本思想とする所は学校を社会化すること」とされ、「多くの児童と生活して居る間には少数の児童と生活して居る場合よりも発達の機会を多く持つ」こと、「細目の間によく連絡統一をはかり、細目中の問題は全職員協力一致して作成されねばならぬ」ことに言及がなされていた(32)。同年に各地で行われた講演では、ドルトン・プランの理念はどう語られたのであろうか。以下、比較的まとまった記述のある講演録からこの点を検討してみよう。

地方の講演録にみるドルトン・プランの理念

①宮城県における講演（記事144）

宮城県では、赤井の通訳により、四月一〇日に仙台市公会堂で講演が行われ、一〇〇〇名以上の参加があった(33)。この講演では「ドルトン案は児童に或る教科課程を遂行する自由を許」し、「学校全体を社会的にする」ものであり、「此の案は学校に社会的な原理を実際的に取入れる点のみで新しいものと言はれる」と指摘していた。休憩後も彼女は、「私は前にドルトン案は学校を社会化し、共同団体となさんとするものであると申しました」という言葉で講演を再開しており、実験室は「共通の問題を以てゐるもの」が「集まつて協同して研究するところの極めて自由な場所」であると説明している(34)。

②富山県における講演（記事124・162）

富山県でも、赤井の通訳により、四月一三日・一四日に異なる内容の講演が行われた。一日目は富山県会議事堂で二時間の講演が行われ二五〇〇名程の参加があり、翌一四日には高岡市講堂で約一時間の講演が行われ、一五〇〇名を超える参加があったという(35)。記事の内容を検討すると、「ザ　アウトライン　オブ　ザ　ダルトンプラン」と題した一三日の講演は、成城中学校で行われた一日目の講演とほぼ同一内容であったことがわかる。この講演では、ドルトン・プランが「生活の方法を意味する」ことにふれ、実験室の意義について次のような説明が行われている。

実験室は一の社会学的実験場となる。このやうに学校仕事全体を社会化せやうとするものである。教授といふ狭いものではない。此の案の新しみもこの社会の原理を実際として学校に取り入れる所にある(36)

このように、学校の社会化を目指すドルトン・プランは教授法ではないこと、その新しさは「社会の原理」の導入にあると指摘していた。「ダルトン案の心理的基礎」と題した一四日の講演も、やはり成城中学校での二日目の講演と同様の内容で、集団形成の問題にふれ、「集団を作る条件には自らの意思を以て集つたといふことがなくてはならぬ」と述べられていた(37)。

③奈良県における講演（記事130）

奈良県では、大阪毎日新聞社の加藤直士の通訳により、四月一九日に奈良女高師で約一時間の講演が開催され、一〇〇〇名程の参加を受け入れて五〇〇名以上を謝絶したという(38)。この講演では、冒頭で自由と協働の原理や集団形成の問題にふれた上で、「学校内の生活の改造――社会的生活の出来るやうに改造せんとするのがドルトンプランの目的」(39)であると言及している。この講演では具体的な実践紹介が重視されていたようであり、進度表を用いて彼女の学校に在籍する日本人児童のエピソードなども交えながら説明を行っている。実験室では、中央と四隅に一つずつテーブルを配置し、「学年も年齢も性も異なる多くの児童が集つて自由に仕事」(40)を行うとされ、「自由研究」を終えると、それに続いて「会議」の時間が設定されていることなどが紹介されている。

なお、奈良女高師附小主事の木下は、一九二一年に第一学年で池田小菊が担任した学級を持ち上がりにして、毎年一〇―二〇名の新入学児童を加え、多人数かつ異年齢の学級を編成する構想を抱いていたという(41)。池田が辞退したため、複式学級の拡張は中断することとなったようであるが、木下は「パーカーストは学校を社会学的作業《ラボラト》室《リー》とした。即ち社会的生活を為所とした勿論之は卓見である」と評価しており(42)、彼女の来日前から、ドルトン・プランが掲げる社会性や異年齢による集団形成に関心を寄せていたとみられる。

④岡山県における講演（記事149）

岡山県では、大阪毎日新聞社の赤坂清七の通訳により、四月二三日に岡山市の深柢小学校講堂で講演が行われた(43)。

これに参加した岡山県興除実業学校教諭の薬師寺健良は、当日パーカストが語ったとみられるドルトン・プランのねらいと実験室の組織に言及している。この記事では、「先づダルトンプランの理想の一端と見るべきは「社会生活の実現」に在るやうである」と述べ、「次に女子は教室の壁を撤して集団的な実験室を作り各科主任がそこに在つて指導し自由に研究せしめよと示した」と説明している(44)。実験室を組織する意義については、「(一)社会生活の実現」、「(二)理想的自由の享受の具体化」であると捉えており、最後に以下のように述べている。

児童をして学習と云ふ仕事に対して完全に責任を負はしむることは重要なことである。それには児童の共能《ママ》本能を最善の方法によつて遂行せしむるに在る。ダルトン案は此の点に大いに意を用ひてゐる。児童は個性にかつて《ママ》多少の差こそあれ明かに、社会本能即ち共同生活本能を持つてゐる。そして個人が発達するにつれて社会的本能も強くなる。然るに現在では種々の事情で学校が極端に社会的本能を制肘して一種寂寥さを味はしめてゐる。故に自ら学習本能が之に遮られてゐる(45)

このように、薬師寺はドルトン・プランが学校の社会化を目指すとともに、ドルトン・プランが人間の「社会本能」や「共同生活本能」に立脚した学習観をとっていると捉えていた。

⑤愛媛県における講演（記事150）

愛媛県では、赤坂の通訳により、四月二六日に松山高等学校で講演が行われ、一〇〇〇名を超える申込みがあった(46)。この講演でも、以下のように、ドルトン・プランの新しさが、学校の社会化を図る点にあるとされている。

ドルトンプランは児童に自由を与へるだけでなく、良い学科を要求させるべく指導方法を考へ、且つ学校内に於て社会的気分を味はわせる事を主眼として居ります。彼の学芸会等は多分に社会的気分を帯びて居りますが、啻に学芸会だけでなく、学校生活そのものを社会的にしようとするのであります。ドルトンプランは社会的の共同精神を学校の中に吹込まうとしている点に於て新しいのであります(47)

実験室での様子についても、「一室で机を一所に集めましてそこで共通の点について興味を有つ同士の児童が集まつて討論をやつたり質問をやつたりして居ります」と紹介し、「室全体に社会的気分が張り亘つて居る」と述べている。講演の結びは、「ドルトンプランには三つの重大な事」があるとして、「自由」「共同」「仕事」の三点を挙げて締めくくられている。

⑥山口県における講演（記事148）

山口県では、赤坂の通訳により、五月七日に山口県立山口中学校講堂で講演が行われ、千数百名程の参加があった(48)。この講演は、「第一、自由といふことについてお話いたします」という言葉で始まっており、ドルトン・プランにおいては「自由、仕事、時間の三つ」が重要であるとし、順々にその意義を説明している。その内容は、これまで検討してきたものとは異なり、ドルトン・プランの理念とされる「学校の社会化」を強調した構成にはなっていない。「自由」の説明の最後に、ドルトン・プランが「学校生活の方法」であることを示し、それが「学校に於ける児童生活を社会化せしめる」ことや、学校に「共同生活の精神を注入する」ことであると述べたり(49)、「仕事」の説明の中で、「ダルトン案は、学校を社会化する」として、実験室で「児童が集まつて共同して」学習することにふれる程度であった(50)。

⑦愛知県における講演（記事126）

愛知県では、加藤の通訳により、五月九日に愛知県教育会、名古屋市教育会主催で講演が開催され、一三〇〇名を超える参加があったという(51)。山口県における講演と同様に、この講演の冒頭でもパーカストは、「私が諸所で講演をしました後に多くの質問が出ましたが、それは皆児童の自由と云ふことについての質問でありました」として、「今日は講演に先つて皆さんの誤解のない様に自由の真義をお話し致したいと思ひます」と述べている(52)。自由の意義に続いて、「ダルトン・プランの実際」と題して、アサインメント、ラボラトリー、研究室での朝の相談、それに続く実験室での学習や会議などを取り上げ、一日の時間の流れに即して学校の様子を紹介している。講演は「ダルトン・プランの三原理」で締めくくられ、「請負仕事」「自由」「協力」の三点が挙げられている(53)。

以上の講演録にみるように、それぞれの講演内容には違いがあるものの、パーカストは多くの場合ドルトン・プランの意義を社会的視点から訴えていたことがわかる。自由と協働の原理のうち、どちらかといえば自由に焦点が当てられていたのは、山口県と愛知県の講演であり、一九二四年に行われた講演の終盤に位置している。これはパーカストも言及しているように、各地の講演で自由に関する質問が多く挙げられたためかもしれない。

一九二五年の講演

パーカストは一九二五年夏には中国各地で講演したのち、アメリカへの帰国途中で再来日し、大阪では大阪毎日新聞社の主催の講演を、東京では国民教育奨励会主催の講演を行っている。前年に比べると講演回数は二回と少ないものの、いずれにおいてもドルトン・プランに関する質問が受け付けられており、当時の実践家が抱いていた関心やそれに対する彼女の応答がいかなるものであったのかを知ることができる。

①大阪での講演

九月五日に大阪市中央公会堂で行われた講演については、奈良女高師附小の塚本清と愛媛県師範学校附属小学校の篠原誠二が取り上げている。篠原の講演録（記事217）によればパーカストは冒頭で次のように述べていた。

世界の各地からニウヨークの私の児童大学を訪問される人々は種々の質問を提げて私に向はれるが、其の多くは該プランの根本精神を忘れて居る。即ち其の精神とは（イ）自由（ロ）団体生活の協同（ハ）時間の割振の利用である。ダルトン案をば個人教育であると評する人もあるが、之は最も大切な（ロ）の原理を知らぬ人のことであつて之れは極めて必要な原理なのである。社会協同生活を実現するには先づ学校の社会化をやらねばならぬ(54)

この講演でもパーカストは「学校の社会化」という理念のもとで、協働の原理の重要性を強調しており、塚本の講演録（記事214）でも、「ダルトン案に対する最大誤解は、この案を個人教育（Individual Instruction）の方法だと思ひこむところにあるが、この個人の進歩の上に著しい結果があるとしてもむしろそれはこの案の自然の結果であつて、むしろこの案は学校の社会化を目標としてゐるのである」と強調を交えて紹介されている(55)。

また、篠原の講演録によれば、大阪での講演では、当初から質疑応答に力点がおかれており、パーカストがドルトン・プランの概要に言及したのち、事前に寄せられた百数十の質問の中から重要なものに回答する形式がとられたという。彼の記事では、質問内容別に①「一般的事項」②「指導案」③「相談会」に分類して紹介している。質問者の中には、北海道の小樽中学校校長に転じた吉田惟孝や、愛媛県師範学校附属小学校、長崎県壱岐郡の初山小学校や渡良小学校、福井県師範学校附属小学校、富山県師範学校附属小学校などドルトン・プランの導入に取り組んだ実践校の実践家たちから多くの質問が寄せられていたことがわかる。

一点目の「一般的事項」に関しては、ドルトン・プラン自体の変化に関する情報も含まれており注目に値する。たとえば、「表現教科（図画、手工、唱歌、遊戯、作業、綴方）等については如何なるプランを立てゝゐるか欧米の状況を承はりたし」という質問に対して、パーカストは「始めは所謂第一学科（算術、国語、地理、歴史、理科等）のみでダルトンプランを適用したのであるが更に第二学科即ち表現的学科にも適用することによつて、該案が総ての案に適用されるといふ自信を得た」と述べている。彼女の回答では、数年前からドルトン・プランを全教科に導入し、当初は躊躇していた教師たちが現在ではむしろ表現教科への導入の意義を認めていること、これらの教科では「指導案は殆んど不要であり又不可能といふてもよい」とする見解が示されている。また、「新研究ありや」という質問に対しては、複数あるとしながらも、「自分は従来此のプランは九歳以上の児童に適用されるといふたが、茲数年間の研究によつて六七歳の児童にも立派に適用されることを認めた」と答えている。このほかには、「児童数多きため」教師の指導が行き届かないという訴えに対しては、五名の教師がいれば二五〇名までは指導可能であるとし、それができないのは、「指導案が下手であるか」「時間割の組織が拙で児童に時間の計画をやらせぬ」ことが要因であると指摘している。また、「時間割を制定しておいて指導案を与え」る実践の是非については、「時間割は全廃すべき」とする見解が示されていた(56)。

二点目の「指導案」、すなわちアサインメントに関しては、それをどの程度柔軟に解釈すべきかを問う質問が多く寄せられており、予め決められた教材以外にも重要なものは臨機応変に取り上げるべきとされている。また、「一ケ月（四週間）の契約仕事を一ケ月以内（例へば三週間）で全部完結した生徒の取扱を如何にするか」という質問には、「若年の者や、知育に偏し勝ちの者にはあまり先方に進ませぬ」とし、「深化拡充」をより重視すべきと答えている。アサインメントの記載事項に関する質問には、「指導案には常に児童に選択の自由を与へる余裕」が必要であることや、「児童の活動や創作心を束縛するものであつてはならぬ」とする見解が示されていた(57)。

三点目の「相談会」に関しては、時間の都合でパーカストからの十分な回答が得られていないが、ドルトン・プランの導入に取り組んできた実践家たちが協働の原理や「学校の社会化」に関する具体的な取り組みに関心を抱いていたことがわかる。たとえば、愛媛県師範学校附属小学校からは、午後の会議の時間について、次のような質問が寄せられていた。

> 人は社会においてのみ人たり、即ち社会における意識の相互関係による自発自展、即ち女史の根本原理として力説さるゝ協同の原理を無視することは出来ない。この意味において雑然と学習法の指導注意のみにて満足することができぬ。何者か中心問題を持ちて児童相互の共同学習の指導を必要と思ふ、ダルトン、プランはその処理を如何にするか(58)

パーカストが掲げた協働の原理を取り上げ、共同学習の指導法を問う内容となっている。また、福井県師範学校附属小学校からも次のような問いが寄せられていた。

ダルトン案の根本精神は学校の社会化によるデモクラチックな社会的公民の養成にあるとしてゐる。然るにダルトン、プランを実施してゐる学校の報告を聞くとただ単に学習組織、殊に知的な学習組織を従来のものと変更したに過ぎないやうである。特に特殊な社会的訓練の施設はあるかどうか(59)

一九二四年、一九二五年の講演への参加者はきわめて多く、その中にはパーカストの意図を理解できない者や、誤解する者ももちろん含まれていたであろう。しかしながら、少なくともドルトン・プランの研究に本格的に取り組んできた実践家たちにとっては、その理念が「学校の社会化」にあるという理解は前提となっており、一九二〇年代半ばには、それをいかにして具現化するのかという点に関心を寄せていたと考えられる。

②東京での講演

九月八日に青山会館で行われた講演では、明星学園創設後の赤井が再び通訳を務めた。講演部分については、記事215に簡潔にまとめてられている。ここでも「私の主張するのは学校を社会化することである」とされているが、講演の内容自体に新しい主張や知見はみられない。ただし、『教育週報』に掲載された記事212・213には、その場で提出された七点の質問とそれに対するパーカストの回答が記されているため、その内容を確認しておこう。

一点目から三点目までは、アサインメントに関する質問が続いており、まずはそれを作成する際の基準が問われ、パーカストは「これだけは如何なる子供も成さねばならぬ最小限度」を目安とすると答えている。また、教師が与えるアサインメントが児童の「自由活動を妨げる」のではないかという疑問には、「一つの目的に達する最も賢明な道程」こそが「自由」であり、「児童に細目を与へること」は、その「道程を暗示すること」であるとする見解を示した上で、アサインメントの作成は必ずしも教師だけが行うものではなく、児童自身や教師と児童の両者で行われる場合もあるとしている。また、異なる児童に同じアサインメントで学習させることが可能かという問いにも、まずその質自体が重要であるとした上で、それを絶対視するのではなく、時には変更することも必要であると答えている。四点目は、アサインメントによる学習が実験室中心で、戸外の学習を軽視しているのではないかという批判に、彼女の学校でも児童を「決して実験室に閉じ込めていない」と回答している(60)。

続く五点目では、「同時に多数の児童が同じ実験室に研究する」ならば、「十分な設備」がなければ「自学自習」ができないのではないかという問いに、実験室では「異つた多数の学年が、同教科を学習」し、同学年ないし異学年で「共に自由に任意に学習する」と答えたうえで、彼女の学校の児童数や教員数、また実験室の設備について紹介している。この点については赤井も言及しているため(記事218)、後述することとする。六点目は、「優等生は進むが、劣等生は救済の機が得られない」のではないかという問いに、「日本ではよくかうした質問を受けるが、不思議だ」と述べ、「私の学校では劣生より寧ろ優生の方が始末に困る」とし、個々の児童の「学習の状態をよく考へてやらねばならない」と回答している。七点目は、ドルトン・プランが「唱歌、図画、体操科等」を軽視していないかと問うものであり、大阪での講演時と同様に、それがあらゆる教科に導入されることを説いている(61)。

赤井の記事（記事218）では、先の五点目の質問に対する彼女の回答を取り上げている。赤井によれば、パーカストは自身の学校では一人の教師が受け持つ児童数が最大二五名、平均一五名であるとしたのち、「然しダルトン案は多数の児童にでも行ひうるもので、現に一人の教師で二百五十人の児童を受け持つてゐるものもある」と述べたとされ、この点に関して彼は、九月一一日の送別晩餐会で彼女と以下のようなやり取りをしたという。

私「先日児童数の問題が出た時に貴女は何故善い教育をする為には、児童数が少くなければならんことを主張して下さらなかったのですか。我国では今一学級の児童数が多くて困つてゐるのです。」

女史「私はそう信ずるから。児童数は多い方がよいと信ずるから。支那でも一の実験室に百七十人集つてゐるところを見て来た。」

私「然し教師の力には限りがある。どこかに最高限度がなければならんと思ふが、如何ですか。」

女史「それは学校、実験室の設備に関係することで、それさへ出来れば可成多数の児童を指導することが出来る。それよりもかう云ふ問題を考へて見たら如何だらう。君は悪い教師が多数の児童を受け持つた時と、少しの児童を受け持つた時と、何れがより危険だと思ふか。」…（中略）…

私「悪い教師は多数をもつても、少数をもつても悪い。我々の話は先づ教師が善いものとして話を進めねばならぬ。教師が児童の自発活動を指導するとしても多数では出来ないと思ふ。」

女史「君は未だ教授を考へてゐるからいけない、児童が環境に対して如何に反応するものかをもつと十分に観察しなければならん。」(62)

パーカストは児童数の問題は、「教授に附属した問題で、学習の問題ではない」と指摘しているが、彼女との会話を振り返ったのち、赤井は「如何に考へても私は児童数の多い方がよいと云ふ考へにはなれない」という見解に至っている(63)。一九二五年の講演だけでなく、前年の講演でも、既述のとおり、パーカストは多人数を理想とみる見解を示しており、通訳を担当してきた彼にとってこの問題は印象に残るものであったと考えられる。

一九三五年の講演

一九二五年の講演を終えると、パーカストはしばらく来日しなかったが、新教育協会が主催する汎太平洋国際会議に参加するため、一九三五年に一〇年ぶりに日本を訪れた。同協会は、一九三五年の三月から四月にかけて海外向けに参加を呼び掛けたとみられ、パーカストは旅費の工面をするようすぐに求めてきたという。協会からは旅費の負担ができないことを伝えたものの、しばらくすると外務省文化事業部長から彼女が出席するという連絡を受けたとされている(64)。同協会の理事である相澤熙は、国際会議の開催に際して「先づ吾等の念頭に浮んだ人は、パーカースト女史であつた」として、次のように述べていた。

> 我国に新《ママ》ける新教育の芽生が何時頃からであつたかは、先づしばらく措くとして、ともかくも、最近我国に於ける新教育の顕著なる発達が、パ女史の往年の「ドルトン案」の巡回講演に依つて、如何に大なる刺激を受けて今日に至つたかは、容易に推しはかることが出来やう(65)

かつてパーカストが各地で講演を行ったことに言及し、それが大正新教育の刺激剤となったと振り返っている。

汎太平洋国際新教育会議は、一九三五年の八月一日から七日まで東京帝国大学を会場に開催され、その報告書によれば、パーカストは国際新教育講座の中で「ドルトン・プランと米国に於ける教科課程の新研究」と題する講演を行っている。その内容は、一九三〇年代に進歩主義教育協会が着手した中等教育カリキュラムの改革プロジェクトである八年研究に関するもので、その研究実験校に選ばれた彼女の学校のカリキュラム開発について紹介を行った。

ドルトン・スクールでは、生徒を大学での学修にふさわしい知性を備えた人物に育てるとともに、「社会の進歩に貢献することの出来る」人物とするために、カリキュラム編成の基礎となる五つの「信念」を決定したという。その内容は、①「生徒各個の必要に適合するやうに、課程と内容とに弾力性を持たせ」ること、②生徒が「文明の性質と、その文明に参加する自分自身とを十分に理解する」こと、③真の「教養」は知識の集積ではなく「行為」と結びつくものであること、④「生徒各個の経験に連絡と継続性を持たせ、次第に相関係した観念を広げて行くやうに研究させ」ること、⑤「各個人」が「世界に適合」し、他者との思想交流や自己表現のために知識を道具として使いこなせるように、また「創造的の人間」として豊かな生活が送れるように発達させること、とされている。この方針のもとで、カリキュラム開発に取り組んだ結果、広範な教材の調査と活用、教師間の協力によるカリキュラムにおける中心問題の設定、生徒の創造的活動の促進、プログラムの中心部に位置づく理科に対する新たな研究関心などが生まれたという。最後にパーカストは、こうしたカリキュラム開発が、「ダルトン・プランの提供した弾力性のある状態のもとに、生徒も職員も永い経験をつんでゐたから、非常に簡単になりました」と述べており、ドルトン・プランがカリキュラム改革の土台となったことにもふれている[66]。

　この講演を聴いた小林澄兄は、「パアクハースト女史は、今度で第三回目の来朝でありますが、前回のお話よりは余程お考へが発展してゐる、進歩してゐるといふことが私に感じられたのであります」[67]と述べている。また、この講演に言及した赤井の記事（記事272）では、この時期のパーカストがカリキュラム改革に取り組んでいることや彼女の学校を訪ねた際の様子を次のように紹介している。

　女史のダルトン学校では今もダルトン案でやつてゐる。指導案《アッサインメント》や進度表も昔の通りのものを用ひてゐる。然し女史自らも外へ出て講演する時には問題を教科課程改善に関連させることが多い様である。一昨年夏来朝の折

の講演もそれであつた。私が昨年訪問したときも、それに就いての話が多かつた(68)

ドルトン・プランを紹介してきた赤井は、当初それを推奨する一方で、パーカストが教科課程の改革に踏み込まず、教材論が不明であると指摘してきたが(記事100)、この時期には彼女の主要な課題がカリキュラム改革にあることを捉えていた。

一九三七年の講演

中野光や吉良偀の研究では、パーカストの四度目の来日は一九三九年で、この時は講演を行わなかったとしているが(69)、実際には彼女が来日したのは一九三七年四月三日であり、「初等中等幼児教育に於ける新思想と実際」と題する講演も行っている。この時は、新教育協会副会長の入澤宗寿と理事の相澤が彼女を出迎え、会長の野口援太郎を交えてニューグランドホテルで昼食をとり、滞在中のスケジュールを協議した。四度目のパーカストの来日目的は、「日本児童生活の視察とその映画記録にある」とされていた(70)。

記事273によれば、一九三七年の講演は新教育協会および大日本婦人聯盟の主催で、東京日日新聞社が後援し、五月一五日の二時から同社の講堂で行われた。その講演録は、記事275にまとめられている。通訳は東京日日新聞社の高田市太郎が務めたが、パーカストとの事前打ち合わせの時間はとれなかったとされている。この講演では、まず前半部で進歩主義教育が「アメリカの民主主義的な、デモクラチックな社会の表現として重要視されている」としたうえで、それに対する彼女の関心が「旧式な学校に対する一つの叛逆」というよりも「将来に対する希望」にあることなどが述べられている。

これに続いて、ドルトン・スクールの説明となり、彼女の学園は、二歳位から子どもが在籍し、幼児教育では遊戯を重視した実践に取り組んでいること、シニア・ハイスクールでは一九三五年の講演と同様に八年研究のもとでのカリキュラム開発に取り組んでいることを紹介している。最後に、彼女の学校のカリキュラムの特徴を二点紹介して講演は締めくくられている。一つは、エレメンタリー・スクール（第四―六学年）では自国史を教えないことであり、「世界の平和」や「世界各国間の理解」を求めるならば、「子どもの一番良く発達する時に、世界の文化、世界の教養と云ふやうなものを教へること」がきわめて重要で、こうした観点から、自国史は、ジュニア・ハイスクールで初めて学ぶものとされている。もう一つは、「演劇、音楽、色んな芸術方面の学科を非常に重要視」するというものであり、「子供達の本当の価値」を「芸術を通して発揮させる」と述べている。

一九三七年のパーカストの講演に言及した記事は管見の限り見当たらず、世界平和や歴史教育に対する彼女の見解が、どう受け止められたのかは不明である。ただし、アメリカへの帰国直前に彼女は相澤とともに親交のあった羽仁もと子のもとを訪れ、次のように述べたという。

日本に来て最初にあなたの学校へ来なかつたのが残念な気がします。でも若し初めにきてしまつたら他の学校に悉く失望したでせう。明後日出帆といふ今日、最後にこゝへきたのがやつぱり幸だつたのかもしれません(71)

当時の日本の教育現場に彼女が悲観的であったことをうかがわせる内容であり、一九二〇年代半ばに各地を視察した際に彼女が日本の教育界に対して期待を込めて抱いた印象とは異なるものであったと推察される。

5　おわりに

ドルトン・プラン情報は国際的な教育ネットワークの中できわめて早い時期に成立し、わが国でも迅速な情報収集がなされていた。ドルトン・プランへの注目は、特定の研究者や大正新教育の著名な実践家に限らず、当初から公立の学校現場の教師も含めて始まっていた。国内で最初の記事が発表された一九二〇年以降、戦前を通じて二七六件の記事が確認でき、本書で取り上げた他の教育情報をはるかに上回る関心が寄せられていたことがわかる。ピーク時の記事数はまさにプロジェクト・メソッドの三倍にも上っていた。こうした関心の高さは、タイムズ教育版を媒体として、情報受容の窓口が当初から比較的広かったこと、一九二四年にパーカストの招聘が実現し、全国各地の講演に軒並み一〇〇〇名を超える参加があったことなどが影響していたと考えられる。

ドルトン・プラン情報への関心の推移を、数量的に把握すれば、そのピークは一九二三年頃から一九二〇年代半ばまでであり、一九二〇年代後半には急激に低下していったといえる。ただし、関心が低下したとはいえ、毎年数本の記事が発表されており、ドルトン・プランの変化を伝え、当初の情報が修正ないし更新されていったことは注目に値する。本章では、一九二四年、一九二五年、一九三五年、一九三七年におけるパーカストの講演に焦点をあてててこの点を検討してきたが、ドルトン・プランの情報普及の特質として以下の点を指摘することができる。

第一に、一九二四年の講演以来、パーカストが強調してきたのは「学校の社会化」というドルトン・プランの理念と協働の原理の重要性であり、各地の講演録などでもこの点が把握されていたことである。この点に着眼したとされてきた赤井に限らず、パーカストの最初の講演を契機に、ドルトン・プランの理念を「学校の社会化」とみる理解は、一九二〇年代半ば頃から教育界に広がりをみせており、その研究に従事してきた実践家たちには前提とされていたと考えられる。ただし、多人数の集団（社会）を理想とみるパーカストとその意義を理解できないとする赤井に齟齬があったように、「社会」や「社会化」を捉える際の視点やその意味内容は多様であったと考えられる。今後は、こうした差異を生み出す要因の解明に取り組むことで、大正新教育の思想研究を深化させていくことが必要である。赤井のような当事者に限らず、大正新教育研究の先駆者である中野も、ドルトン・プランでは「一学級の児童数を少くすること」が必須であり、わが国における一学級児童数の多さがその普及における障害であったと指摘してきたが(72)、パーカストの思想に対する理解を深めない限り、今日の研究においてもドルトン・プランの受容を精確に分析・評価することは不可能であろう。

第二に、パーカストの度重なる講演を通じて、ドルトン・プランや児童大学校の実践改革に関する情報が更新されていたことである。ドルトン・プランの導入は、当初上級学年を対象とし、特定の教科に限られていたが、その範囲をあらゆる教科へ広げて表現教科の意義を重視するようになっていったこと、またそれとともにアサインメントを絶対視する見解を否定するようになっていったこと、低学年教育での実践を開始したことなどが紹介されており、*Education on the Dalton Plan* のみでは知ることのできない発想や取り組みが紹介されていた。また、一九三〇年代には、八年研究に参加したドルトンハイスクールにおけるカリキュラム開発のねらいや特質を紹介しており、教科課程改革を不問にしたとされるパーカスト理解も修正されていた。こうした情報修正が起きていたことはドルトン・プラン情報の普及における一つの特質であり、ドルトン・プランの導入に取り組んでいた実践家たちが、それらを自身の実践改革にどう活かしていったのかを解明することもさらなる課題である。

注

（1）中野光『大正自由教育の研究』（黎明書房、一九六八年、一九〇―二〇三頁）、同『学校改革の史的原像――「大正自由教育の系譜をたどって――』（黎明書房、二〇〇八年、一五八―一六五頁）、吉良偀『大正自由教育とドルトン・プラン』（福村出版、一九八五年）、久木幸男「ダルトン・プラン論争」（『日本教育論争史録』第二巻近代編（下）、第一法規、一九八〇年、三〇九―三三四頁）、佐藤高樹「宮城県におけるドルトン・プランの紹介とその反響――宮城県教育会雑誌『宮城教育』を手がかりに――」（『東北大学大学院教育学研究科研究年報』第五五集第一号、二〇〇六年、二四三―二六二頁）などがある。実践への導入に関しては、吉良が複数の事例を取り上げているほか、成城小学校を事例とした足立淳による一連の研究がある。

（2）中野前掲『学校改革の史的原像』一六一―一六五頁。

（3）パーカストの来日については、吉良前掲書（五三―六八頁）、同「わが国におけるドルトン・プランによる教育の研究――パーカーストの日本講演について――」（『熊本大学教育学部紀要』人文科学、第三六号、一九八七年、二一五―二二四頁）、同「同――大正一四年日本におけるヘレン・パーカースト――」（『熊本大学教育学部紀要』人文科学、第三七号、一九八八年、二九一―二九九頁）で、日本滞在中の足取りなどが明らかにされているが、パーカストの講演が、ドルトン・プランの情報普及に与えた影響についてはほとんど検討されていない。また、同書では、四度目の来日の時期や講演の有無に関する記述が誤っているため、本章ではこの点についても修正したい。

（4）Diana Lager, *Helen Parkhurst and the Dalton Plan: The Life and Work of an American Educator*, Unpublished Doctoral Dissertation, The University of Connecticut, 1983, pp. 124-140. ドルトン・プラン情報の成立については、主として同論文に依拠した。

（5）"An American Experiment," *The Times Educational Supplement*, May 6, 1920.

（6）Lager, op. cit., pp. 13-14.

（7）伊藤朋子『ドルトン・プランにおける「自由」と「協同」の教育的構造』風間書房、二〇〇七年、八五頁。

（8）吉良前掲書、三三頁。

（9）この調査においては、教育ジャーナリズム史研究会『教育関係雑誌目次集成：第一期（教育一般編）』、『同第二期（学校教育編）』、『同第三期（人間形成と教育編）』、『同第四期（国家と教育編）』（日本図書センター、一九八六―一九九三年）を用いた他、筆者がこれまで閲覧することができた雑誌を取り上げた。また、記事の抽出は、一九二〇年のタイムズ教育版における記事の影響を視野に入れ、ドルトン・プランやパーカストと彼女が指導した児童大学校に該当する語句を含む記事を取り上げた上で内容に基づき行った。

(10) 横田峯三郎「英米人の新計画――時間割廃止――活動写真利用」『千葉教育雑誌』第三四二号、一九二〇年、一一―一三頁。

(11) "The Dalton Plan," *The Times Educational Supplement*, May 27, 1920.

(12) "The Dalton Plan," *The Times Educational Supplement*, July 2, 1921.

(13) 宮崎市蔵に関する詳細は不明であるが、東洋史学者宮崎市定の父にあたると思われる。礪波護・藤井譲治編『京大東洋学の百年』（京都大学学術出版会、二〇〇二年、二二一頁）によれば、宮崎は「飯山小学校の教師をしていた」と記されている。

(14) 「編集小話」『教育の世紀』第二巻第四号、一九二四年、奥付。

(15) 福井県師範学校附属小学校の広瀬均による『実施経験に拠るダルトン案の批判』（文化書房、一九二四年）が同協会の叢書として刊行されている。この組織は、「ダルトン案の理論及実際を研究して本邦並に世界教育の向上を計ること」を目的とし、こうした出版物の収入により会を維持していくことを企図していたが（同書所収「ダルトン協会会則」）、活動をその後継続していった形跡は見当たらない。

(16) Lager, op. cit., p. 134.

(17) 吉良前掲書、五三―六八頁。

(18) 赤井米吉『ダルトン案と我国の教育』集成社、一九二四年、一―三八頁。

(19) 赤井「パーカースト女史とダルトン案」『帝国教育』第七〇三号、一九三七年、七二頁。

(20) Lager, op. cit., p. 149.

(21) ヘレン・パーカースト「ダルトン案に就いて」（『山口県教育』第二八九号、一九二四年、二頁）では、パーカスト自身「私が今日お話することは、ダルトン案の理論なり実際なりの一節」であることを断り、「纏まつたことは一冊の書籍となつて他日大阪毎日新聞社から出さるゝことゝ思ひますので、それに就いてご覧下さることを願ひます」と述べている。パーカストの講演録は、大阪毎日新聞の加藤直士と赤坂清七が翻訳し『ダルトン教育案』として一九二四年六月に刊行されている。同書の刊行がいつの時点で決まったのかは不明であるが、パーカスト自身は五月八日の日付で序文を執筆している。同書は「第一講ダルトン式研究室案」「第二講心理学対教育学」「第三講学校時間の組織」「第四講学習課目の作り方」

「第五講進度図表並に仕事の記録」「第六講自由と個人的発達」で構成されており、各地の講演はその中の一つであったり、組み合わせだったようである。
(22) 藤山快隆「パーカースト女史講演の大要」『児童教育』第一八巻第八号、一九二四年、一〇七頁。
(23) パーカースト、赤井訳「ダルトン実験室案について」『教育問題研究』第五〇号、一九二四年、九―一三頁（ただし、この記録は稲森と小野が作成したものである）。
(24) 同前論文、七―九頁。
(25) 中野前掲『大正自由教育の研究』一九二―一九六頁。
(26) パーカースト、赤井訳前掲論文、二〇―二一頁。
(27) 同前論文、二五頁。
(28) 同前論文、二七頁。
(29) 同前論文、二九頁。
(30) 足立淳「一九二〇年代日本におけるドルトン・プランの批判的摂取――赤井米吉の宗教的教育思想に着目して――」『教育学研究』第七八巻第三号、二〇一一年、二頁、同「成城小学校におけるドルトン・プランの本格的実践」『カリキュラム研究』第二三号、二〇一四年、一七頁。
(31) 藤山前掲論文、一〇七―一〇八頁。このほかに、記事116の野村芳兵衛「ダルトンプランを聴く」（『教育の世紀』第二巻第五号）もこの講演に言及しているが、断片的な紹介となっている。
(32) 同前論文、一〇九、一一一、一一四頁。
(33) 梧桐「パ女史来仙印象記」『宮城教育』第三〇〇号、六五―六六頁、『河北新報』一九二四年四月一一日。
(34) パーカスト女史「ダルトンプランに就て」『宮城教育』第三〇〇号、一九二四年、一一、一四頁。
(35) 「パーカースト女史来県記」『富山教育』第一二六号、一九二四年、五九―六四頁。
(36) ヘレン、パーカースト「ザ　アウトライン　オブ　ザ　ダルトンプラン――四月十三日於県会議事堂――」『富山教育』第一二六号、一九二四年、六六頁。
(37) 「ダルトン案の心理的基礎」『富山教育』第一二八号、一九二四年、四頁。
(38) 「奈良に於けるパークハースト女史」『学習研究』第三巻第六号、一九二四年、一二一頁。

(39) ヘレン・パーカースト「ドルトン・プランの真髄」『学習研究』第三巻第六号、一九二四年、六一―六五頁。
(40) 同前論文、七一頁。
(41) 池田小菊「私の教員時代」『学習研究』再巻第二巻第五号、一九四七年、五四―五五頁。
(42) 木下竹次「我が学習法から観たドルトン案」『学習研究』第三巻第六号、一九二四年、五八頁。
(43) 『山陽新報』一九二四年四月二四日。
(44) 薬師寺健良「パーカスト女史の「ダルトンプランの教育」を聴いて」『教育時論』第一四〇三号、一九二四年、一六―一七頁。
(45) 同前論文、一七頁。
(46) 「パーカスト女史を迎ふ」『愛媛教育』第四四四号、一九二四年、一頁。
(47) ヘレン、パーカースト女史「ドルトンプランに就て」『愛媛教育』第四四五号、一九二四年、三、一〇頁。
(48) 『防長新聞』一九二四年五月八日。
(49) ヘレン・パーカースト「ダルトン案に就いて」『山口県教育』第二八九号、一九二四年、四頁。
(50) 同前論文、六頁。
(51) パークハースト女史講演・加藤直士通訳「ダルトン式教育法」『愛知教育』第四三八号、一九二四年、八頁。
(52) 同前論文、九頁。
(53) 同前論文、一八頁。
(54) 篠原誠二「パーカスト女史の講演――ダルトン案実施上の質疑応答――」『愛媛教育』第四六一号、一九二五年、一二頁。
(55) 塚本清「ダルトン案に関するパーカースト女史の質問応答講演を聴く」『学習研究』第四巻第一〇号、一九二五年、一二三頁。
(56) 篠原前掲論文、一三―一二頁。
(57) 同前論文、二二―二六頁。
(58) 同前論文、二七頁。
(59) 同前論文、二八頁。
(60) 「ドルトン案の質問に答ふ」『教育週報』第一八号、一九二五年、三頁。
(61) 「ドルトン案の質問に答ふ（二）」『教育週報』第一九号、一九二五年、三頁。

(62)　赤井「児童数の問題について――パーカスト女史と語りて――」『教育問題研究』第六八号、一九二五年、五七―五八頁。
(63)　同前論文、五八、六三頁。
(64)　相澤熙「汎太平洋会議の前奏曲」『新教育研究』第五巻第八号、一九三五年、七八―七九頁。
(65)　相澤「パーカスト女史の感激」『新教育研究』第五巻第九号、一九三五年、一三頁。
(66)　ヘレン・パーカースト（赤坂清七訳）「ドルトン・プランと米国に於ける教科課程の新研究」新教育協会編『汎太平洋新教育会議報告書』刀江書院、一九三五年、四六五―四七六頁。
(67)　小林澄兄「新教育の基礎としての行動主義に就て」新教育協会編『汎太平洋新教育会議報告書』刀江書院、一九三五年、五〇五頁。
(68)　赤井前掲「パーカースト女史とダルトン案」七三頁。
(69)　中野「編者解説」『ドルトン・プランの教育』世界教育学選集八〇、一九七四年、二〇八頁、吉良前掲書、六五―六六頁。中野の記述は、赤井の遺稿に依ったとされている。赤井の遺稿集にあたる赤井つる『この道』（一九七五年、四九頁）には、パーカストが「大正十三年、十四年、昭和十三年の三回我が国へ来た」とする異なる記述があり、いずれも赤井の記憶違いと思われる。
(70)　「ヘレン・パーカースト女史第四回目の来朝」『新教育研究』第七巻第四号、一九三七年、五八頁。
(71)　「『私も今日は塔を出ました』ダルトン・プランの創始者パーカスト女史ミセス羽仁と語る」『婦人の友』第三七巻第七号、一九三七年、四六頁。
(72)　中野前掲『大正自由教育の研究』二〇二頁、同前掲『学校改革の史的原像』一六四―一六五頁。

第6章　ウィネトカ・プラン情報の普及

C. W. Washburne

宮野　尚

1　はじめに

本章では、アメリカ進歩主義教育を代表する実践事例として位置づけられているウィネトカ・プラン（Winnetka Plan）[1]が大正新教育運動に与えた影響に着目する。一般的に、同プランは一九一九年にウィネトカの教育長に着任したウォシュバーン（Carleton W. Washburne, 1889-1968）により創始され、一九四三年に彼が退任するまで継続された公立学校の教育改革として知られている。同プランやウォシュバーンに関する研究から、それは大正・昭和期の日本の教育界に影響を与えていたと推察されるが、その詳細な検討は行われてこなかった。足立淳は、そうした先行研究の乏しさを指摘し、日本における同プラン情報受容の実態解明を試みているが、「先駆的受容者」とされる四人の記事内容を紹介しているに過ぎない[2]。そもそも情報普及の特徴に迫るためには、時期や参照された情報などの条件を特定したうえで、当時の日本の教育界がどのように当該情報の紹介に努めていたのかを明らかにしなければなるまい。たとえば、足立は初期の紹介者の記事内容を論拠に、彼らがウィネトカ・プランとドルトン・プランとを比較して前者の特質を理解する傾向にあったことを指摘しているが、それらはウォシュバーンやキルパトリックによる両者の比較記事を抄訳した部分にあたる。そこに、アメリカにおけるウィネトカ・プラン紹介記事の傾向を見出すことはできても、初期の紹介者の「ウィネトカ・プラン理解」をみることは困難である。

そこで、以下ではウィネトカ・プラン情報の移入にともない、どのような時期的・情報的な制約があったのかを指摘しながら、普及の特徴と意義を解明したい。

2　ウィネトカ・プランへの注目

ウィネトカ・プランの成立経緯

従来、ウィネトカ・プランは一九一九年にウォシュバーンにより計画されたものと認識されてきたが(3)、筆者は近年の研究において、その理念と態勢が一九二〇年代を通して徐々に形成されていたことを明らかにした(4)。

一九世紀末から二〇世紀初頭にかけて、アメリカの公立学校では「ロックステップ制度（lockstep system）」と呼ばれる教育システムが普及していたといわれている(5)。それは、同じ教授内容を同じ時間にすべての児童・生徒に一斉に伝達し、さらに、年度末に規準を満たしている場合にのみ進級できるというもので、学習内容が十分に習得されず、それ故に落第者が後を絶たないことから次第に問題視されるようになる。そうした教育システムの改革に臨んだ先駆的事例としては、セントルイス（St. Louis, Missouri）の教育長ハリス（William T. Harris）やプエブロ（Pueblo, Colorado）の教育長サーチ（Preston Search）によるものが知られているが、同様に、ウィネトカの周辺においても、パーカー・スクール（the Francis W. Parker School）や、シカゴ大学附属実験学校（通称デューイ・スクール）、ゲーリー・スクール（the Gary Schools）などが先進的な実践改革を展開していた。そうした先進校による影響もあり、ウ

異学年集団により「ジャーナリスト（journalist）」の活動が行われている様子。「ジャーナリスト」は、1920年代から長期的に続けられた集団的創造的活動の一つであり、校内雑誌の作成などを主な活動としていた。

ィネトカの教育委員会は、早くから「ロックステップ制度」の弊害を認識し、学校改革の指導者を希求していたのである。一九一〇年代後半になると、彼らは、個別教授法研究の第一人者であったバーク（Frederic L. Burk）の理論に着目するようになり、彼の推薦をうけて弟子のウォシュバーンをウィネトカの教育長として招聘したのである。ウォシュバーンは着任後すぐに教師と協力して、児童・生徒一人ひとりが自身の進度で課題を進められるような学習方法や、社会的必要や有用性の面から必ず学ぶべき内容・教材の開発に乗り出した。そうした活動領域は、一九二三年頃からコモン・エッセンシャルズ（common essentials）と呼称されるようになる。この時点での彼らの目標は、ウィネトカ公立学校全体で「ロックステップ制度」を打破し、個々の学習を成立させることにあったが、ウォシュバーン夫妻と二人の教師によるヨーロッパ実験学校の視察（一九二二年一一月～一九二三年一月）を契機として、そこには変化が生じることとなる。

ウォシュバーンは、ヨーロッパ新教育の思想を受容したことで、教育の目的が子どもの人間形成にあることを自覚し、それを教育的価値として追求するようになった。彼にとって、子どもの「個人および人類の一員としての、完全な発達（the fullest possible development）」を導くことこそが教育の理想であったが、それは子ども（個人）が他者集団と同時に発展・発達すること、すなわち個性と社会性とを同時に発達させることによって、自他が相互扶助的関係にあることを自覚することを意味していた。そうしてすべての個々人が相互扶助を志向することで、万人が幸福を享受できるような社会が実現すると、彼は信じていたのである。

このような彼の理想を実現するためには、子どもに他者との関わりの中で、「個人の発達」および「集団の発展」を一体のものとして経験させる必要がある。そうした経験を付与する活動は集団的創造的活動と呼ばれ、一九二〇年代後半にかけて開発されていくが、その際に中心的役割を担ったのがアドヴァイザー（Advisors）であった。彼らは、芸術（Art）、工作（Shop）、活動（Activity）、学術的な研究（Research）などの特定の領域に秀でた中堅教師であり、学級担任から外れて自由に学校内を巡廻しながら、専門的知見をいかして教師の支援にあたることを職務としていた。とりわけ、一九二六年頃に活動のアドヴァイザーに任命された教師プレスラー（Frances Presler）が、学級全体で取り組む「クラスルーム・プロジェクト活動（classroom projects）」の開発を

低学年児童が見聞き・体験したことなどをもとにして絵本づくりに取り組んでいく様子。1930年代初頭に撮影されたものと思われる。

牽引したことは、教師たちの集団的創造的活動に対する理解を促すことになったと考えられる。さらに一九二〇年代後半から一九三〇年代初頭にかけて、彼女を中心に、アドヴァイザーと各学年の教師たちとが協働して、教師用ガイドブックを作成していくことになる。それは、それぞれの教師が目前の子どもに合わせて柔軟に活動を組織するための手引であり、日々の実践開発により生まれた知見や経験が蓄積されていった。

このように、一般的にウィネトカ・プランと呼称される教育改革は、ウォシュバーンの手腕だけではなく、アドヴァイザーや教師たちの協働の成果として、一九二〇年代にその骨子が形づくられていったのである。アメリカでは、同プランは主に一九二〇年代後半から一九三〇年代初頭にかけて注目を集め、約二〇〇校で同校の教材が活用されていたといわれているが(6)、果たして日本における普及状況はどのようなものであったのだろうか。

雑誌記事数の推移にみる普及時期

大正・昭和期は教育ジャーナリズムが勃興した時代であり、当時の教育雑誌記事を分析することは、教育界に普及していた情報を整理するうえで有効であると考えられる。そこで本研究では、戦前の日本で刊行された教育雑誌を対象として、ウォシュバーンの言説ないしウィネトカ・プランを主題とする雑誌記事がいつ頃から、どのくらい発表されていたのかを調査した。〈表6―1〉はその記事一覧であり、さらに記事数を年ごとに整理したものが〈表6―2〉である。なお、同プランに言及しているか否かにかかわらず、ウォシュバーンの言説を主題とした雑誌記事を一覧に含めたが、その理由は、彼が同プランの思想的基盤となり、かつスポークスマンとして教師たちの想いや教育意見を代弁していたと考えられるからである(7)。

すでに足立が指摘しているように、日本においてウィネトカ・プランの紹介が始まったのは、一九二五(大正一四）年である。一九二四（大正一三）年にも三件の記事（記事1・2・3）がみられるが、いずれもウォシュバーンのヨーロッパ視察報告書 *Progressive Tendencies in European Education*（Carleton W. Washburne, 1923）の翻訳であり、ウィネトカ・プランにはふれていない。そのため、同プランの紹介記事としては、大伴茂（記事4）と北澤種一（記事5）のものが最初となる。〈表6―2〉から、一九二五年に始まった紹介が記事数の上下はありながらも一九三〇（昭和五）年まで続き、一九三一（昭和六）年にピークを迎えていることがわかる。これは、一九三一年一月にウォシュバーンが来日し、全国各地で講演を行ったためである。翌一九三二（昭和七）年にはわずか六件にまで減少し、一九三三（昭和八）年に二件、一九三四（昭和九）年には一件のみとなる[8]。このように、日本での普及時期はウィネトカ・プランの成立時期とほとんど一致している。そこには、日本の教育者が形成過程に即して同プランを捉えることができるという有意性も認められるが、一方で、同プランの取り組みを体系的に説明している図書を参照できないという情報的制約もあった。

特定の教育情報が普及する際には、まとまった実践書ないし理論書が重要な媒体となるだろう。たとえば、プロジェクト・メソッドにおける *The Project Method in Education*（Mendel E. Branom, 1919）、*An Experiment with a Project Curriculum*（Ellsworth Collings, 1923）[9]や、ドルトン・プランにおける *The Dalton Laboratory Plan*（Evelyn Dewey, 1922）、*Education on the Dalton Plan*（Helen Parkhurst et al., 1922）[10]、ドクロリー教育法における *La Méthode Decroly*（Amélie Hamaïde, 1922）[11]などがそれに該当する。いずれも一九二〇年代前半には上梓されているが、ウィネトカ・プランのそれは、一九二五年の *Adapting the Schools to Individual Differences* までみられない。さらに同書についても、具体的な実践のプロセスは十分に説明されておらず、理論と実践とを包括的に記した書は *Adjusting the School to the Child: Practical First Steps*（Washburne, 1932）[12]を待たねばならなかった。ドクロリー教育情報、プロジェクト・メソッドやドルトン・プランなどと比べて、同

表6－1　ウォシュバーンの言説ないしウィネトカ・プランを主題とする記事一覧

番	発行年	月	日	著者名	記事名	掲載誌	巻	号
1	1924	4	1	シー・ダブリュー ウォシッュバーン	欧州教育進歩の傾向―実験学校巡歴記―	教育の世紀	2	4
2	1924	5	1	シー・ダブリュー ウォシッュバーン	欧州教育進歩の傾向(承前)―実験学校巡歴記―	教育の世紀	2	5
3	1924	7	1	シー・ダブリュー ウォシッスバーン	欧州教育進歩の傾向(承前)―実験学校巡歴記―	教育の世紀	2	7
4	1925	6	1	大伴茂	ウイネチカ・システム ダルトン・プランより一歩踏み込んだ	教育パンフレット	1	1
5	1925	6	1	北澤種一	ウインネッカシステムに就いて	教育論叢	13	6
6	1925	7	1	高山潔	教育の個人化運動 ダルトンプランとウヰネトカプランの比較	教育問題研究		64
7	1925	7	1	船田達也	欧洲教育の新生	帝国教育		515
8	1925	7	15	香取良範 木島政一 吉田彌三郎	北澤先生の講演を聴く―個人差と教育―	自由教育		7月号
9	1925	8	1	平田華蔵	「ウイン子チカ、システム」と科学的教育	児童研究	28	11
10	1925	8	1	大伴茂	ウイネチカ・システム	学校教育		146
11	1925	8	1	平田華蔵	ウインネチカ・システムの個別教育に就て	教育学術界	51	5
12	1925	8	1	高山潔	教育の個人化運動 ダルトンプランとウヰネトカプランの比較	教育問題研究		65
13	1925	8	1	船田達也	欧洲教育の新生(続)	帝国教育		516
14	1925	9	1	高山潔	ウヰンネトカプランの目的	教育学術界	51	6
15	1925	9	1	船田達也	欧洲教育の新生(続)	帝国教育		517
16	1925	10	不明	平田華蔵	ウヰンネツカ・システムに就て	海外教育		不明
17	1925	10	1	教育論叢研究部	ウィンネッカシステムの難点	教育論叢	14	4
18	1925	10	1	北澤種一	ウイネツカシステムの一方面	児童教育	19	10
19	1925	10	5	出雲路善尊	ウイネチカシステムの教育的価値	富山教育		143
20	1925	10	15	平田華蔵	ウヰンネチカ・システムと科学的教育	千葉教育		401
21	1925	11	1	北澤種一	ドルトン案とウイネツカシステムの相違	教育学術界	52	2
22	1925	11	1	北澤種一	ウイネツカシステムの一方面(承前)	児童教育	19	11
23	1925	12	1	北澤種一	ウィネッカシステムの一方面	教育論叢	14	6
24	1925	12	1	北澤種一	ウイネツカシステムの一方面	低学年教育		9
25	1926	1	不明	平田華蔵	再びウヰネツカ・システムに就て	海外教育		不明
26	1926	2	27	北澤種一	ウィネツカ・システムに就て	教育週報		41
27	1926	12	1	平田華蔵	ウヰンネツカ・システムに就て	帝国教育		532
28	1926	12	1	SA生	米国に於けるウインネツカ・システム	帝国教育		532
29	1927	2	1	平田華蔵	ウヰンネツカ・システムに就て	低学年教育		23
30	1927	4	1		メプシ欄(一)ウヰンネッカ・システム	教育問題研究		84
31	1927	10	1	海後宗臣	ウヲシバーン「算術教授法の研究」	教育思潮研究	1	1
32	1928	3	1	塚本清	ウインネツカ案の実際を見る	学習研究	7	3
33	1928	3	1	乙竹岩造	ドルトンかウインネツカか	児童教育	22	3
34	1928	3	5	小林茂	個性教育に関する論策(四)新教育に立脚せる個別指導法原理と実際(二)	教育持論		1538
35	1928	4	1	塚本清	ウインネツカ案の実際を見る(二)	学習研究	7	4
36	1928	4	1	乙竹岩造	ドルトンか？ウィンネツカか？	教育論叢	19	4
37	1928	5	1	小林茂	ヰネトカ小学校の個別組織の要約	教育実際界	1	2
38	1928	5	1	守屋貫秀	ヰンネテイカ、システムの要領と其の批判(一)	教育新潮	2	5
39	1928	5	15	カールトン・ウォッシュバーン原著、上沼久之丞	欧羅巴の新学校［一］	教育時論		1545
40	1928	5	25	カールトン・ウォッシュバーン原著、上沼久之丞	欧羅巴の新学校［二］	教育時論		1546
41	1928	6	1	小林茂	児童能力別と学科能力別とについて	教育実際界	1	3
42	1928	6	1	守屋貫秀	ヰンネツカ・システムの批判	教育新潮	2	6
43	1928	6	5	カールトン・ウォッシュバーン原著、上沼久之丞	欧羅巴の新学校［三］	教育時論		1547
44	1928	7	5	カールトン・ウォッシュバーン原著、上沼久之丞	欧羅巴の新学校［四］	教育時論		1550

45	1928	9	1	塚本清	ウインネツカプランに対する解疑	小学校	45	6
46	1928	10	1	小林茂	ヰネトカ小学校個別教育とその科学的原理	高学年教育		31
47	1928	10	1	奥野庄太郎	ウヰンネツカシステムに就て	高学年教育		31
48	1928	10	8	海後宗臣	ウオシバーン及びラーツス「個別的方法にて教育されたる児童の中等学校に於ける成績」	教育思潮研究	2	1
49	1929	2	15	渋谷義夫	米国教育思潮とウインネッカシステム	兵庫教育		472
50	1929	4	18	海後宗臣	ウオシュバーン「算術教授の始期如何」	教育思潮研究	3	1
51	1929	4	18	石谷信保	ウオシュバーン並フオーゲル「如何なる数の取扱が算術に於ては困難なるか」	教育思潮研究	3	1
52	1929	6	1	海外事情調査委員	ヴィネチカ学校の状態	信濃教育		512
53	1930	1	1	西山哲治	教科目の科学的研究	教育研究		352
54	1930	1	25	田代素一	新学校後日物語(一)その二ウイネツカ案の学校	教育時論		1606
55	1930	2	5	田代素一	新学校後日物語(二)その二ウイネツカ案の学校	教育時論		1607
56	1930	2	25	田代素一	新学校後日物語(三)その二ウイネツカ案の学校	教育時論		1609
57	1930	3	1	高橋嘉九平	ウィンネッカシステム	帝国教育		571
58	1930	3	5	田代素一	新学校後日物語(四)その二ウイネツカ案の学校	教育時論		1610
59	1930	3	15	田代素一	新学校後日物語(五)その二ウイネツカ案の学校	教育時論		1611
60	1930	3	25	田代素一	新学校後日物語(六)その二ウイネツカ案の学校	教育時論		1612
61	1930	5	1	河野清丸	重要教科目に於ける活きた教材	教育論叢	23	4
62	1930	8	1	ウオシユバーン	読方と眼の筋肉	小学校	49	6
63	1930	11	1	高橋嘉九平	ウィンネッカ教科課程の哲学（一）	帝国教育		579
64	1930	12	1	西山哲治	ウインネツカとダルトン案との比較	教育研究		365
65	1930	12	1	高橋嘉九平	ウィンネッカ教科課程の哲学（二）	帝国教育		580
66	1931	1	24		米国新教育の大立物ウォシュバーン博士来る ウ井ネトカ・システムを齎らし「児童現在の幸福」を説く	教育週報		297
67	1931	1	24	新教育協会	ウ博士招待	教育週報		297
68	1931	1	24	北澤種一	ウオシユバーン博士のウヰネトカ・システム ダルトン・プランと相違の点	教育週報		297
69	1931	1	24		一千の教育家に投げかけた質問応答(泰明小学校の講演会)	教育週報		297
70	1931	1	24		ウヰネトカ学校の実際 子供を学校に当てはめるの罪(ウ博士講演の大要)	教育週報		297
71	1931	1	31	ウ博士	日本教育界への質問	教育週報		298
72	1931	1	31	小林茂	来朝したウ氏とウヰネトカ・プラン	教育週報		298
73	1931	2	1	西山哲治	ウインネッカとダルトン案との比較(二)	教育研究		368
74	1931	2	1	ケ・ウオシュバーン	ウイネツカ・システムの実際	教育論叢	25	2
75	1931	2	1	野口援太郎	米国新教育の闘将ウォッシュバーン氏を迎へて	新教育雑誌	1	2
76	1931	2	1	赤井米吉	学校教育の目的	新教育雑誌	1	2
77	1931	2	1	志垣寛	それはどんな社会か	新教育雑誌	1	2
78	1931	2	1	小寺彦夫	入会をよろこぶ	新教育雑誌	1	2
79	1931	2	1	山桝儀重	徹底的に模倣せよ	新教育雑誌	1	2
80	1931	2	5	田制佐重	ウオシユバーン博士を語り且つ博士に問ふ	教育時論		1643
81	1931	2	5	ウ博士の講演	ウヰネトカ学校の実際	教育時論		1643
82	1931	2	7	ウ博士	日本教育界への質問(承前)	教育週報		299
83	1931	3	1		米国に於ける革新教育の雄ウオシユバーン氏我が校を観る	学習研究	10	3
84	1931	3	1	槇山栄次	ウオシユバーン氏提案に対する解答	学習研究	10	3
85	1931	3	1		ウオシユバーン氏当附属小参観記	学習研究	10	3
86	1931	3	1	西本三十二	ウオツシユバーン氏の来朝	学習研究	10	3
87	1931	3	1		ウ視学の質問要項	学習研究	10	3
88	1931	3	1	ウオツシバーン氏講演	現代教育の二大運動と自分の立場	学習研究	10	3

89	1931	3	1	カールトン，ウォツシュバーン博士講述 高山潔訳補	現代世界に於ける教育運動の二大中心（ウヰネトカ学校の教育的基礎）	教育研究		369
90	1931	3	1	高山潔 意訳	米国ウヰネトカ学校督学官 ウォシュバーン博士の日本教育界への質問	教育研究		369
91	1931	3	1	小林茂	ウイネトカ・プランの実際	教育問題研究全人		57
92	1931	3	1	小林茂	ウオツシユバアン氏一行の来園記	教育問題研究全人		57
93	1931	3	1	池田栄一郎	ウヰネトカ・システムの地位と特質	教育問題研究全人		57
94	1931	3	1	カァルトン・ウオツシユバーン	ウヰネトカの教育に就いて	教育問題研究全人		57
95	1931	3	1	渋谷義夫	ウヰネテイカシステムとワツシバーン博士	児童教育	25	3
96	1931	3	1	小林茂	ウイネトカ個別指導に於ける学習目標の設定	小学校	49	13
97	1931	3	1	ウオシユバーンン氏	個人と社会	小学校	49	13
98	1931	3	1	カールトン・ウオツシユバーン博士講演、高山潔訳述	世界新教育の大勢と日本教育界へ我が質問の趣旨（一）	小学校	49	13
99	1931	3	1	カールトン・ウォッシュバーン氏講演	ウィンネッカ学校の実際	帝国教育		583
100	1931	4	1	カールトン，ウォツシュバーン博士講述 高山潔訳補	現代世界に於ける教育運動の二大中心（二）（ウヰネトカ学校の教育的基礎）	教育研究		370
101	1931	4	1	高山潔	世界新教育の傾向とウヰネトカ学校の教育的原理（前承）	小学校	50	1
102	1931	4	12	野口援太郎	ウォッシュバーン氏を通じ米国の新教育を観る	新教育雑誌	1	4
103	1931	5	1	安東寿朗	米欧巡遊（三）	教育研究		371
104	1931	5	1	高山潔	世界新教育の傾向とウヰネトカ学校の教育的原理	小学校	50	2
105	1931	5	1	入澤宗寿	我が国情より見たるウィネツカシステム	尋六学習指導	5	2
106	1931	5	1	北澤種一	ウィネティカ・システムに就て	尋六学習指導	5	2
107	1931	5	1	高山潔	ウヰネトカ学校個人教育の意義	尋六学習指導	5	2
108	1931	5	1	渋谷義夫	ワツシユバーン博士とウヰネトカシステムの綱概と	尋六学習指導	5	2
109	1931	5	1	小林茂	ウィネトカ個別学習の方法観	尋六学習指導	5	2
110	1931	5	1	西原猛	ウイネトカ・プランの研究	帝国教育	5	85
111	1931	6	1		ウオツシユバーン氏より	児童教育	25	6
112	1931	7	1	本荘可宗	ブルジョア教育理論としてのウヰンネトゥカ主義の批判―ブルジョア教育学の批判―	教育論叢	26	1
113	1932	1	1	如是庵（渋谷義夫）	海外教育事情	児童教育	26	1
114	1932	1	13	伏見猛彌	ウォシバーン並モルフエット「児童の読方学習を始むべき時期に就いて」	教育思潮研究	6	1
115	1932	3	1	如是庵（渋谷義夫）	海外教育事情	児童教育	26	3
116	1932	7	5	石谷信保	ウォシュバーン「精神年齢と算術」	教育思潮研究	6	3
117	1932	8	1	京城帝大教育学研究室（崔載瑞）	ウォッシュバーン著「優良学校」	教育学術界	65	5
118	1932	10	1	京城帝大教育学研究室（松月生）	ウォッシュバーン著「旧世界の新学校」	教育学術界	66	1
119	1933	3	1	山極眞衛	ウイネトカ・スクールに於ける最近の発展に就いて	教育学研究	1	12
120	1933	11	15	上田信一	ドルトン案とウイネチカ組織の考察―新教育を展望して（二）―	新教育研究	3	11
121	1934	1	1	相澤熙	日本の教育及び教育指導者の思想―カールトン・ウオツシユバーン氏著「人類を改造する人々」の一節―	新教育研究	4	1

表6―2　年次別記事数

年	ウィネトカ
1924	3
1925	21
1926	4
1927	3
1928	17
1929	4
1930	13
1931	47
1932	6
1933	2
1934	1
記事数合計	121

プラン情報の普及時期が遅いのにはこのような理由があったからと推察される。ちょうど後者（Washburne, 1932）が流通した時期に日本での紹介が途絶えていることもあり、〈表6―1〉の記事内容からはそれを参照した形跡はみられない。しかしながら、ウォシュバーンは、アメリカの学校教育改革を興隆させることを使命として、継続的かつ頻繁に同プランの経過を国際誌・全国誌の記事上で報告していた。さらに一九二〇年代から、ウィネトカ公立学校で教師が作成し実際に活用していた教材や、上述した教師用ガイドブックなども出版されている。そうした多種多様な情報を収集して重ね合わせることが、ウィネトカ・プランの理解に迫るうえで重要であったと考えられるが、日本の紹介者はどのように研究を進めていたのだろうか。

3　研究動向と時期区分

初期――心理学研究者による先導

一九二五年六月から一九二七年四月までは、大伴茂（記事4・11）、北澤種一（記事5・18・21・22・23・24・26）、高山潔（記事6・12・14）、平田華蔵（記事9・11・16・20・25・27・29）が中心となり、ウィネトカ・プランの紹介に努めている。この四人の他にも、船田達也（記事8・13・16）が『帝国教育』に連載しているが、それらはウォシュバーンのヨーロッパ視察報告書の翻訳である。四人による紹介始期にはほとんど差がみられないが、同プランに着目した時期を比較するのであれば、平田が最も早い。

平田は、一九二〇（大正九）年から同プランに関する雑誌記事を収集していたと回顧しており[13]、実際に同プランに関する最初の紹介記事である"Individual System in Winnetka"（Washburne, 1920）を入手している。次に早いのはおそらく大伴である。大伴は、一九二四年秋にウィネトカ公立学校を訪問しているが、それよりも「二三年前」からウォシュバーンとは「知合」であったということから[14]、一九二〇年代初頭から同プランの情報を得ていたと思われる。平田と大伴は共通して教育心理学の研究者であり、主に学習のメカニズムに関心を寄せていた。彼らが最も重視していたジャッド（Charles H. Judd）などのシカゴ大学の教育心理学者は、一九二〇年代における同プランのカリキュラム研究に深く関与しており、ウォシュバーンも教師を連れて度々シカゴ大学を訪問したという。そうしたつながりから、二人は最先端の心理学的知見をふまえた事例としてウィネトカ・プランに注目するようになったが、それは学術研究のためというよりはむしろ実践的な関心に支えられたものであった。たとえば、大伴は「私はウイネチカ・システムにも飽き足らぬ点を多々見出してゐる。たゞそのやり方の科学的なところを、さうした具体的な教育活動を以て、説明し、そして紹介しようとしたに過ぎない。要は私どもの直接たづさわる教育それを土台として、そこに生きた最も適当な教育を将来せしめることが大切なのである」[15]と同プランを紹介した意図を説明し、自らの改革案を提示している[16]。平田も「此方面［＝ウィネトカ・プラン］に関する文献の蒐集につとめ、遙かに其教育状況を想像し、我校の教育にも此案の長所を取り入れんと考へてゐたのである」（［　］内―引用者）[17]と言及しており、彼らが実際の教育改革に関する具体的な示唆を得るために、同プランの研究に取り組んでいたことがわかるだろう。

彼らは“Individual System in Winnetka”（Washburne, 1920）と、ウィネトカ・プランの理念についてふれている“The Winnetka System”（Washburne, 1924）を中心にしながらも非常に多くの記事を参照し、また私信を通してウォシュバーンに直接助言を仰いでいる。彼らの執筆記事および研究書は、一九二五年頃までに発行された同プランに関する重要文献を網羅し、また同校発行のパンフレットや教材を収録していたことから、一九三〇年頃まで最も詳細な研究として評価された[18]。〈表６―１〉にあげた執筆者の中には、それ以前にまたは並行して、ドクロリー教育法やプロジェクト・メソッド、ドルトン・プランを紹介している人物が多数存在するが[19]、平田や大伴のような教育心理学の研究者が積極的に情報普及に努めていたことはウィネトカ・プラン紹介者の特徴として挙げられる。

一方で、北澤種一と高山潔は、平田と大伴から少し遅れて一九二四年頃にウィネトカ・プランの情報を収集していた。北澤は、一九二二年一〇月一二日から欧米教育視察に出ており、ヨーロッパ諸国を経た後、一九二四年三月にはアメリカのニューヨークに到着し、帰国する一九三四年一二月までの間にボストン、デトロイト、シカゴ、サンフランシスコなどを巡廻したという[20]。高山が、この時にニューヨークの地において北澤と合流して「一年近くも居を共にし互に使命とする教育を研究した」と回顧していることから[21]、両者は共にアメリカ各地の学校を視察していたのではないかと推測される。いずれにしても、北澤はこの期間にウォシュバーンの記事を入手しており、高山は一九二四年秋にウィネトカ公立学校を訪問している。

彼らが主に参照していたのは、ドルトン・プランとの比較を通してウィネトカ・プランの特徴を説明している①“The Winnetka Plan of Individual Work”（Washburne, 1922）と、ウィネトカ・プランの全体像を描いた②“Burk's Individual System as Developed at Winnetka”（Washburne, 1925）および③“A Program of Individualization”（Washburne, 1925）、さらにキルパトリックによるドルトン・ウィネトカへの批評④“An Effort at Appraisal”（Kilpatrick, 1925）である。こ

のうち、北澤はどちらかといえば①に比重を置き、高山は②～④の要点をまとめて、同プランの紹介記事を著している。

足立は、上記四人は「科学的」知見に裏打ちされた「個別教育」方法としてウィネトカ・プランに注目したあまり、「子どもの社会化を図るための集団的・創造的活動への関心が希薄だった」と結論づけているが(22)、それは誤解である。そもそも彼らが参照していた資料は、先にみたとおり、ほぼすべて一九二〇年代中頃までにウォシュバーンによって著された記事であるため、同プランにおける個別学習の理論や実践については詳説されているが、集団的創造的活動に関する記述はあまりみられない。そのことは、平田が「前者の知識技能学習の個別化は精緻する研究調査とウオツシユバーン氏部下の努力によつて其内容も大に見るべきものがあるが、後者の社会化活動の方面は今尚十分なる研究なきやうに思はれる。従来発表された同氏の論文にも其内容が貧弱であるやうに思はれるのである。」(23)と吐露しているように、初期の紹介者の課題となっていた。

そうした制約から、大伴は個別学習のメカニズムの説明に誌面を多く割いているものの、同プランを「個別化教育＋社会化教育案」と位置づけていた(24)。それだけではなく、彼は「社会的協働を予想せずして個別教育をなすことは、本当の人間生活を撹乱するものである。然し同時に社会的協働の生活様式は個人々々に与へらるべき個性の伸長と表現、それから知識技能の徹底的マスタリーを基礎とするものであらねばならぬ」(25)とまとめ、教育活動を展開するうえで両方の要素が不可欠であることを指摘している。同様に、北澤も「ウイネチカシステムは単に教授をば個人差に適応せしむるのみで教育の能事終れりとする訳には行かぬといふ立場から社会化活動に多くの時間を費やす」(26)と説明していることから、同プランを「個別教育」の方法に限定して捉えていたとはいえない。むしろ、彼は「眞にウイネツカシステムを知るには、此の所謂社会化活動といふものを研究しなければならぬ」(27)

と断言し、集団的創造的活動の方に強い関心を寄せていた。高山は、ウィネトカ・プランのカリキュラムが個別学習と集団的創造的活動の両要素から構成されていることを紹介した後に、「ウヰネトカプランに於て最も賞賛に値ひするものは「社会化した課業」であった。茲に於て児童は自分の正当の生活の体験を通じて学習が出来ることである。［中略］吾人は学校に於て個人化した仕事も団体として協同した仕事も共に入用である。」（［　］内―引用者）[28]というキルパトリックの批評を取り上げている。平田の著書『ウヰンネッカ・システムの個別教育』（一九二六年）をみても、強調点は個別学習よりも集団的創造的活動に関する説明部分に圧倒的に多く打たれている。たとえば、「作業の分担、共働、集団の幸福のために個人の幸福を捧げるやうに訓練することが、教科教材の熟達よりも、プロゼクトに於ては重要な着眼点であらねばならない。」（傍点ママ）[29]という文章は、原文では“Division of labor, co-operation, the meaning of one's personal welfare in the welfare of the group, rather than mastery of subject matter, should be the outcomes of projects.”[30]となっており、強調点は打たれていない。そのことより、平田が翻訳した後にあえて強調を加えていたことがわかる。

このように、彼らは、単に一斉教授を克服する「個別教育」としてではなく、子どもの個性と社会性の両方を発達させる試みとしてウィネトカ・プランを捉えていたのである。彼らが少ない情報の中で、個別学習と集団的創造的活動の役割や関係まで検討しようとしていた点は評価されるべきである。

中期――訓導による実践研究

一九二七年（昭和二年）一〇月からは、しばらく上記四人の記事はみられなくなり、紹介者の顔ぶれと参照情報が一変する。海後宗臣（記事31・48・50）や石谷信保（記事51・116）は当時東京帝国大学の教育学研究室に所属していたが、そこでは「三十余種の外国教育雑誌を取寄せて」、所属者で分担して記事内容の要点を報告し合っていたという[31]。多数の教育雑誌のうち、海後は*The Elementary School Journal*を、石谷は*The Journal of Educational Research*を担当していたと思われる[32]。両誌はともに学術的な色が強く、実践家の報告や教育意見よりも、教育・心理学者による統計調査などの手法を用いた研究を扱う傾向にあった。彼らが着目していたのは、主にウィネトカ公立学校において推進されていた算数（Arithmetic）のカリキュラムに関する研究報告記事である。

一方、同じ研究者という立場であっても、東京高等師範学校教授の乙竹岩造（記事33・36）は、ウィネトカ・プランに関する研究書*A Survey of the Winnetka Public Schools*（Washburne, Mabel Vogel and William S. Gray, 1926）のうち、学習方法や形態について紹介している部分に注目している。また、東洋大学教授兼帝国小学校校長の西山哲治（記事53・64）と日本女子大学校教授兼附属豊明小学校主事の河野清丸（記事61）は、校長・主事職にも就いていたことからか、ウィネトカ・プランの理念や実践内容を部分的に取り上げた*Better Schools: A Survey of Progressive Education in American Public Schools*（Washburne and Myron M. Stearns, 1928）を参照している。同様に、教育ジャーナリストの田代（記事54・55・56・58・59・60）と信濃教育会の海外事情調査委員（記事52）が参照している記事"Winnetka"（Washburne, 1929）にも同プランの実践の様子が描写されており、後者二つの文献（*Better Schools*, "Winnetka"）には集団的創造的活動についての解説もみられる。

このように、上記の研究者たちが、初期の四人のもたらした情報にとどまらず、ウォシュバーンが一九二〇年代後半に執筆した著書や記事をいち早く収集していたことは注目に値する。それらは、教育理念や学習理論、実践内容、カリキュラム研究など、多様な観点からウィネトカ公立学校での取り組みを紹介したものであり、その全容を捉えるうえで重要である。しかしながら、参照情報が更新されていたにもかかわらず、彼らの記事は翻訳紹介に偏重しており、初期の研究成果を取り入れたり、複数の資料を組み合わせて検討するような工夫はほとんどみられない。一方で、それとは異なる傾向をみせたのが、訓導たちの記事である。

塚本清は、奈良女子高等師範学校附属小学校（以下、奈良女高師附小）の訓導兼同附属実科高等女学校助教諭であり、主事木下竹次の下で「学習法」の研究に取り組んでいた。彼が紹介記事を著したのは、アメリカへの視察から帰国した直後であり、渡航中にウィネトカ公立学校を訪問して同プランに関する情報を得ていた。彼は、主にウィネトカ・プランの理念を詳説したウォシュバーンの記事 "The Philosophy of the Winnetka Curriculum" (Washburne, 1927) と、同プランへの実施上の疑問に答えたパンフレット "Answers to Some Questions Concerning Individual Instruction in Winnetka" (Washburne, 1927) を参照し、それらの要点をまとめている（記事32・45）。だが、彼の記事の特徴は、そうした翻訳的な叙述よりも、自らの視察記録を紹介しているところに見出される。彼は、ウィネトカ公立学校の校長との対話および校内参観を通して得た情報から同プランの具体的な実践を描写し、さらに奈良女高師附小での取り組みと比較してその評価を試みている（記事32・35）。中でも、同プランにおける「自由」の考え方や「品性陶冶の上で工夫したところ」が取り上げられているのは[33]、彼が「学習」を「人が自然的生物としての成長をとげ、人としての生活を営みつゝ、点、その有する個性を試練して、自由なる人格を実現せんとする過程」（傍点ママ）[34]と位置づけ、日頃からその方法を模索していたからに他ならない。

一九二八（昭和三）年当時、東京市横川尋常小学校の訓導であった小林茂は、平田の研究書や同校校長田島音次郎がアメリカ視察から持ち帰った上記のパンフレットとあわせて、自らウォシュバーンとの私信を通して収集したウィネトカ公立学校の教材などを参照していた[35]。そのため、彼の記事では同プランの特徴が理念と実践の両面から検討されている。たとえば「ヰネトカ小学校個別教育とその科学的原理」（記事46）において、小林は、同プランの理念の基底にある「個人と社会とに対する概念」(36)を読み解き、それと関係させながら、カリキュラムが個別学習と集団的創造的活動から構成されていることの意味を考察している。一方で、他の記事（記事37・41など）や研究書では、より具体的な学習内容や教材を描写しながら、当時の日本の小学校やドルトン・プランとの比較を行い、実践上の特徴をまとめている。こうした小林の研究は、「一斉時限制度」の名の下で教師の態度、教材、時間割、学習形態などのあらゆる側面から子どもの学習を阻害してきた学校教育への不満と、その打破に取り組む同志であるウォシュバーンへの共鳴に支えられていた(37)。ウィネトカ・プランは、東京府女子師範学校附属小学校訓導の守屋貫秀が「日々児童の教育に直面しつ、ある私のやうな平訓導」の「生活に直接的なもの」(38)と説明しているように、教育現実と向き合いそれを改善しようとする彼ら訓導の必要に応えるものであったといえよう。

後期――ウォシュバーンの来日と講演内容の普及

一九三一年には、ウォシュバーンの来日を受けて、さまざまな立場の教育者が一斉に記事を発表するようになる。彼は各所で講演を行いウィネトカ・プランについて解説していたが、訳出された講演録から判断するに、その内容は一九二〇年代後半に著書や記事の中ですでに発表されていたものであり、特段新しい情報はみられない。だが、その際にウォシュバーンと日本の教育者が各々の教育目的やその核となりうる「社会性」概念について意見交換していたことは、少なからず同プランの理念理解を促したのではないかと思われる。

ほとんどの紹介記事は、これらの講演および議論の内容を訳出したものか（記事66・69・70・71・74など）、議論に関する感想や意見であり（記事76・77・79・80など）、ウィネトカ・プランそのものへの関心から著されたものとは考えにくい。とはいえ、中には高山、北澤、小林、安東寿朗、入澤宗寿、本荘可宗などのように、その検討に取り組んでいる者もみられる。特に、高山と北澤は初期から同プランに関心を持ちつづけ、記事を発表していないまでも継続的に研究を行っていた。高山は一九二四年だけでなく、一九二八年にもウィネトカ公立学校を訪問しており、一九三一年までに上梓されたウォシュバーンの主著をほぼすべて読んでいた。彼の功績は、そうした知見をいかして、ウィネトカ・プランに関する文献およびウォシュバーンの演説内容を「訳補」したところに認められる（記事89・90・98・100など）。彼は直接的に実践改革のフィールドを持たなかったと推察されるが、翻訳者として、同プランにおけるカリキュラム実践の特徴と意義を広く日本の教育界に敷衍しようとしたのである。一方で北澤は、「作業教育」の観点からウィネトカ・プランの検討を重ねていた（記事106）。一九二〇年代後半にかけて、彼が「作業主義」を提唱するのにともない、東京女子高等師範学校附属小学校では「作業教育」の研究が進められていくようになる(39)。そうした中で、北澤は、同校の実践および自身の思想と関連させながら同プランの特質に迫っていたのではないかと推察される。

このように、高山や北澤、小林などの一部の紹介者を例外としながらも、一九三一年にはウォシュバーンの来日講演を機に流行的に紹介記事が発表されたが、一九三二年以降、その知見をふまえた研究はみられない。いずれもウォシュバーンの著書や記事の単発的な翻訳紹介に徹する形で、同プランの紹介は幕を閉じている。

以上、日本におけるウィネトカ・プランの普及時期は紹介者と参照情報の変化から、【初期】（一九二五年六月～一九二七年四月）、【中期】（一九二七年一〇月～一九三〇年一二月）、【後期】（一九三一年一月～一九三四年一月）の三期に区分できる。いずれの時期にも、ほとんどの紹介記事の内容がウォシュバーンの記事・著作・講演内容に依拠していたことは一つの特徴といえるだろう。いいかえれば、日本の教育者が同プランの紹介を通じて彼の言説に関心を寄せていたのであるが、そこにはどのような意味があったのであろうか。次節では、ウォシュバーンの言説の特徴をみたうえで、日本の教育者がそれに何を期待していたのかをみていきたい。

4　ウォシュバーンの言説への着目とその意義

ウォシュバーンによる国際新教育情勢の解説

ウォシュバーンは、先にふれたヨーロッパ実験学校の視察を通して、世界の教育動向に関心を持つようになった。彼が新教育連盟（the New Education Fellowship）に参加したのもその時期である。さらに、一九二七年にはソビエトを視察しており、一九三一年から一九三二年にかけてアジア、中東、ヨーロッパ諸国を周遊し、各国の教育者と交流を深めている。そうしたグローバルな活動は、彼の信念というべき「人類の有機的統一」に支えられたものであった。彼は、個々人間での相互扶助が学級などの小規模集団を経て特定の地域・国家社会へと同心円的に拡大していき、最終的には全人類へと発展することを理想としていたのである。平田が、「ウオツシュバーン氏は懇な私信を寄せ、親切な説明を与へられ、且容易に得難いプリントまで恵贈せられた。遠く隔たり、国を異にした見も知らぬ私に、喜んで教示の労をとられたことを、謹んで茲に謝する」[40]と謝意を表しているが、それはまさにウォシュバーンの意識の現れであったといえよう。

とりわけ①*Progressive Tendencies in European Education*（Washburne, 1923）、②*New Schools in the Old World*（Washburne and Stearns, 1926）、③*Better Schools: A Survey of Progressive Education in American Public Schools*（Washburne and Stearns, 1928）、④*Remakers of Mankind*（Washburne, 1932）は、そうした彼の関心から著されたものであるため、以下で言及していきたい。

①は、ウォシュバーンが実際にみたヨーロッパ新教育の傾向を、アメリカの学校教育と比較しながら解説した視

察報告書である。彼の目的は「実践の背後にある教育思想と、その思想がどのように実践されているか、および、実践に深く関わっている人物が実践の結果についてどのような意見をもっているのかについて知ること」(41)にあり、それについてヨーロッパ実験学校の概要、手工、自治、個別教授、集団教授、自由、学級と学校の項目に整理して論述している。

②は、①の内容を再編し、実験学校ごとにまとめて加筆修正したものである。その中で、彼はイギリスにおけるドルトン・プランの実践校、フランスにおけるクジーネの学校、ベルギーにおけるドクロリーの学校、ドイツ・ハンブルクの共同体学校、チェコの生活学校などを紹介している。③は、②のアメリカ進歩主義教育版ともいえるもので、プロジェクト・メソッド、ドルトン・プラン、ウィネトカ・プラン、モリソン・プランなどのアメリカの主要な教育理論や実践を取り上げている。②と③は、教師だけでなく保護者を読み手に想定しており、専門的知見がなくとも進歩主義教育や新教育の原理や価値を理解できるように構成されている。ウォシュバーンは、それぞれが「単なる外国の数少ない先進的な学校改革のスケッチ」、すなわち他人事としてではなく、同書を通して自分たちの教育現実を批判的に捉え、目前の子どもに即してその原理を応用していくことを期待していた(42)。

④は、彼が一九三一年に行った世界周遊の報告書である。それは、中東・アジアを含む世界各国の教育者が信奉している教育的価値を明らかにすることで、国や人種などの差異にかかわらず、新教育の根底には共通の価値観が存在していることを確認する試みであった。

これら①〜④を始めとする彼の記事や著書が世界各国で翻訳されていたことから(43)、諸国の教育者が彼の言説を通して新教育の情報を得ていたことは想像に難くない。たとえば、「新教育の国際的な理論家・指導者」と評されているフェリエール(Adolphe Ferrière)もその一人である(44)。彼は、一八九九年に国際新学校事務局を創設し、一九二二年から一九四〇年まで新教育連盟機関誌のフランス語版 *Pour l'Ère Nouvelle* の編集長を務めるなど国際的な交流の場に身をおいていたが、少なくとも一九二〇年代における彼のアメリカ進歩主義教育の実践に対する理解は主にウォシュバーンの言説に立脚したものであったと指摘されている(45)。一九三〇年代に進歩主義教育を国際的に発信した人物としてはラッグ(Harold O. Rugg)が有名であるが(46)、ウォシュバーンはすでに一九二〇年代から新教育・進歩主義教育の普及に貢献していたのである。ウィネトカ・プランの情報普及に際して、彼の言説に着目した日本もその例外ではなかった。

日本教育界におけるウォシュバーンの言説の意味

日本の教育ジャーナリズムに着目すると、上記①〜④の情報がいずれもウォシュバーンによって発信されてから間をおかずに移入していたことが確認される。①については、先にふれたように、教育の世紀社が一年後に(記事1・2・3)、船田達也が二年後に翻訳している(記事7・13・15)。教育の世紀社の創設者である野口援太郎によれば、「近頃我国によく伝へられて居るハンブルグ市の友愛学校はこの報告書によりて始めて我国に伝えられたものである」(47)という。ハンブルクの共同体学校は各国の新教育に影響を与えた事例として知られているが(48)、日本への当該情報普及の端緒を開いたのが①であったということは注目されるべきである。この他にも多くの教育者から①は参照されており、大正新教育を牽引した兵庫県明石女子師範学校附属小学校主事の及川平治も、そこからアメリカ進歩主義教育とヨーロッパ新教育の差異を学んでいたことが明らかにされている(49)。

②に関する記事としては、まず上沼久之丞のものが挙げられるだろう(記事39・40・43・44)。上沼は、一九二六年七月から一九二七年三月にかけて欧米視察を行い、現地で教育情報を収集していたにもかかわらず、その後

一九二八年には②を翻訳している。そのことから、彼は②の内容を特に重視していたと考えられる。また、〈表6―1〉には含まれていないが、田制佐重はもともと *La Méthode Decroly*（Hamaïde, 1922）に依拠して一九二六年一〇月に紹介記事を著したが、その後に②を入手したことから、一九二八年七月には改稿に踏み切っていたという(50)。②と③の両方を翻訳紹介している人物としては、西山哲治が挙げられる（記事53・64・73）。彼は、アメリカのニューヨーク大学に留学経験があり、かつヨーロッパを視察していたことから欧米教育情勢に精通していたと思われるが、とりわけウォシュバーンの著書をその情報源として注目していた。

④については、一九三四年に相澤熙が「固より通りがかりの一外国教育家の批評としてさう深く這入り得るわけもないと思ふが、さすがにウオツシユバーン氏だけあると首肯される点も、なかなかある。たしかに好奇心以上の興味がある」(51)として、同書の第二章“Education under the Heavenly Ruler- Japan”を翻訳している（記事121）。また、同書の一部が記された記事“Whither Education?”（Washburne, 1931）は、東京女子高等師範学校附属小学校訓導の渋谷義夫がわずか三ヶ月後と五ヶ月後に翻訳している（記事113・115）。それに、先述したが一九三一年にはウォシュバーン自身が直接日本の教育者を訪問し、④のもとになる質疑応答を行っていた。その際に、彼が少ない滞在時間の中、来日目的から逸脱しながらも各所で「現在の世界の新教育の背景をなしてゐるもの」について講演を行ったのは、日本の教育者からの強い要望があったからである(52)。そうした日本側の関心は、野口の記事題目「ウォッシュバーン氏を通じ米国の新教育を観る」（記事102）からもうかがえるだろう。

このように、日本の教育界にとって、ウォシュバーンの言説はアメリカ進歩主義教育とヨーロッパ新教育の情報を伝達するメディアであったといえよう。だが、多様な海外情報が日本に移入していた中で、なぜ彼らはウォシュバーンの言説に関心を寄せたのか。いいかえれば、彼らはそれを通していったい何をみようとしていたのであろうか。その問いに迫るために、ウォシュバーンとはウィネトカと京城の地で直接議論を交わした知己の関係にあり、おそらく戦前日本において最も詳細にウィネトカ・プランを紹介した京城帝国大学教授の松月秀雄による指摘を取り上げたい。松月は①〜④のすべてに言及したうえで、ウォシュバーンの言説の特徴を次のようにまとめている。

理論の上でも其の教育主義の正否は論ぜられ得るが、其の実際に施設されたるところに反映せる理論の当否を其の実際に就て検討することはもつと実際的である。斯の意味に於てウ氏の三著、それから彼が今度の東西洋の世界的教育行脚から帰つてから物するであらうところの世界の新教育に関する観察記は、苟も現代教育の実際に向かつて、現代教育思潮が如何なる形態を取つて入り込まんとしつゝあるかを具体的に知り、それと自己の現在携はれる教育事業との比較を試み、それに依て自己の事業を愈々益々向上せしめんと志す職業的責任観の強き教育実際家の関心に価するものでなくてはならぬ(53)（傍線―引用者）

ここで松月が「理論」と呼んでいるものは、多分に「教育主義」や「教育思潮」といった何らかの教育的価値を内包した概念であるため、むしろ理念という方が妥当であろう。その理念の説明だけでも、実践の紹介だけでもなく、両者を結びつけて、すなわち理念が実践にどのように具現化されているのかを検討している点に、その特徴がみられるというのである。そうした彼の言説への着目者に、及川や上沼、西山、野口、小林、渋谷など実践改革を志向する「教育実際家」が多く含まれていたのは偶然ではない。彼らは、そこに新教育思想の具現化プロセスをみようとしていたのではないだろうか。

5　おわりに——ウィネトカ・プラン情報普及の特徴

全体を俯瞰して、ドクロリー教育情報やプロジェクト・メソッド、ドルトン・プランの紹介者がウィネトカ・プランの紹介を担う傾向にあった。ただし、大伴茂や平田華蔵といった教育心理学の研究者が紹介の中心的役割を担っていたことは、他の事例とは異なるウィネトカ・プラン情報普及の特徴といえるだろう。従来、【初期】の紹介者は同プランを「個別教育」の観点からしか捉えていなかったと説明されてきた。しかしながら、本稿で明らかにしたように、二人を中心とした紹介者は個別学習の説明に偏った元情報の制約を受けながらも、個性と社会性の両方を陶冶する試みとしてウィネトカ・プランを捉え、さらには個別学習と集団的創造的活動の役割と関係性まで考察しようとしていたのである。そうした【初期】の動向とは一変して、【中期】【後期】には元情報が充実したにもかかわらず、執筆記事のほとんどは翻訳紹介に偏重しており、ウィネトカ・プランの理解を深める研究はみられなかった。その例外となったのが実践家たち、とくに訓導の記事であり、彼らは視察で得た情報をもとに同プランを描写したり、【初期】の情報と新たに得た情報とを駆使して同プランの実践的理解を深めようとしていたのである。それが可能となったのは、【初期】の紹介者と同様に、彼らが日々実践を革新しようとする自らの必要から同プランを研究していたからに他ならない。このように、情報受容の質は、紹介の担い手が現状に対する問題意識や教育の理想像を持ち、それとの関連で当該情報の必要性＝価値を認識できているかに左右されるといえるだろう。

本稿で取り上げた紹介記事の内容から判断するのであれば、日本に移入していた元情報に見合うだけのウィネトカ・プラン研究が行われていたとは言い難い。しかし、その過程で日本の教育者がウォシュバーンの記事や著書、講演内容に着目したことには、一考の価値がある。彼の言説は、同プランの情報を伝達するだけでなく、大正新教育とヨーロッパ新教育、アメリカ進歩主義教育との交流を取り持つメディアとなっていた。とりわけ、「教育実際家」にとって、それは新教育思想が具現化されるプロセスを可視化してくれるものであったと考えられる。

以上、ウィネトカ・プランの紹介は、主にウォシュバーンの言説に依拠するかたちで行われていたが、それ以外の情報が日本に移入していなかったわけではない。たとえば、*The New Era* に寄稿されたプレスラーの記事に着目し、主題にはしていないものの自身の記事の中でその内容を訳出している教師もいる。また一部の紹介者はウォシュバーンとの私信を通して、もしくはウィネトカ公立学校を視察した際に、同校印刷部で発行された教材や教師用ガイドブックなどを入手していた。そのような雑誌記事上ではほとんど紹介されなかった実践レベルの情報が個々の学校や教師に与えた影響を明らかにすることで、同プラン受容の特徴に迫ることができると思われるが、それについては今後の課題としたい。

注

(1)　Arthur Zilversmit, *Changing Schools: Progressive Education Theory and Practice, 1930-1960*, Chicago: The University Chicago Press, 1993, p. 38.

(2)　足立淳「近代日本におけるウィネトカ・プラン受容に関する基礎的研究――先駆的受容者たちの動向と言説に着目して――」『教育史研究室年報』名古屋大学大学院教育発達科学研究科教育史研究室、第一九号、二〇一三年、一―二四頁。

(3)　ただし、一九三〇年代にはウィネトカ教職大学院が創設されるなど重要な取り組みがなされていたことが確認されており、実践についても初期の構想が変容していたことが指摘されている（宮本健市郎『アメリカ進歩主義教授理論の形成過程――教育における個性尊重は何を意味してきたか――』東信堂、二〇〇五年）。

(4)　拙稿「一九二〇年代におけるウィネトカ・システムのカリキュラム開発――小学校アドヴァイザーF・プレスラーの活動に着目して――」『カリキュラム研究』第二五号、二〇一六年。宮野尚・橋本美保「C・W・ウォッシュバーンにおける集団的創造的活動の思想形成――ヨーロッパ新教育の影響を中心に――」『東京学芸大学紀要（総合教育科学系Ⅰ）』第六八集、二〇一七年、二五―三五頁。

（5） John L. Tewksbury, "An Historical Study of the Winnetka Public Schools from 1919 to 1946," Ph.D. diss., Northwestern University, 1962, pp. 138-141.

（6） Ibid., pp. 625-628.

（7） ただし、後述するようにウォシュバーンのヨーロッパ視察記を翻訳した日本側の記事が散見されるが、本調査ではそのうちドクロリー・メソッドなどの一事例のみに焦点化している記事は対象外とし、彼の視察記の主題に合わせてヨーロッパ新教育全体（の傾向）および複数事例の紹介を主旨とした記事のみを表に含めた。

（8） 一九四一（昭和一六）年に、志垣寛が「新教育三十年史（22）ウォッシュバーン来朝――高山潔」（『教育週報』）を著しているが、これは大正・昭和期の新教育運動を代表する出来事として、一九三一年のウォシュバーン来日・講演を取り上げて、その時の様子を回顧したものである。

（9） 一九二〇年代の日本におけるプロジェクト・メソッドの普及に際しては、ブラノムやコリングスの著作に言及ないし依拠した紹介記事が確認されている（遠座知恵・橋本美保「日本におけるプロジェクト・メソッドの普及――一九二〇年代の教育雑誌記事の分析を中心に――」『東京学芸大学紀要（総合教育科学系）』第六〇集、二〇〇九年、五八―五九頁）。なお、プロジェクト・メソッドといえば、デューイ（John Dewey）やキルパトリック（William H. Kilpatrick）の理論が想起されがちであるが、二〇世紀アメリカにおいては彼ら以外にも多くの教育家がプロジェクト論を展開していた（田中智志・橋本美保『プロジェクト活動――知と生を結ぶ学び――』東京大学出版会、二〇一二年、三―四頁）。

（10） 大正・昭和期のダルトン・プラン紹介の際には、赤井米吉によって両書が翻訳され、「版元切れ」となる売れ行きであったという（吉良偀『大正自由教育とドルトン・プラン』福村出版、一九八五年、三九頁）。

（11） 近代日本におけるドクロリー教育情報の普及過程では、多くの教育家が *La Méthode Decroly* の英訳版である *The Decroly Class* (Jean L. Hunt, 1924) の内容を土台に研究に取り組み、また翻訳している（橋本美保「近代日本におけるドクロリー教育情報の普及――国際新教育運動と大正新教育――」『東京学芸大学紀要（総合教育科学系Ⅰ）』第六八集、二〇一七年、一五―一六頁）。橋本美保「明石女子師範学校附属小学校におけるドクロリー教育法の受容――及川平治によるドクロリー理解とカリキュラム開発――」（『カリキュラム研究』、第二三号、二〇一四年、一―一三頁）も参照されたい。

(12) 本書の大部分は、C・W・ウォッシュバーン著／山口満・宮本健市郎著訳『教育の個別化』（世界新教育運動選書二四、明治図書、一九八八年）の中で翻訳されているので参照されたい。また、本書以前にも同プランの理論および実践について描写したウォッシュバーンの著書はあるが、集団的創造的活動についての情報は乏しかった。
(13) 平田華蔵『ウヰンネッカ・システムの個別教育』宝文館、一九二六年、はしがき。
(14) 大伴茂「ウイネチカ・システム　ダルトン・プランより一歩踏み込んだ」『教育パンフレット』第一巻第一号、一九二五年、八頁。
(15) 同前書、三〇頁。
(16) 大伴茂「秀才の選抜とその教育」『教育パンフレット』第八冊、一九二六年、二三―二四頁。
(17) 平田華蔵「ウイネチカ・システムの個別教育に就て」『教育学術界』第五一巻第五号、一九二五年、四五頁。
(18) 後述する小林茂や守屋貫秀、松月秀雄などの多くの紹介者に参照され、評価されている。
(19) たとえば、北澤種一や入澤宗寿、田制佐重はウィネトカ・プランの紹介に関わっているが、それ以前に、プロジェクトとドクロリーの両方の紹介に携わっている。同様に、野口援太郎や西山哲治はドクロリーに、高山潔や乙竹岩造、西本三十二はプロジェクトに着目しており、ウィネトカ・プランのみを紹介していたわけではない。ドルトン・プランについては、北澤や乙竹、西山をはじめとする多くの執筆者がウィネトカ・プランと同時期もしくはその直前に紹介していた。
(20) 塚原健太・遠座知恵「東京女子高等師範学校附属小学校における作業教育の研究態勢――北澤種一による欧米視察後の改革を中心に――」『東京学芸大学紀要（総合教育科学系Ⅰ）』第六六集、二〇一五年、八〇―八一頁。
(21) 高山潔「北澤学兄を憶ふ」『児童教育』第二六巻第二号、一九三二年、一九頁。
(22) 足立前掲、二〇一三年、一七頁。
(23) 平田華蔵「ウヰンネツカ・システムに就て」『帝国教育』第五三二号、一九二六年、八頁。
(24) 大伴前掲、一九二六年、一八―二〇頁。
(25) 大伴前掲、一九二五年、一九―二〇頁。
(26) 北澤種一「ウイネツカシステムの一方面」『児童教育』第一九巻第一〇号、一九二五年、三頁。
(27) 同前。
(28) 高山潔「教育の個人化運動　ダルトンプランとウヰネトカプランの比較」『教育問題研究』第六五号、一九二五年、五〇―五一頁。

(29) 平田前掲、『ウキンネッカ・システムの個別教育』、一九二六年、五三―五四頁。

(30) Carleton W. Washburne, "A Program of Individualization," *Adapting the Schools to Individual Differences, the 24th Yearbook of the NSSE,* part 2, 1925, p. 264.

(31) 吉田熊次『最近欧米教育思潮』第一輯、隆文館、一九二一年、序文。

(32) なお、伏見猛彌も東京帝国大学の教育学研究室の報告会に参加しており、ドイツ語文献を担当する傍らで、*The Elementary School Journal* の記事 "When Should Children Begin to Read?" (Vogel and Washburne, 1931) をもとに、「ウォシバーン並モルフエット「児童の読方学習を始むべき時期に就いて」」を著している（記事114）。

(33) 塚本清「ウインネツカ案の実際を見る（二）」『学習研究』第七巻第四号、一九二八年、一一〇頁。

(34) 塚本清「原理と実際（九）――（自然の原理）――」『学習研究』第四巻第三号、一九二五年、三七頁。

(35) 小林茂『新教育思潮に於けるヰネトカ小学校の個別指導原理と実際』東京市横川尋常小学校教育研究部版、一九二八年、はしがき。

(36) 小林茂「ヰネトカ小学校個別教育とその科学的原理」『高学年教育』第三一号、一九二八年、一二五頁。

(37) 小林茂「個性教育に関する論策（三）　新教育に立脚せる個別指導原理と実際」『教育時論』第一五三六号、一九二八年、一九―二二頁。小林茂「個性教育に関する論策（四）　新教育に立脚せる個別指導法原理と実際（二）」『教育時論』第一五三八号、一九二八年、二六―二九頁。

(38) 守屋貫秀「ヰンネテイカ、システムの要領と其の批判（一）」『教育新潮』第二巻第五号、一九二八年、三〇頁。

(39) 塚原・遠座前掲、二〇一五年、七九―八七頁。

(40) 平田前掲、『ウキンネッカ・システムの個別教育』、一九二六年、はしがき。

(41) Washburne, *Progressive Tendencies in European Education*, *Bulletin*, no. 37, Department of the Interior, Bureau of Education, 1923, pp. 1-2.

(42) Washburne and Myron M. Stearns, *New Schools in the Old World*, New York: The John Day Company, 1926, pp. vii-xiv. Washburne and Stearns, *Better Schools: A Survey of Progressive Education in American Public Schools*, New York: The John Day Company, 1928, pp. vii—xi.

(43) 彼の著作は、中国、ポーランド、デンマーク、日本、フィンランド、イタリア、トルコ、スペイン、チリ、ドイツ、エクアドル、オーストラリアなどで翻訳されていたという（Tewksbury, op. cit., 1962, p. 620）。

(44)　フェリエール著、古沢常雄・小林亜子著訳『活動学校』世界新教育運動選書二九、明治図書、一九八九年、一一頁。

(45)　María del Mar del Pozo Andrés, "The Transnational and National Dimensions of Pedagogical Ideas: The Case of the Project Method, 1918-1939," *Paedagogica Historica*, vol. 45, no. 4-5, 2009, pp. 572-573.

(46)　Patricia A. Graham, *Progressive Education: From Arcady to Academe*, New York: Teachers College Press, 1967, pp. 56-57, 98.

(47)　野口援太郎「米国新教育の闘将ウォッシュバーン氏を迎へて」『新教育雑誌』第一巻第二号、一九三一年、四頁。

(48)　Christine Mayer, "Circulation and Internationalisation of Pedagogical Concepts and Practices in the Discourse of Education: The Hamburg School Reform Experiment (1919-1933)," *Paedagogica Historica*, vol. 50, no. 5, 2014, pp. 580-598.

(49)　橋本前掲、二〇〇九年、三一五頁。

(50)　橋本前掲、二〇一七年、一六頁。

(51)　相澤熈「日本の教育及び教育指導者の思想――カールトン・ウオツシユバーン氏著「人類を改造する人々」の一節――」『新教育研究』第四巻第一号、一九三四年、一三三頁。

(52)　「一千の教育家に投げかけた質問応答（泰明小学校の講演会）」『教育週報』第二九七号、一九三一年、第四面。

(53)　松月秀雄「全北の旅より帰りて」『文教の朝鮮』五月号、一九三一年、一―二頁。

第2部　国際的視点からのアプローチの可能性

第7章　北澤種一によるデモクラシー概念の受容
——共通主義の基底としての興味——

第8章　甲賀ふじによる進歩主義保育実践の受容
——保育法研究のプロセスに着目して——

第9章　大正新教育におけるサティス・コールマン「創造的音楽」の受容
——受容主体による理解を中心に——

第10章　明石女子師範学校附属小学校におけるドクロリー教育法の受容
——及川平治によるドクロリー理解とカリキュラム開発——

第11章　大正新教育の実践に与えたドクロリー教育法の影響
——「興味の中心」理論の受容を中心に——

第7章　北澤種一によるデモクラシー概念の受容
――共通主義の基底としての興味――

北澤 種一

遠座　知恵

1　はじめに

本章の目的は、北澤種一（1880-1931）によるデモクラシー（democracy）概念の受容過程を検討し、その特質と意義を明らかにすることにある。周知の通り、北澤は東京女子高等師範学校附属小学校（以下、東京女高師附小と略記）で活躍した大正新教育の実践家の一人である。

大正新教育に関するこれまでの研究では、この運動が展開された背景として大正デモクラシーに着目し、体制順応的な改革姿勢やブルジョワ的性格といった限界を指摘してきた(1)。そうした中で、大正新教育を担った実践家の自発的な研究姿勢を積極的に評価したのが中野光である。しかしながら、彼らのデモクラシー思想を吉野作造が唱えた「民本主義」の範疇で捉えた中野の評価も、立憲体制を担う主体形成の意義とともに、それが帝国主義や天皇制の枠内にとどまったという限界を確認するものとなっている(2)。このように、大正新教育を否定的・肯定的に捉える立場の相違はあるものの、従来のいずれの研究においても、その評価の指標は、既存の社会体制や政治体制に対する改革姿勢にあったといえる。

それと同時に、こうした枠組みで分析を進めてきた先行研究には、共通の問題点も指摘することができる。それは、大正新教育とデモクラシーの関係を論じながらも、その担い手である実践家自身が、デモクラシーという概念をどのように捉えていたのかをほとんど分析していないことである。デモクラシーの意義の評価は、天皇制を容認する「民本主義」か、主権在民とみる「民主主義」か、といった視点に基づいており、この概念を基軸とする新教育思想の存在やその内実にアプローチすることができなかった。

本稿では、北澤の教育思想における核心的概念としてデモクラシーに着目するが、従来の研究において、彼は教育界におけるデモクラシー思想の支持者とすら位置づけられてこなかった。同時代に活躍した木下竹次や及川平治らに比して、北澤を取り上げた研究は少なく、大正新教育の実践家として彼が果たした役割や彼の取り組みの意義も不明確なものとなっている。東京女高師附小の実践を検討した谷口雅子や吉村敏之の研究では、「作業教育」の提唱者として北澤に着目しているものの、彼の思想を支える基礎原理やその深化の過程は十分に解明されていない。たとえば、谷口は北澤の教育思想について、「社会性陶冶」の強調を指摘しているが、彼がそれをいかなる根拠に基づいて提唱したのかを説明していない(3)。

そこで、本章ではまず、北澤がデモクラシーという概念に着目した際、それをどう理解し、教育の中に位置づけていたのかを明らかにする。そのうえで、北澤がこの概念に依拠して、いかなる実践課題を追究していったのかを解明することを課題とする。こうした展開まで含めてデモクラシー概念の受容を検討することで、北澤がこの概念をどのように彼自身のものとして把握したのかを検証することとしたい。

なお、筆者はこれまで、北澤の欧米視察前におけるプロジェクト・メソッドの受容や視察後に彼が進めた東京女高師附小の改革の一端を明らかにしてきた(4)。本章では、デモクラシー概念の受容を基礎にした北澤によるプロジェクト理解の特質についても考察を加えるとともに、欧米視察後に彼が提唱し、作業教育思想の支柱となった学級経営論がこの概念に基礎づけられていたことを明らかにする。

2　デモクラシー理解の特質

共通主義としてのデモクラシー

北澤は一九一〇（明治四三）年三月、東京女高師附小に訓導として赴任した。この人事は、彼の前任校にあたる福井県師範学校時代の同僚藤井利誉の要請によるものであり、藤井の附小主事就任にともない、北澤にはその補佐役を務めることが期待されていた。北澤が同校の主事に正式に就任したのは一九二〇（大正九）年であるが、それ以前から教育研究の指導者として手腕を発揮していた。一九一八（大正七）年には、欧米視察中の藤井の主事代理を務め、児童教育研究会を立ち上げるとともに、雑誌『児童教育』を発行して執筆活動にも精力的に取り組んだのである(5)。

この時期北澤は、明らかにデモクラシーという概念に関心を寄せていた。一九一九（大正八）年に同誌に発表した「デモクラシーと教育理想」において、北澤はこの概念には、「政治上のデモクラシー」と「社会生活の一形式としてのデモクラシー」という二つの意義があることを論じていた。前者は「Ruled by the governed 即被治者によつて支へられるといふこと」を指すものの、現実には矛盾をはらむ概念であるという。このようなデモクラシーは世界のどこにも実在せず、「何れの国」でも「政治を専門とする専門家」が「政府を組織して統治の衝に当つて」おり、「概念としてのデモクラシーは現実に於ける国家組織とは著しく懸隔して居る」と指摘していた。一方、後者はデモクラシーを「政治の形式以上の或る者」とみる立場から提起された「連合生活の一形式又は相共に経験を疏通し合ふ処の一の形式」を指し、それを北澤自身は「共通主義と訳さうと思ふ」と述べていた[6]。

後者のデモクラシー概念に着目したのは、北澤が当時デューイ（John Dewey, 1859-1952）や彼の同僚として学問と社会的実践の架橋に努めたタフツ（James H. Tufts）の著作を検討していたためである。北澤は遅くとも一九一八年には、デューイの *Democracy and Education*（1916）を読んでおり、一九一九年からその翌年にかけて『児童教育』誌上に一一回にわたり、タフツの *Our Democracy*（1917）を「吾等のデモクラシー」と題して翻訳していた[7]。北澤は他にも複数の論考でデモクラシー概念に言及していたのであるが、「アメリカのデモクラシー」が求めるものは、「実に共働とか共通とか交通とかいふ意味」であり、日本ではその意義が誤解されていると捉えていた[8]。ここでいう「交通」とは "communication" を指しているが、この点については次項で取り上げることとする。

Democracy and Education は、田制佐重訳『民本主義の教育』（隆文館、一九一八年）、帆足理一郎訳『教育哲学概論――民本主義と教育――』（洛陽堂、一九一九年）などに翻訳されていたが、これらの書名が示すように、デモクラシーには「民本主義」という訳語が当てられることが多かった。「共通主義」という北澤の訳語は、当時の一般的なそれと比べて特徴的であったが、彼がこのような訳語を当てたのは、同書の第7章における「デモクラシーの理想（The Democratic Ideal）」に依拠したためである。そこでデューイは、自身のデモクラシーの定義に続け、ある興味を共有する人々の数が拡大し、個人が他者の影響を受けながら自己を変えていくことをその理想とみているが[9]、北澤の次の理解はその意義を汲んだものといえよう。

> 各人が同一の興味に参与し之を享《ママ》有するといふことは各人が他人の行為と相対照して考へて見て

他人の行為が自己の行為に何か指導を与へる様に考へる様になるものである。若し此の共通の興味の為に各人が一団体の中に連合して活動する様になれば各人が受くる刺激が変化ある多様なものとなるから、各人の行為も亦従て変化ある多様のものとなる。爰に於て各個人はその生来の力を解放せらるゝことゝなり所謂完全なる発達を希望することが出来るのである(10)（傍線―引用者、以下同様）

「共通の興味」のもとで、他者とともに活動し、その影響を受けることこそが、個人の行為に多様な変化を生み出し、個としての完全な発達を促すという。したがって、後者のデモクラシー概念は、本質的に教育の課題を含んでおり、社会化と個性化を同時に成立するものとして捉える性格のものである。二つのデモクラシー概念を区別したうえで、北澤が「教育理想」と「比較的近親なる関係にある」と捉えたのも後者であった(11)。

ただし、デューイは集団によって共有される興味の数が多く多様であること、一つの集団が他の集団とのより自由な相互作用を保持することを個人とそれが属する社会の双方が連続的に変化し、成長を遂げていくデモクラシーの前提としていた(12)。北澤もまた「社会の各員に成るべく多数の同様の興味若しくは利害関係を有せしむることを要求する」こと、またその社会が「他の社会団体と一層自由に交渉し社会の習慣を漸次変化せしむること」に言及していた(13)。

デューイが来日し、北澤が「デモクラシーと教育理想」や「吾等のデモクラシー」を発表した一九一九年、教育雑誌上にデモクラシーを主題にした論考は多数発表されていたが、デューイのデモクラシー概念を中心に論じたものは少なかった。同年の『教育学術界』における特集「デモクラシーの論究」でも政治学者の吉野が提起した普通選挙の問題等を中心に、澤柳政太郎らが討議に参加して政治的議論が行われていた(14)。教育学者のうち積極的にデモクラシーを論じた吉田熊次も、その意義はまず「政治上のデモクラシーと解釈すべき」としたが(15)、他方で吉田はデューイの説くデモクラシーにも言及していた。吉田は、デューイのデモクラシーが、「共通の利害」と「或程度の相互作用」を要件とすることにふれ、「ドウエー氏の様にデモクラシーを解するならば独り北米合衆国のみではなく現時に於ける文明国は大体に於て皆デモクラシーに合して居る」と指摘し、それは「穏健」かつ「曖昧」な論であり「意義」が「頗る不透明」であると評価していた(16)。デモクラシー概念を政治形態の問題ではなく、「共通の興味」を追求し、それを基礎に教育が目指すべき理想と捉えた点に、北澤の理解の特質を指摘することができる。

社会生活の原理と学級への着目

北澤は、デモクラシー概念に内在する教育原理をデューイに依拠して理解していたが、欧米視察前にまとめた『新教育法の研究』(隆文館、一九二三年)においても、やはり *Democracy and Education* に基づく教育論を展開した。同書では①「共通(Common)」②「交通(Communication)」③「共同団体又は社会(Community)」という三つの用語を「切つても切ることの出来ない関係」にあるとし、社会生活の成立には、何かを「共通」に所有することと「交通」することが必要であることを論じた(17)。

北澤は「人間」が「共同の生活」を送るためには、「目的」「信念」「憧憬」「知識」などを共有することが必要であるが、なかでも「最も著しいものは目的である」と述べ、目的の重要性を挙げていた。ただし、「共通の目的を有たしめることは、到底物理的に与へることは出来ない」という(18)。目的を付与して共有させることはできないため、北澤は次のように「交通」の必要性を提起した。

> 共通に何ものかを持たしむるには、是非とも交通をしなければならぬ。交通は共通の何ものかを持たしめて社会を作るに必要なるのみならず、実に交通することはそれ自身が社会生活であつて之が被教育者を社会生活に導くものである。教育は被教育者をして斯かる生活を営ましむることによつて始《ママ》めてその目的を達することが出来る(19)

「交通」とは、社会を形成する手段であるとともに、それ自体が「社会生活」でもあるという。したがって、「同じ屋根の下に住んで居るといふだけのことや、単に人種が同じであることや、又同じ地方に住んで居るといふことだけでは、鞏固なる社会は出来ない、また生命のある社会は出来ない」と北澤は述べていた(20)。北澤によれば、「交通」とは「教育的」で、「自分の経験」に「拡張」や「変化」をもたらし、それとともに「他人が考へたこと感じたことに参与する」ことでもあり、「交通を受けるといふことは、其の結果として自分の態度を変化」させることがともなうという(21)。すなわち、同書で述べられた「交通」とは、前項で確認したデモクラシーの教育作用にほかならない。

こうした他者との「交通」によって、「目的」の共有が可能になると北澤は理解していたが、「目的活動」とされるプロジェクトについてはどのように捉えていたのであろうか。北澤がデモクラシーについて論じていた一九一九年、東京女高師附小では欧米視察を終えた藤井の提案により、目的活動を原理とするプロジェクト・メソッドの研究が開始されていた。この研究は、コロンビア大学ティーチャーズ・カレッジ附属ホレース・マン校において、キルパトリック（William H. Kilpatrick, 1871-1965）が提案した実験的研究をモデルとし、附小の第三部を翌年に実験学級とすることを想定して行われたものであった(22)。北澤はまず、ホレース・マン校の教育方針を記したキルパトリックの「実験の基礎原理」を翻訳したが、「活動」「好奇心」「共に居ることの楽しみ（原文は interest in being with others）」「興味」といった点を強調していたのは[23]、これらが北澤にとってすでにキーワードになっていたためであろう。

プロジェクト・メソッドの研究は、北澤以外にも東京帝国大学の入澤宗寿や奈良女子高等師範学校の松濤泰巌が着手していたのであるが、キルパトリックの実験的研究と論文「プロジェクト・メソッド」のいずれについても検討を進めたのは、実は北澤のみであった。また、北澤は、キルパトリックがデューイと同様の立場から“wholehearted”をプロジェクトの要件と捉えていること、多数のプロジェクト論者の中でも彼こそが「プロジェクトの社会的意義若くは道徳的意義」を「力説」していると捉えて評価していた[24]。これらの三者は、プロジェクトを目的活動と捉えていた点では共通するものの、キルパトリック理論を「目的の強調」に過ぎないと見ていた入澤や、“wholehearted”をプロジェクトの必須要件から外した松濤と北澤の立場は決定的に異なるものであった[25]。北澤がこのような理解を行ったのも、その前提にデューイ教育思想の検討があったためであるといえよう。

ここで注目しておきたい点は、単に共通の目的のもとで個々人が活動しているという状態では、真の意味での社会は成立しないと北澤が捉えていたことである。北澤によれば、「共通の目的を認識して、その共通の目的に興味を感じ、各々の活動を適当に調節」した場合にのみ、「共同の社会、共同の生活の単位が出来てくる」のであるという[26]。このように、目的の共有には、興味がともなうことが前提とされていた。北澤は共通の目的に児童が興味を持って従事する活動を教育の理想とし、キルパトリックが定義した「社会的環境のなかで行われる専心的目的活動（wholehearted purposeful activity proceeding in a social environment）」[27]としてのプロジェクトにデモクラシーの精神を見出していたと考えられる。

キルパトリックが主導したホレース・マン校の実験についても、一九二一（大正一〇）年に北澤は次のように述べていた。

米国のコロンビヤ大学のホレースマン、スクールに於ては社会生活による道徳教育を重んじ、殊に其の標語としてコーペイレシヨン即ち共働といふこと及び相互扶助即ちミーチアル、ヘルプフルネスといふ事を標榜して学級生活をさせて居る、相当に彼等は学級といふ社会生活を円満にやつて居る(28)

北澤は、この実験が「共働」や「相互扶助」を理念としていること、またそれを「学級といふ社会生活」に具現化していることに注目していたのである。こうした視点を有して、北澤は一九二二（大正一一）年一〇月から欧米視察に出発することとなり、新教育に取り組む多数の実験学校を訪ねて一九二四（大正一三）年一一月に帰国した。

3　欧米視察後の実践課題――学級経営論の提唱

欧米視察を終えた北澤は、海外の実験学校における「教育実際家」による真摯な「研究」に刺激を受け、「流行」という態度で新教育に臨むことを戒めるとともに、東京女高師附小で研究態勢の抜本的な見直しを進めた(29)。また、この時期北澤は、国内の実践改革に対して、「何れの新主義の学校を見ても皆教授の「方法」の範囲を出でぬ」とその限界を指摘し、実践家が「最少し根本的の「制度」に就て眼を転ずべきであることを主張せざるを得ぬ」と述べていた(30)。帰国後の北澤は、日本でも「教授法・教育法といふやうなものは、余り外国のそれと変つても居らない」が、問題は「学級」というものに対する「見識」が「わが国の先生の頭の中には十分練れてゐない」ことにあると指摘した(31)。海外で出会った実践家が「単に某々教科目又は学科目の教授者として克く努力尽瘁して居るのみならず、学級の経営者として特殊の識見と才幹とを有して」いる点が北澤には印象的であったという(32)。「社会生活」の場としての学級に着目してきた彼は、欧米視察でこうした点に注視し、帰国後に学級経営論を提唱することとなったのである。

一九二六（大正一五）年の児童教育研究会の夏期講習会で、北澤は「学級経営」をテーマに選び、「新教育に於ける学級の概念」「新教育に於ける学級経営の概念及び学級担任者の立脚地」「学級経営の方法」について論じた(33)。その講演記録をもとにまとめたのが、『学級経営原論』（東洋図書、一九二七年）である。その後も、北澤は、教育雑誌上に学級経営論を多数発表したほか、『作業主義学級経営』（東洋図書、一九二九年）や『学校経営原論』（東洋図書、一九三一年）などを刊行しており、学級経営や学校経営に関心を寄せていた。ここでは、北澤の学級経営論の特質を考察していこう。

学級の組織原理

北澤が提唱した学級経営論については、これまでにも学級内への「小団」の導入などが注目されてきたが、その原理や特質は十分に解明されていない(34)。この点を明らかにするためには、まず彼の学級観を検討することが必要である。

北澤によれば、新教育の貢献の一つは、従来集団に埋没させられてきた「個人及び児童と云ふものを発見した事」にあるが、もう一つは「学校生活や学級生活が実に重要なる社会生活であるといふ事」を見出し、教育において「社会生活を重視する」ことを掲げた点にあるという[35]。大正新教育においては、成蹊小学校や成城小学校など、私立の先駆的な新学校が「少人数学級」を実現し、その指導者たちが「学級定員の縮小」を提唱したことが指摘されている[36]。これとは対照的に、北澤は「学級は大きい方が其の目的を達するに都合のよい」面があるとし、「多人数を抱擁し相互に差異のある人格と人格との交渉が行はれ」るよう組織することを訴えた[37]。

では、北澤はなぜこのような学級観を提示したのであろうか。ここで注目すべき点は、彼が掲げた「新教育に於ける学級」の組織原理である。北澤は、学級を「共同作業の組織」と位置づけ、その組織化には「「共通の興味」と云ふものが先づ第一要件」となること、この原理によれば「学級は年齢に関係はしない、又智能、学力にも関係はしない」集団になることを主張した[38]。北澤の学級観は、興味を共有する人びとの拡大を目指すデモクラシーの理想から導きだされたとみることができる。彼は一九二九（昭和四）年に刊行した『作業主義学級経営』でも、①「共通の興味（Common Interests）②「交通（Communication）」③「共同社会（ゲマインシャフト）[39]（Community）」という三点を「社会」や「学級」が成立する際の必須要素として挙げていた[40]。すでにみてきたように、これらは、デューイ教育思想の中に北澤が見出していたキーワードであった。同書で北澤は、*Democracy and Education* から次のような引用も行っており、デューイが述べる興味の社会的性質に注目していた。

（個人は—引用者）他人の活動の仲間入りをすることに興味を有し提携して行動すること、共働して作為することに仲間入りをすることに、興味を有つて居り、而も斯かる興味が個人として全体に於て主なる興味であるのである。然らずんば共同社会（Community）といふ様なものが可能となる訳はないのである[41]。

東京女高師附小第二部における第一・二学年児童によるストア・プロジェクトの様子。第二部では複式学級編成を採用し、男女共学、異年齢集団を特徴とする新教育研究が行われた。

一九二〇年代後半の東京女高師附小では、第三部に限らず、第一部や第二部でも新教育研究が実施されるようになったが(42)、上記の学級観のもとで、この時期の同校では、複式学級を編成する第二部が新教育研究の重要な組織として位置づけられたと考えられるのである。明確な批判は展開しなかったものの、「教育行政上」には、「年齢の違ひ学力の違つて居る」児童で学級編成することに積極的解釈はなく、「単級とか複式学級」は「経済上已《ママ》むを得ない」組織とされていることに北澤は言及していた(43)。この時期に第二部の新教育研究に取り組んだ訓導山内俊次は、「一学級児童数」が「可及的少数の方が理想であるかの如く」捉えることは、「新しい意味に於ける教育の理想をはき違へてゐる結果ではあるまいか」と述べ、北澤と同様に少人数学級に疑問を呈していたが(44)、その一方で、明らかに複式学級に積極的な意義を見出していた。『作業主義複式学級経営』(東洋図書、一九三三年)において、山内は「複式教育の新使命」と題し、「学級教育は出来るだけその人数は多い方がよい」としたうえで、「多種多様な人物の自然の配合が、最も理想的学級」であり、「異つた年齢者をも加へた、所謂複式学級の方が」同年齢集団よりも教育的意義をもつと主張したのである。同書でも、「共通の興味」「交通」「共働社会」という三点が学級の組織原理とされていた(45)。

「共同作業」における「交通」と「共働」

北澤によれば、学級を捉える従来の教育的視点は「教科課程を授くるといふこと」にあったという(46)。しかし、北澤は「学級教授」の視点で「児童生活の全体」を捉えることは不可能として、「共同の社会生活を営んで共通の興味によつて働いた事それ自身の生活による経験」を通じ、「生長しつゝある全人格」が「より完全なる域に進まんとする道程を踏ましむること」を「学級経営の本旨」とした。こうした教育観のもとで、「教授目的物」とされてきた「知識や技能」は、成長のための「方便物」ないし「生産物」として位置づけられたのであった(47)。北澤は、このように「教授」の限界を指摘し、学級を「社会生活」の「組織」とするために、「共同作業」によって児童の「生活を指導する」こと(48)、さらに「社会生活」が「共同作業を生む」ことにふれ、両者が関連して相互に深化していくことを説いた(49)。

一九二〇年代後半の北澤は、「目的活動」の原理を基礎に、「作業」や「仕事」といった用語を用いるようになり、中でも「共同の目的」に基づく「共同作業」を重視していくようになった。目的活動は、プロジェクト・メソッドの導入以来、東京女高師附小における新教育の原理とされてきたが、第一節でみたように、北澤は「目的」を付与することはできず、「交通」によって「共有」するほかないと述べ、プロジェクト・メソッドの社会的意義にも注目していた。欧米視察後の北澤は目的活動についてどのように論じていたのであろうか。

北澤は「共通の興味は共同の目的の条件となる」と述べ(50)、この時期も興味を前提とした目的活動論を展開したが、さらに共同作業の実践に即して「交通」や「共働」に言及していくようになった。北澤は、共同作業を成立させるためにまず重要なのが「交通」であると述べている。この点について彼は、「情意の疎通、意見の交換、討論等は最も価値ある交通の方法」であるとして、「交通を正しく行はんが為には自己の思想なり感情なりを如実に表現する」こと、「あるが儘の自我を妥当に表現する」ことが必要であるとした。ただし、一般に行われる討論式学習法については、それが往々にして「知識技能の習得のため」に形式的に行われていると指摘し、あくまでも目的を決定するという意義を見失わぬよう注意を促していた。真の「交通」が行われることによって、「共通の興味を発見」し、「共同の目的」をたてることが可能となるという(51)。

そして、共同の目的の決定においては、それを真に「自分のものとして」受け止められるかどうかが「一つの重要な条件」となることも指摘した。教師や特定の児童の独断でなく、「全体が相談の上でよく理会をして決定」する際も、個人が「実際に自分のものとするかしないか」を吟味しなくてはならないという。「多数で決めたから自分は不賛成だがやらう、多数決だから仕方がない」という「議会のやうな」議決や「政治上の事務の執行」と区別し、目的の決定は「教育的」かつ「理想的」でなくてはならないとした(52)。

また、共同作業を具現化するために、北澤は「小団」による「共働」を提唱した。北澤は、この「小団」についても、「学力」別ではなく、「各自の興味を考慮」し、「共通の興味に根拠を置いて」できるだけ自然にその「成員を定める」べきであるとしていた(53)。「共通の興味」に基づく複数の集団が、互いに関係を保ち、「全体として統一があり連絡を持つときに「学級が活動し始めた」とみることができるという(54)。北澤はこうして「色々に小さい群団が出来て」、それらを「一つの有機的組織」とみるならば、「学級」は「等質といふ事よりも、却てそれぞれの個性といふものが多種多様にある事が、社会の本性を表はすに都合が好い」と述べており(55)、彼の学級観は多人数を理想とみるとともに、個人や「小団」の多様性を重視するものであった。「共働」とは、「自己を縮小することでなくして却て自己を拡張することで」あり、「各個人は之によつて力を大にする」ことができるとして(56)、北澤は共同作業に取り組むことで個人の一層の成長が可能となることを説いた。

教師の役割――「指導」の原理

北澤は、「学級経営上の重要なる概念として指導」という用語を挙げ、それを「ジヨン、ヂユウイは彼の教育哲学に於て」論じていると述べていた(57)。ここでいう「指導」とは、*Democracy and Education* の第三章「指導としての教育（Education as Direction）」に依拠したものである。北澤はデモクラシーについて論じていた一九一九年、やはり同書に依拠して「指導と統御」といった論考を発表していたが(58)、欧米視察後は、学級経営論の中で度々「指導」論を展開した。

北澤は「「指導」なる語が一種の流行語の如くなりつゝあるも、唯徒らに「教授」なる語に置換されたるに過ぎずしてその意義極めて漠然たり」として、教師がその意義に自覚的になることを促した(59)。「指導」とは、本来「被指導者」が「目的活動体であること」を前提とするが、「指導者（教師―引用者）の目的活動を中心として指導を進めんとする者は自ら指導の範囲を脱して知らず識らず統御となり或は強制となつて居る」という(60)。ここで北澤がいう「統御」とは“control”を指しており、通常それは「政治家」が「国民」や「臣民」を「治め」るという意義の統治の概念で、「吾々のやうに教育をして行くと云ふことゝは、余程この立場が違つて居る」と指摘した。北澤によれば、「政治の方では人を統御すると云ふ態度の意味から社会を見るのであるが、教育家の方は人を指導すると云ふ方から社会を見る」のだという(61)。

北澤は、デューイに依拠して「指導」とは「目的物の方に活動性を指し向ける」働きであるとし、そこには「同時的指導と継続的指導」があると説いた。前者は、「経験に乏し」い児童が、自己の「目的」を離れて「注意散漫」となり、「エネルギー」を「無益に放散」することを回避させ、「今やつて居る仕事にのみ力を注がせる」よう働きかけることを指している。後者は「活動に秩序あらしむる」働きを指し、「第一段の活動が第二段の手段となり第二段の活動は第三段の活動に対して手段となり漸次目的手段の連環を維持し統一して居る」状態に導くことであるという(62)。すなわち、児童の活動を目的に焦点化させるとともに、その活動が一時的なものに終わることなくさらなる目的活動へと連続的に展開するよう働きかけることが「指導」であるという。

児童を目的活動者として捉えるという指導観を前提に、北澤は「共働」や「交通」といった既述の原理に即して、教師の役割についても論じた。教師には「教授者」という面だけでなく、学級という組織の「共同者」として、児童を「同一目的の為に共働せしむる」とともに「自らも各成員とともに共働すること」、また「仲介者」として、学級内の「或部分と他の部分とを互に交通させ理解させる」ことが求められるという(63)。『学級経営原論』の結びには、「学校を一団としての共通の興味による生活を営ましむること」が、「学校経営者の当面の任務である」と述べられているが(64)、この言葉は、東京女高師附小の指導者である北澤自身の課題であったとみることができるであろう。北澤は、児童と同様に個々の教師もまた「目的活動者」であると捉えるようになり、「共通の目的、若しくは目的物に対する共通の興味」を彼らが「共働」するための第一条件として位置づけていた(65)。

4　作業教育の思想基盤

以上みてきたように、欧米視察を終えた北澤は一九二〇年代後半に積極的に学級経営論を展開した。北澤が「作業教育」を提唱するようになるのは、児童教育研究会の夏期講習会で「作業教育論」を講じた一九二七（昭和二）年頃からであったと考えられる。この講習会の記録をもとに、彼は一九二九年にまず『作業教育序説』（目黒書店）を発表し、その翌年以降『現代作業教育』（東洋図書、一九三〇年）『現代作業教育の諸問題』（明治図書、一九三一年）、『作業教育の本質』（郁文書院、一九三二年）など作業教育を冠した著作を刊行した。一九三〇（昭和五）年頃に刊行されたこれらの著作においても、「社会生活」の場としての学級やそこでの「共同作業」の意義が説かれており、北澤は学級経営論を支柱として作業教育思想を形成していったとみることができる。

従来の研究では、北澤の教育思想の形成過程や海外教育情報受容の実態解明抜きに、ケルシェンシュタイナー（Georg Kerschensteiner）に代表されるドイツの労作教育の影響、ないしはそれとの類似性が指摘されてきた(66)。しかし、北澤はドイツの労作教育にも「個人」を中心にすえるガウディヒ（Hugo Gaudig）や彼と論争し「国家社会」を中心にすえるケルシェンシュタイナーのような立場があり、そのどちらに「偏するのも宜しくない」、「何れを採用するとか、何れに加担するとか云ふやうなことは、余程慎重でなければならぬ」といった見解を示していた。その上で、「何れにしても私共が取るべき態度」とは、「個人なくして社会はない、社会なくして個人はあり得ない」とする立場であると彼は述べていたのである(67)。

欧米視察後の北澤は、ドイツの労作教育に限らず、海外の様々な教育動向に注視していたが、彼の新教育研究の歩みに即してみれば、その教育思想の基盤は、まずデューイ、タフツ、キルパトリックといったアメリカにおけるプラグマティズムの思想を共感的に受容することで形成されたといえる。中でも、新教育研究開始以来、一貫して北澤の教育思想の基盤となっていたのは、デューイの *Democracy and Education* である。北澤はコロンビア大学ティーチャーズ・カレッジでデューイにも面会しており、当時同カレッジに留学していた高山潔は、次のように述懐している。

> 米国学界のみならず世界教育学界碩学たるデウヱー博士とも教室に於てよく討議せられたのは君（北澤―引用者）である。邦人中君の如くデウヱー博士と英語を以てよく教育哲学を論議し得た人はまづ少ないと、当時筆者はつくづく感じた(68)。

東京女高師附小の関係者が一九三一（昭和六）年に開いた北澤の追悼座談会でも、欧米視察後彼から「デユーキの教育哲学を聞いた」ことが想起されている。また、その際「興味の問題に就いては随分話されましたネ」、「インテレスト（興味）は随分問題になつたネ」と訓導達が振り返っており(69)、デューイの興味論がとりわけ重要な位置を占めていたことがうかがわれる。一九二〇年代後半の同校では、実際に「児童の興味に関する研究」がまず取り組むべき課題とされていたのである(70)。

一九二九年の『作業教育序説』でも、北澤は *Democracy and Education* を主要参考文献に位置づけるとともに、「作業教育思想」の発展において、「ギユウイの思想」が「亜米利加」のみならず、「仏蘭西、独逸、英吉利等に逆に輸入」され、彼を「オーソリティとして、今日欧羅巴各国」の実践改革が進んでいると指摘していた(71)。そして、北澤自身が掲げた作業教育の主要原理もまたデューイ教育思想から導き出したものであった。北澤が一九三一年に発表した「作業教育の原理」では、「目的活動の原理」と「指導の原理」、「社会性の原理」の三点を挙げ、「其の他の諸原理は皆此の三大原理より派生せらるべき第二次的原理」とされている(72)。最後に挙げられた「社会性の原理」とは「社会生活と共同作業を営ましむること」を指しており、作業教育における三つの主要原理はすべて、デューイ教育思想を基礎にした彼の学級経営論で提示されてきたものである。

もちろん、北澤はデューイを唯一の拠り所にしてその教育論や実践改革を展開したわけではない。しかしながら、北澤の場合、デューイ教育思想から自身の実践課題をつかんでいたからこそ、欧米視察の視点が明確になり、そこで知り得た膨大な教育情報の中から彼自身の課題の追究に必要なものを見極めることができたと考えられる。ドイツ教育情報の受容の意義については、彼が注目した労作教育やゲマインシャフトシューレの事例とその内実をふまえつつ検討する必要があるが、デューイ教育思想への共感は、彼と同様にプロジェクト・メソッドの研究を開始し、文化教育学へと研究課題をシフトさせていった入澤とは異なる理念や社会観をもたらしていたと考えられる。入澤の指導下で文化教育学に依拠した田島小学校が、郷土文化財の研究に傾斜していったのに対し(73)、北澤が主導した東京女高師附小の研究が、児童の興味の研究へと向かっていった実践研究の展開の差異にも注目する必要があるであろう。

5　おわりに

本章では、北澤がデモクラシー概念から「共通の興味」というアイデアを獲得し、彼自身の実践課題を追究していく過程を明らかにしてきた。北澤は、デモクラシーにいかなる教育原理が内在するのかを理解するとともに、この概念を彼の教育思想の基底に据えて作業教育を提唱していった。これまでの考察をふまえ、北澤によるデモクラシー概念受容の意義として、以下の点を指摘したい。

第一に、デューイ教育思想におけるデモクラシー概念受容の意義である。従来の大正新教育研究において、デモクラシー概念の受容に関する検討が欠如してきたことは冒頭で指摘したが、一方で、デューイ研究の視点で大正期におけるその受容を検討した研究においても、「民本主義」という日本の政治思想のコンテクストから、その限界が指摘されてきた(74)。しかしながら、デモクラシー概念の中に「共通の興味」というアイデアを見出し、それを核に実践課題を追究していった彼の取り組みは、当時の代表的政治思想によって説明することはできない。

北澤の場合、実践家という立場で、個人とそれが属す集団がともに成長するデモクラシーの理想を追究したからこそ、そのような教育作用の前提となる興味の共有に実践の出発点としての意義を見出したと考えられる。また、デューイは一八九〇年代から興味論を展開してきたが、北澤の場合は *Democracy and Education* を通じてそれを受容したため、興味の社会的性質に着目することになったとみられる。今後は受容主体の立場や関心も視野に入れつつ、教育界におけるデューイのデモクラシー概念や興味論の影響を検討する必要がある。

第二に、デモクラシー概念を基礎にした北澤の学級経営論の意義である。従来の研究は、社会的意義から学級に着目した大正新教育の事例として、木下竹次の学級経営論を取り上げてきたが、それは「立憲国家の政治組織をモデル」とし、学級内に「立法機関」や「執行機関」を設けて「自治活動」を推進するものであったとされている(75)。しかしながら、北澤の場合、そもそも学級観の基礎となるデモクラシー概念を政治形態と捉えておらず、「多数決」による「議会」の議決と児童の「目的決定」の在り方を区別していた。

また、大正新教育における限界として、先行研究では「方法改革への自己限定」(76)が指摘されてきたが、北澤は学級経営に取り組むことで、むしろ方法改革の限界こそ克服すべきものと捉えていた。プロジェクト・メソッドの導入が、大正新教育におけるカリキュラム改革としての意義を有していたことは近年指摘されているが(77)、「社会生活」と共同の目的活動である「共同作業」を相関的に捉える北澤の学級経営論は、カリキュラム改革を内包するとともに、学校という制度の在り方そのものに変革を迫ろうとする意図を有していたといえよう。

たしかに、教育の論理と政治の論理を区別した北澤が、既存の政治体制の改革に踏み込まなかったことは認めなくてはならないであろう。従来の大正新教育研究の問題はこの政治的限界の指摘そのものにあるのではなく、この評価のもとで個々の思想と実践の独自性を看過し、各事例における改革の射程や到達点、その差異も含めた大正新教育の多様性を十分に解明してこなかったことにある。とりわけ、本事例にみるような大正新教育における社会性の教育的意義は、本格的な考察がなされてこなかった。

北澤は、真の社会生活を、興味を共有することによって、はじめて成立するものとみる観点を有していたがゆえに、デモクラシー概念を受容した当初から「学校生活」の方が「或る点より言へば国家的生活よりも一層確固なる社会生活」(78)であると捉えていた。少なくとも、学級や学校を社会生活と見る際の北澤の社会観が、既存の国家の縮図でなかったことは確かである。一九三一年に北澤は「教育の理想を社会人の理想の方へ進めなくてはならぬ」と述べ、これまでの教育が、「たゞ唯一の国家といふ個人を離れた高い概念を持つて来て教育しようとした」ことを問題として指摘した(79)。

本章では北澤の教育思想がデューイのデモクラシー概念を基礎に形成されたことを明らかにしたが、彼の理解がどこまで精確なものであったかはさらに検証する必要があるであろう。上述してきた社会性の視点から、欧米視察後の北澤は、東京女高師附小の実践研究のために、とりわけハンブルクのゲマインシャフトシューレとウィネトカ・

プランに注目していたため、その受容の実態を解明するとともにこの点を検討することとしたい。また、一九二〇年代後半の東京女高師附小の改革の到達点や限界を見極めるためにも、北澤の教育思想を基礎にして、具体的な実践がどう展開されたのか、訓導の理解や取り組みに着目しながら明らかにする必要がある。

注

（1）代表的なものとして、堀尾輝久「社会＝教育構造の変化」（『日本近代教育史』岩波講座現代教育学第五巻、岩波書店、一九六二年、一六四―一八六頁）などがある。

（2）中野光「大正新教育とその歴史的性格」（『近代教育史』教育学全集第三巻、小学館、一九六八年、一二五―一三九頁）、同『大正自由教育の研究』（黎明書房、一九六八年）、同『改訂増補大正デモクラシーと教育――一九二〇年代の教育――』（新評論、一九九〇年、五四―七〇頁）。

（3）谷口雅子「生活教育の研究（三）」『福岡教育大学紀要』第四二号第二分冊、一九九三年、一三一―一四八頁、吉村敏之「東京女子高等師範学校附属小学校における「作業教育」」『宮城教育大学紀要』自然科学・教育科学、第三一巻第二分冊、一九九六年、一七七―一八五頁。

（4）拙著『近代日本におけるプロジェクト・メソッドの受容』（風間書房、二〇一三年、一〇三―一六三頁）、遠座知恵・橋本美保「大正新教育の実践に与えたドクロリー教育法の影響――「興味の中心」理論の受容を中心に――」『近代教育フォーラム』第二三号、二〇一四年、二九七―三〇九頁、塚原健太・遠座「東京女子高等師範学校附属小学校における作業教育の研究態勢――北澤種一による欧米視察後の改革を中心に――」『東京学芸大学紀要』総合教育科学系Ⅰ、第六六集、二〇一五年、七九―九一頁。

（5）北澤の経歴については、拙著（一二九―一三一頁）を参照。北澤は、一九二〇年代に東京女高師附小主事を務め、一九三〇年に同附属高等女学校主事に就任したが、翌年急死した。

（6）北澤種一「デモクラシーと教育理想」『児童教育』第一三巻第六号、一九一九年、四四―四八頁。北澤は、他の論考では、デモクラシーという用語をそのまま用いていた。後者のデモクラシーを北澤は「社会的デモクラシー」とも呼んでいた。

(7) 北澤「児童の環境整理を論ず」(『児童教育』第一三巻第一号、一九一八年、四一八頁) で *Democracy and Education* を用いている。「吾等のデモクラシー」は、『児童教育』第一三巻一〇号以降「訪水」や「訪水生」というペンネームで連載されている。
(8) 北澤「最近教授上の諸問題 (続)」『児童教育』第一三巻第一一号、一九一九年、二七頁。
(9) John Dewey, *Democracy and Education*, Macmillan, 1916, p. 101. 訳書については、松野安男訳『民主主義と教育』(上)(下)(岩波文庫、一九七五年) などを参照。
(10) 北澤前掲「デモクラシーと教育理想」四六頁。
(11) 同前論文、四七頁。
(12) Dewey, op. cit., p. 100.
(13) 北澤前掲「デモクラシーと教育理想」四六頁。
(14) 特集「デモクラシーの論究」『教育学術界』第三八巻第六号、一九一九年、一六―四四頁。
(15) 吉田熊次「デモクラシー論」『東亜の光』第一四巻第一号、一九一九年、一三頁。
(16) 吉田「新デモクラシー論」『東亜の光』第一四巻第二号、一九一九年、九―一〇頁。
(17) 北澤『新教育法の研究』隆文館、一九二三年、三二一―五七頁。引用中の括弧内は原文の通り。また同書の六四―一〇八頁でも主にデューイの前掲書 (注9) を用いている。
(18) 同前書、三九頁。
(19) 同前書、三七頁。
(20) 同前書、四一―四二頁。
(21) 同前書、四五頁。
(22) プロジェクト・メソッドの受容については、拙著 (一一九―一二二、一三一―一三六頁) を参照。
(23) 北澤「ホレースマンスクールの小学校初歩教育の研究」『児童教育』第一四巻第一号、一九一九年、七〇頁。
(24) 北澤前掲『新教育法の研究』一三三、三五七頁。
(25) 拙著、一三九―一四〇、一七三、二二八―二三一頁。
(26) 北澤前掲『新教育法の研究』四二頁。

(27) William H. Kilpatrick, "The Project Method," *Teachers College Record*, vol. 19, no. 4, 1918, p. 320.
(28) 北澤「道徳教育の改造」『小学校』第三一巻第六号、一九二一年、二二頁。
(29) 塚原・遠座前掲論文。
(30) 訪水生「「行詰り」打開の策」『児童教育』第一九巻第四号、一九二五年、一頁。
(31) 北澤「学級経営に就て（一）」『教育実際界』第一巻第一号、一九二八年、一五二頁。
(32) 北澤『学級経営原論』東洋図書、一九二七年、序文一頁。
(33) 「児童教育研究会夏期講習会予告」『児童教育』第二〇巻第六号、一九二六年、広告。
(34) 宮坂哲文編『分団指導――班学習の展開――』明治図書、一九六三年、二一―二二頁、木原健太郎編『講座・小集団指導』明治図書、一九六九年、一一三―一一四頁、高橋克已「北澤種一の小集団指導論――雑誌『児童教育』に紹介された実践報告を手がかりに――」『名古屋大学教育学部紀要（教育学）』第四六巻第一号、一九九九年、二九―三八頁。
(35) 北澤前掲『学級経営原論』四〇頁。
(36) 志村廣明『学級経営の歴史』三省堂、一九九四年、六六―六八頁。
(37) 北澤前掲『学級経営原論』二八―三一頁。
(38) 同前書、六五―六七頁。
(39) 北澤は、同前書（四一頁）において「社会生活の為の学校及び学級の概念は、最近に於て独逸の実験学校に於て最も著しく其の特徴を実現して居る」と述べ、とりわけハンブルクの実験学校に着目していたが、その受容の実態については稿を改めて論じたい。
(40) 北澤『作業主義学級経営』東洋図書、一九二九年、一四九頁。
(41) 北澤前掲『作業主義学級経営』（一八七―一八八頁）で、デューイの前掲書（注9）の二九頁からこの引用を行っている。
(42) 塚原・遠座前掲論文、八二―八三頁。
(43) 北澤前掲『学級経営原論』一六頁。
(44) 山内俊次「小団組織による目的活動」『児童教育』第二三巻第一〇号、一九二九年、七六頁。
(45) 山内『作業主義複式学級経営』東洋図書、一九三三年、一三二―一三五、二〇八―二一一頁。
(46) 北澤前掲『学級経営原論』一四頁。

(47) 同前書、七九－八二頁。
(48) 同前書、四一頁。
(49) 北澤「学級経営に就て（三）」『教育実際界』第一巻第三号、一九二八年、一五〇頁。
(50) 北澤前掲『作業主義学級経営』一五二頁。
(51) 北澤『作業教育の本質』郁文書院、一九三三年、二〇四－二〇八頁。
(52) 北澤前掲『作業主義学級経営』二一五－二一六頁。
(53) 同前書、二二七－二二八頁。
(54) 北澤前掲『学級経営原論』六六頁。
(55) 北澤前掲『作業教育の本質』一九四頁。
(56) 北澤「方法としての共働」『児童教育』第二三巻第一一号、一九二九年、八頁。
(57) 北澤前掲『作業主義学級経営』一八四頁。
(58) 北澤「指導と統御」『児童教育』第一三巻第一四号、一九一九年、六五－七〇頁。
(59) 北澤「学級経営論」『愛知教育』第五〇四号、一九二九年、七頁。
(60) 北澤「生活指導の事実」『児童教育』第二三巻第一〇号、一九二九年、二八頁。
(61) 北澤「生活及仕事の共存体としての学校及学級（二）」『学校・学級経営の実際』第三巻第二号、一九二八年、四－五頁。
(62) 北澤前掲『作業主義学級経営』（一八四－一九九頁）では、主にデューイ前掲書（注9）の二八－三一頁の記述に基づき指導論を展開している。
(63) 北澤前掲『学級経営原論』九七－九八頁。
(64) 同前書、二一〇頁。
(65) 北澤『学校経営原論』東洋図書、一九三一年、七一－八〇頁。
(66) 宮原誠一編『教育史』（日本現代史大系、東洋経済新報社、一九六三年、二三四頁）、谷口前掲論文（一三二頁）、「北沢種一」（唐澤富太郎編著『図説教育人物事典』上巻、ぎょうせい、一九八四年、七四九－七五〇頁）など。
(67) 北澤前掲『作業主義学級経営』二一七－二二三頁。
(68) 高山潔「北澤学兄を憶ふ」北澤正一編『父北澤種一追悼録』東洋図書、一九三五年、八三頁。

(69)「故北澤先生を偲ぶ座談会」『児童教育』第二六巻第二号、一九三二年、六八頁。
(70) 吉田弘「我が校に於ける作業教育の沿革」北澤編『現代作業教育』東洋図書、一九三〇年、四〇—四一頁。
(71) 北澤『作業教育序説』目黒書店、一九二九年、一九五頁。
(72) 北澤「作業教育の原理」『現代教育』第一巻第四号、一九三一年、六二—六三頁。
(73) 田島小学校では、特設教科として生活科を設置し、川崎市の郷土文化財から教材を選択、配列していた（拙著、一九八一—二一〇頁）。
(74) 松下良平「日本におけるデューイの受容——希望と困難のアイロニカルな交錯——」『日本デューイ学会紀要』第四八号、二〇〇七年、二二七—二三八頁。
(75) 志村前掲書、六九—七〇頁。
(76) 中野前掲『大正自由教育の研究』二六八—二七三頁。
(77) 橋本美保「一九二〇年代明石女子師範学校附属小学校における生活単元カリキュラムの開発——近代日本における単元論の受容に関する一考察——」『カリキュラム研究』第一八号、二〇〇九年、一—一五頁、同「及川平治における生活単元論の形成——欧米新教育情報の影響を中心に——」『教育学研究』第七六巻第三号、二〇〇九年、一—一三頁、拙著。
(78) 北澤「訓育の社会的意義」『小学校』第二五巻第二号、一九一八年、一八頁。
(79)「「教育の合理化」研究座談会」『教育週報』第三〇〇号、一九三一年、四頁。

第8章　甲賀ふじによる進歩主義保育実践の受容

――保育法研究のプロセスに着目して――

甲賀 ふじ

永井　優美

1　はじめに

本章では、戦前日本において保育界の実践的指導者として活躍した保姆である甲賀ふじ（一八五六―一九三七）(1)による進歩主義保育実践の受容について検討することを目的とする。甲賀は一八八七（明治二〇）年から一八九〇（明治二三）年にかけてケンブリッジおよびボストンへ、一九〇四（明治三七）年から一九〇六（明治三九）年にかけてボストンおよびシカゴへ保育法研究のために留学している。特にシカゴ大学への留学後、日本女子大学校附属豊明幼稚園において進歩主義保育を導入したことで知られている。

先行研究には、甲賀の活動や主張について紹介したものや(2)、渡米の経緯を明らかにしたものがあるが(3)、とりわけ甲賀による保育実践の特徴について考察した研究は重要である。前典子や田中まさ子によって、豊明幼稚園における保育が甲賀による日誌や執筆物を中心に検討され、進歩主義保育が日本に早期に取り入れられていたことが指摘されている(4)。ただし、これらの研究では、豊明幼稚園での実践はアメリカにおける甲賀の学びの成果であると推察されるものの、日本国内の動向や史料を中心にそのことを説明しているため限界があり、実証的な検証は未着手の状況である。

そこで、本章では、甲賀の教育・研究活動の過程を概観し、特に進歩主義保育実践受容の契機となったシカゴ大学における留学経験に着目することで、甲賀の保育法研究の成果について考察したい。

2　シカゴ大学留学以前の教育・研究活動

保姆としての出発と第一回留学

甲賀ふじは一八五六（安政三）年、三田藩に生まれた[5]。甲賀は生来の子ども好きであり[6]、藩主の九鬼家や宣教師デイビス（J. M. Davis）の家で子守りに従事した。一八七三（明治六）年から神戸ホーム、一八七九（明治一二）年から一八八二（明治一五）年まで神戸英和女学校に学び、卒業後一八八六（明治一九）年まで舎監を務めた。同校在学中の三年間、保姆を経験したことから保育に関心を持つようになり、「是非米国へ行つて幼稚園の教授法を研究して見たい」[7]と考え、一八八七年から一八九〇年にかけてケンブリッジおよびボストンへ保育法を研究するため渡米した。

甲賀はまず、ケンブリッジにあるボーヒーズ（C. C. Voorhees）校長の養成クラスに一八八九年一二月までの二年間学び、保姆の免許状を取得して卒業した。在学時には、第一恩物の実演と小論文「日本と日本の幼稚園に関する一考察」（"Some Thoughts of Japan and its Kindergartens"）[8]の発表を行っている。このことから、フレーベル主義教育に基づく保育の基礎的知識や技術、知見を身につけたと考えられる。その後、「今少しく勉強したい」と考え、幼稚園運動を推進していた慈善事業家であるショー（P. A. Shaw）が設立した保姆養成校で一八九〇年六月までの六ヶ月間学んでいる。この頃甲賀はフィッシャー（L. Fisher）に師事していたらしく(9)、毎日午前は幼稚園の実地見学をし、午後は授業を受けた(10)。以上より、幼稚園教育先進地で二年半学び保姆の資格を得たことは、その後の彼女の教育・研究活動の端緒を開くこととなったのであった。

広島女学校附属幼稚園における保育実践

甲賀は一八九一（明治二四）年一月に神戸英和女学校と関連の深い頌栄幼稚園に着任した。その後、アメリカ人宣教師ゲーンス（N. B. Gaines）によって広島女学校附属幼稚園が創設されると、甲賀は一八九一年九月に同園に赴任している。甲賀は、一八九五（明治二八）年に広島女学校保姆養成科の設立にも参与し、保育実習を担当するなど保姆養成に関わっている(11)。同園における初期の実践は史料の制約があり未解明の状況であるが、ここでは甲賀がハワイに移った直後である一八九七（明治三〇）年八月三〇日から一八九八（明治三一）年四月までの保育計画と保育記録のノートを用いて、この頃の実践の特徴について把握したい(12)。

この年の保育テーマは、九―一二月は家族関係、一―六月は協同である。九―一二月の「中心的真理」は、法則への従順にかかるすべての生活の円熟とある。目的としては、①子どもの共感性を高める、②子どもが精神的な平安や調和を悟るようしむける、③論理的思考へと導く、④体の筋肉を組織的に使えるようにする、⑤言葉の表現力を養うという五点が挙げられている。このような保育のテーマや目的にそったプログラムの中で、たとえば一〇月には、天の神と私たちの関係は父母と子どもの関係に象徴されると示され、第一週目は植物の家族、第二週目は花と野菜の家族、第三・四週目は穀物の家族について取り上げられていた。第四週目火曜日には以下のような保育が行われていた。

オープニングエクササイズ
賛美
テーブルワーク――トウモロコシとその収穫
マーチ――“Rippling painting little noses”
テーブルワーク――どのように牛が育ったのか
第二恩物――牛を製粉所へ運ぶワゴン
第五恩物――製粉所
（牛を運ぶために使う折られた鞄）
ゲーム――製粉所の流れの歌
レクチャー――紙の円柱

この日は穀物に関わる内容を中心に遊びが展開されており、特に牛がどのように育つのかを穀物との関係から捉えている。このように一つのテーマに基づいて内容を組織していく保育は、ヘルバルト主義の影響による中心統合主義保育に類するものである。ほかの日の実践においても、「オープニングエクササイズ」「賛美」「談話・物語」「エクササイズマーチ・エクササイズとゲーム」「テーブルワーク（恩物作業活動）」などの項目が組み合わされ、主題にそった保育が組織されていることがわかる。当時の日本にまだ普及していなかった中心統合主義保育が、一九〇五（明治三八）年には同園に採り入れられていたのであるが(13)、それはここにみるように一八九七年前後から徐々に行われるようになっていったといえる。

新しい保育法への着目

ハワイ諸島無償幼稚園と子どもの援助協会（The Free Kindergarten and Children's Aid Association of the Hawaiian Islands）からの要請により、甲賀は一八九七年七月にハワイに赴き、無償幼稚園の活動を始めた。同協会の指導者であるローレンス（F. Lawrence）は一八九六年に着任すると保育改革を行い、デューイの理念を実践に適用していったことから、ハワイでは早期に進歩的な幼児教育が実施されていた(14)。ローレンスは、甲賀がアソシエイトディレクターを務めたパラマ（Palama）の幼稚園などにおいて、子どもたちは人形の家とそのための家具を作り、それを通して家庭における活動のリアルなニーズをつかんで遊びに反映させていたと述べている。ここでは、人形によって子どもの自由な表現が呼び起こされて、自発的に多様な家庭や家族に関する遊びが行われていたようである(15)。

甲賀はハワイでの保育経験を通して、さらなる保育法研究を行う必要があることを認識し、次のように語っている。

元々米国へ行く考で彼地（ハワイ―筆者注）に居た訳でもなかつたのですが、初め私が日本から布哇へ参つて見ると日本で新らしいと思ふて居た事が布哇では非常に陳腐となつて居たのに驚きましたホノルヽ、などでは余程新らしい方法を採つて居りましたので、以前私の習得つた教授法などは古くて迚も用ゐることが出来なかつたのです。監督者に就て一生懸命勉強して居りますと、軈て幼稚園の教授法に就て、新旧二派の議論が喧しくなつて参りました、然れ共書物や雑誌の上では十分に解りませんから、今一度米国へ行つて之を研究して見たいと思ひ立ちまして、弟の賛成と友達の助力に依つて布哇から直ぐに又渡米することになつたのです(16)

日本での保育実践とは異なる新しい教授法を目の当たりにした甲賀は、ハワイでローレンスについて学ぶだけでなく、進歩主義教育の中心地において最新の保育法を研究するため、一九〇四年に本土へ渡った。

3　第二回留学の状況

アメリカ保育界の動向と甲賀の認識

アメリカでは幼稚園が一八五五年に初めて設立されて以降、一八七〇年代から徐々に各地に普及し、定着していった。幼稚園運動が小学校教育に影響を与え、それにより幼稚園教育の再検討が促されるという相互関係の中、一八九〇年から一九〇〇年にかけては、新心理学、児童研究、ヘルバルト主義教育およびデューイの哲学により幼児教育が修正されていった。また、自然研究や美術教育などによって多面的に幼児教育が問い直されることとなり、その過程でフレーベル理論が再解釈され、恩物作業活動のあり方も変化をみせるのであるが、その新しい傾向は進歩主義保育につらなるものであった。この動きの中、ヴァンデウォーカー（N. C. Vandewalker）は保姆が一時的に保守的な者と進歩的な者とにわかれたと述べている(17)。

甲賀はまず、ボストン師範学校に入学している(18)。同校では『母の歌と愛撫の歌』や『象徴的教育』(19)を教科書とした､保守的傾向の強いフレーベル主義教育の理論と実践中心のカリキュラムが編成されていた(20)。その後、甲賀は当初の留学の目的を果たすため、進歩的な養成校として「最も整備して居て模範的」(21)であるとみなしていたシカゴ大学に入学した。両校における幼児教育の理論や実践にふれた甲賀は、その相違点を整理して次のように説明している。

甲賀によれば、「旧式」はフレーベルのシステムを文字のままに採用しており、「新式」はフレーベルの精神を重視し、保育法に様々な工夫を凝らしていたとある。また、保育案においては、「旧式」では「大体の教案を予じめ定めて置いて児童を之に当て箝め」、計画を変更することはほとんどないのに対し、「新式」は「教案を後にして児童を主位に置」き、子どもの様子に応じて自由に計画を変更していた。たとえば、天気のよい日には室内での恩物遊びよりも戸外での活動を行うなど柔軟に対応していたという。恩物遊びにおいては、小さな積木を机上で使わせるのではなく、「新式」では、子どもたちは大きな積木で作った家や門の中を通りぬけたりもぐったりして遊び、庭の花や石などの自然物を用いた「頗る自由」なものであった(22)。甲賀は「旧式」の代表校であるボストン師範学校と「新式」の代表校であるシカゴ大学において学んだことで、新旧の方式を採る保育を対比的に捉えていた。

シカゴ大学教育学部における幼児教育・保姆養成

甲賀はシカゴ大学教育学部（the University of Chicago the School of Education）の教員養成カレッジ（College of Education）に一九〇五年の夏期（六―八月）と秋期（九―一一月）の二期間在学していた(23)。甲賀が留学した当時、シカゴ大学教育学部は次々に中心的指導者を失ったところであり、組織も再構成されつつあった。ここで簡単にシカゴ大学教育学部の状況を説明しておきたい。

シカゴ大学は一九〇二年にシカゴ学院（Chicago Institute）を合併すると、同院を教育学部として初等教員養成課程を設置した。そのことによりシカゴ学院附属幼稚園と、一八九八年秋に設置されていたデューイ・スクールの幼稚園の二園が、大学の附属幼稚園として並存することとなった。その後、教育学部長兼附属初等学校長であったパーカー（F. W. Parker）の急死により、一九〇三年に二園は併合され、一九〇四年にデューイ夫妻がシカゴ大学を辞職するまでその指導的役割を担った(24)。

一九〇一年から一九〇九年にかけて幼稚園部門の長として保姆養成と保育実践に携わっていたのはペイン（B. Payne）である。ペインはクック郡師範学校幼稚園や公立学校の保姆を経てシカゴ・フレーベル協会養成部門の長となった後、一九〇〇年からシカゴ学院、後にはシカゴ大学教育学部において保姆養成に従事した人物である[25]。彼女は一八九七年の全米教育協会幼稚園部会において児童研究の意義を示していることなどから、進歩的立場にたつ指導者の一人であったといえる[26]。デューイ夫妻がシカゴ大学を去った後、ペインは一九〇四年六月に保姆養成コースの提案をしている。このコースは、地理（1―1/2）、歴史（1―1/2）、自然研究（1―1/2）、算数（1―1/2）、スピーチと朗読（1―1/2）、家政学（1）、心理学（4）、児童衛生学（1）、教育（2）、選択科目（2―1/2）で構成されていた[27]。心理学を重視し、自然研究や児童衛生学などの新しい科目を含んだ保姆養成カリキュラムであることがみて取れる。それは後に採用され、幼稚園コース（Kindergarten Course）が正式に発足している[28]。

シカゴ大学留学時における学びの内実

甲賀はシカゴ大学でどのようなことを学んだのであろうか。甲賀の成績証明書によれば、甲賀が受講した科目は、一九〇五年の夏学期は「幼稚園の発展」「オーラル・リーディング」「子どもの物語の解釈」「粘土細工」「織物（編み物）」「教育哲学」、一九〇五年の秋学期は「初等学校におけるオーラル・リーディング」「子どもの物語の解釈」「幼稚園と低学年の音楽」である[29]。これをみると、実技的な科目を中心に、「幼稚園の発展」や「教育哲学」などの原理的科目も受講していることがわかる。ここで特にペインの担当科目である「幼稚園の発展」に着目したい。その内容は、フレーベルの教育哲学と心理学をほかの教育者のそれと比較するもので、対象者は保姆としての専門的養成を受け、実践経験のある者であった[30]。同講義はフレーベル主義教育の批判的検討がなされるものであったが、具体的な授業内容は不明なため、ペインの執筆物からこの頃の彼女の見解を確認しよう。

ペインは自由や自発性、自己活動といった幼稚園特有の概念が、進歩派の合言葉になっているという。それはフレーベルの思想を省みることであるが、単にそれの焼き直しではなく、科学的知識に基づく新たな見地からフレーベルを再解釈するものである。ペインはフレーベルが子どもの必要に応じて、運動リズムや楽しいカラーやデザインを含むいくつかの作業を組み込んだ点などを評価しつつも、幼稚園独自のフレーベル理解やそれによる実践を手放すことを勧めている。ペインは、より広い文化やより完全な科学的土台、心理学の訓練が保姆に必要であると考えていた。さらに、フレーベルの理論は幼稚園以降の段階においても有効であることから、保姆は全年齢の子どもたちの問題に働きかけるという見方を取得すべきであるという。そのうえで、保姆には、一人ひとりの子どもを観察し、その子の個性や問題点などを把握して対応するよう求めていた。ペインは、子どもは自主的活動によって自由を獲得すると考えており、子ども中心主義教育の理念を実現できる保姆の育成を目指していたのであった(31)。

このような見解に基づきシカゴ大学附属幼稚園ではペインの指導のもと実践が展開されていた(32)。保育項目には「科学・自然研究」「文学」「恩物ワーク」「手工(ハンドワーク)」「数」「モデリング」「絵画」「料理」「リズム・ゲーム」「音楽」が設けられており、特に「科学・自然研究」や「料理」は項目自体新しいものである。次節ではこの点に言及しつつ豊明幼稚園の実践を検討していきたい。

4　豊明幼稚園における進歩主義保育実践

豊明幼稚園への着任

甲賀は一九〇六年五月に帰国すると、同年四月に開園していた日本女子大学校附属豊明幼稚園に七月から主任保姆として着任している(33)。甲賀は「今度彼地から帰つて女子大学へ来て見ますと、成瀬校長はいろいろ研究して欧米の最新式を採用するに熱心な方であり、それに卒業生が孰れも亦非常に熱心なので、其の精神が能くシカゴ大学に似て居ると存じまして、此校で私もどうか充分骨を折つて見たいと思ふて居ります」(34)と述べ、女子の一貫教育の最初の段階として幼稚園を位置づけていた成瀬仁蔵のもと実践に取り組むこととなる(35)。一九一一(明治四四)年に甲賀による豊明幼稚園の紹介記事が、アメリカにおいて広く幼児教育関係者に購読されていた *Kindergarten Review* 誌上に掲載されている。甲賀は豊明幼稚園について次のように記している。

> 本園では、フレーベルのメソッドに基づき日本の子ども固有の必要性や状況、さらに一人ひとりの園児に応じた教育を行っている。それによって子どもたちが内にある力を発揮し、思慮深い指導によってそれを自由に表現できるようになることを目指している(36)

同園ではフレーベル主義教育を基本に据え、自己の力を自由に働かせることができるよう、日本の子どもたち一人ひとりに合わせた保育がなされるよう努められていた。次に、豊明幼稚園の実践について、主に同記事と日誌における記録から検証していく。

保育実践の特質

甲賀の直筆による一九〇七（明治四〇）年一月八日（火）から三月二八日（木）にかけての日誌が現存している(37)。保育項目としては「会集」「遊戯」「手工」「恩物」「自然科」を中心に「畳紙」「環並」「砂遊び」「粘土」「料理」がおかれていたことがわかる。ここで、当時の保育においては珍しい自然科と料理の実践や、先進的な恩物作業活動の内容についてみていこう。

①自然科

甲賀は「人が人生について感じる喜びの大半は、自然の美と関わっている」ため、自然環境は教育上非常に重要であると考えていた。園庭には様々な樹木が植えられ、果物や野菜を育てて収穫したり、木の実を採取したりする活動が行われている。また、牛、鶏、鳩、小川の生き物などとのふれあいも持たれていた(38)。たとえば、日誌によれば、三月一一日から一四日にかけて、集中的に畑作りが行われている。ちなみに三月一三日は会集の時間を自然科に変えているように、状況に応じて予定を柔軟に変更している点は、前述した「新式」保育の一つの特徴である。

また、日誌によれば植物が成長する様子を観察する機会が多々設けられていることがみて取れる。大根の収穫の際に以下のようなやりとりがあった。

何故に根を有するやと尋ねしに直に生徒はそれは水を飲むためなりと答へたり。何故室内にある植木鉢には度々水を注がざれば枯るるに外にある植木ハ水を注がずとも成長するは何故かと尋ねしにそれは雨が降る故なりと一人の生徒答へたり。

甲賀は子どもの科学的な洞察力を自然科の中で養っていたようであるが、このような保育内容はシカゴ大学附属幼稚園においても重視されていたものである。シカゴ大学附属幼稚園では保育項目として「自然研究・科学」が筆頭に挙げられ、整備された畑や庭など周辺環境のもと、自然環境が及ぼす影響や動植物に関して、季節の変化に即した科学的な観察がなされていた(39)。自然研究はアメリカにおいて幼稚園修正運動の過程でその重要性が認識されていったものである。

②料理

当時の日本の保育項目ではあまりみられない「料理」が豊明幼稚園のカリキュラムに組み込まれていたことも注目に価する。シカゴ大学附属幼稚園において「料理」は、子どもが科学的思考に基づいて活動することで多様なスキルや社会性を培う社会的産業の活動として導入されていた。たとえば、同園では感謝祭にジュースやゼリー、クッキーなどを作っている(40)。一方、豊明幼稚園では、母親参観において子どもたちが作ったケーキとお茶で母親たちをもてなすといった活動が行われている(41)。また、三月八日の日誌には「始めに米を生徒に洗わしめてそれを火にかけ、傍らごまをいってすり砂糖をまぜおきキナコに砂糖を混ぜしめおき別に米の煮上りたるとき生徒にこれを握らさしめてゴマキナコ等をまろばさしむ」という団子づくりの様子が記録されている。

豊明幼稚園において広島時代には取り入れられていなかった自然科や料理を導入していたことは、成瀬の教育方針とともにシカゴ大学の影響があるといえよう(42)。

日本女子大学校附属豊明幼稚園において、園児たちが大きな積み木を用いて協同で家を作って遊ぶ様子（1909年）。

③恩物作業活動

恩物作業活動に関しても、広島時代と比べるとさまざまな変化がみられる。日誌からは恩物作業材料を用いて多様な遊びが展開されていたことが読み取れるが、ここで特に人形遊びと自由画（黒板・紙）についてふれておこう。

人形遊びとしては、二月七日に紙で西洋人形が作られ、二月二五日にその遊びが人形のお店ごっこに発展している。ちょうどこの頃、お雛さまに向けての活動が始まり、二月二八日に初めて導入した大きな積み木（第五恩物）でお雛様の山車を作り、そこに人形を飾っている。それに関連して、畳紙での三方作りや、お雛様の唱歌が歌われた。実行できなかったが、えんどう豆を洗って煮て、お雛様に供えるという料理の計画もあった。甲賀は「人形を作るは子供の最もよろこぶところなり」と子どもの興味を捉えている。そのほかにも三月六日には、「第五恩物を用ひて自由に家を作らしめ石を与へて庭を作らしむお人形を与へ家の内に住はしむ」とあるように、人形の家づくりも行われている。大きな積み木は一九〇五年にシカゴ大学附属幼稚園においても家や家具を作る際に用いられていた材料である(43)。

また、自由画は新しい手法として保育に導入されたものであり、甲賀は「園児たちが生まれつきバランスをとったり線や色を使ったりして絵を描くことが大好きであることを考慮し、はるかに自由な表現を認めている」と述べ、自由画を保育に取り入れていた(44)。

④保育実践への評価

一九一九(大正八)年にデューイが来日し、豊明幼稚園および豊明小学校を訪問した際、その実践に興味を示し、「子どもたちはかなり自由で、私がみたものは、模倣ばかりで何の個性もみせない(中略—筆者注)子どもたちではなく、お絵描きやそのほかハンドワークはかなり多様性があり、類似性はほとんどなかった」といい、その質はアメリカでの保育の平均をはるかに越えるものと述べている。特にまったく規律に縛られていない中、訪問者に目もくれないほど子どもたちが楽しそうに遊んでいる様子には感動したようである(45)。

また、日誌から豊明幼稚園には東京女子高等師範学校ほかから多くの参観者が訪れていることがわかる。同園は日本や中国、朝鮮の幼児教育関係者の一部から模範幼稚園と評価され、「関心のある学校の校長や園長が本園を訪ね、メソッドを参考にしている」(46)と*Kindergarten Review*に記している。甲賀のシカゴ大学留学経験による新しい傾向を帯びた実践は他園のモデルとされるものであった。

児童研究に基づいた保育実践の創出

以上のような保育実践を行う基盤となっていたのは甲賀による児童研究であった。豊明幼稚園規則の第一条には「附属豊明幼稚園は幼児心身の発達を計るを以て目的とし併せて保育法の研究に資するものとす」(47)と定められている。これまで保育法研究を行ってきた甲賀にとって、同園は最適の教育・研究環境であったであろう。甲賀は以下のように子どもの個性に着目した研究を行っている。

各個人を出来るだけよく発達させやうとつとめますには、是非とも、各個人をよく知るといふ事が大切なので御座り《ママ》ます。此頃、吾が国でも、個性研究といふ声が高くなつてまゐりましたのは結構なこと丶存じて居ります。子供一人々々をよく研究して、その各個人の必要に応じて、或は、その不足を補ひ、或は、まだ覚醒して居ない善を呼び起すとか、また如何はしいと思ふ様な点は、自然に枯れてしまうやうにつとめなければならないので御座います。さらば、どうして、其子供一人一人をよく知る事が出来ませうか、私共は、毎日子供と一緒に室内、或は室外で遊んで居ります間に、子供等の一人々々の特性を見ることが出来ます。殊に保姆の指導なしに、（唯保姆は監督だけして）遊んで居る時、即ち、子供が全く自由に余念なく遊んで居る時には、子供が已れ自身を、有の儘に発表して居りますから、最もよくその個性を知ることが出来ます（傍線部引用者）[48]

このように甲賀は、自由に遊ぶ子どもたち一人ひとりを観察し、個性の研究をするよう保姆に勧めている。甲賀は「同一の遊びや、仕事を致して居りましても、決して、同じ型に入れる事は出来ませぬ」[49]と述べている。児童研究としては観察法以外にも、性質が体格の影響を強く受けているとして身体検査が行われたり、五感の試験が実施されたりしていた[50]。さらに、海辺の子どもや山村の子どもなど、育った場所や境遇を尊重し、子どもの生活を中心に遊びを構成することについて言及している[51]。甲賀は一人ひとりの子どもの個性や状況を把握し、それに即した保育を行おうとしていたのであった。

また、甲賀は児童研究を通して、子どもの興味についての理解を深め、それにより実践を修正しようと考えていた。ある時、アメリカ艦隊の来航を教育の機会と捉えた甲賀は、子どもに問いかけたが、予想した答えが返ってこなかったというエピソードから、次のようなことに気づいている。

> なぜ直に士官とか、兵隊さんとか答へなかつたのだらうと能く考へましたが、扨てこれこそ子供の本能で、即ち子供は自分に尤も近き自然物とか、また尤も本能的に活動するものに多く興味をもち、また注意を引かるゝものといふ事を学びました。それですから子供にお話しなどを致します時は、人事界の事を材料として致しますよりは、尤も自然に近きものを材料として致します方が、子供の興味を引き起しますのに有効であります(52)

このことを通して甲賀は、子どもは人事界よりも自然界に強い興味を示すため、保育においては自然界への興味を刺激することがより有効であることを発見している。日誌の中にも子どもが興味をもった点が記録されているように、甲賀は日々、注意深く子どもの言動を観察し、児童研究をもとに保育を充実させようと試みていたのであった。

5　その後の展開

甲賀は一九二〇（大正九）年から一九二一（大正一〇）年にかけて渡米し、アメリカ各地の幼稚園や施設を視察している。その際、以前から注目していた「有名な新式教授法の研究者」であるヒル（P. S. Hill）と会見している。ヒルの保育方針を「常に自由な教育をする」ということに見出していた甲賀は、ヒルに直接「何処まで自由を与へられるか」と尋ね、「骨のある自由」という答えを受けたと記している(53)。この件に関して甲賀はこれ以上言及していないが、ペインの教育理念に触れていた甲賀が自由を「新式」保育のキーワードと見なしていたことは明らかである。甲賀にとって自由とは保育実践を改造していくうえでまず問わなければならないものであったのだろう。

また、この視察で甲賀は幼小連携のあり方にも注目している。彼女は訪問したシカゴ大学について「幼稚園、小学校、ハイスクウルの三つに分つて、最も完全な設備の下に、多くの生徒を収容しております」(54)と述べ、特に、「私が日本にゐて最も苦心してゐる幼稚園と小学校の連絡は、実に羨ましいほどうまく出来てゐます」と言う。具体的には「幼稚園の受持時間を終ると、その教師が直に同じ構内になる小学校に走つて行つて、一年級を教へます。園児に接した気分が続けられますから、その間に不自然な懸隔もなく無理もなくて、多くの効果が挙がつてゐるやうです」とある(55)。ここから、甲賀が幼小接続を課題と捉えていたことが見受けられるが、ここで教師側のギャップを解消する必要性を認識したといえよう。一九一一年に附属豊明小学校に着任した新教育の主導者として知られる河野清丸は「私の学校の附属幼稚園に於ては最上級は小学校的色彩を帯びしむるやうに、小学校の最下級は幼稚園を参照するといふ風にして双方から相近づいて連絡をはかつて居ります」(56)と述べている。一九一〇年代にはすでに豊明幼稚園および小学校では幼小接続が意識されていたようである。この視察を機に幼小連携がいかに展開していくかについては今後検討していきたい。

6　おわりに

以上、甲賀ふじの教育・研究活動を概観し、進歩主義保育が豊明幼稚園においていかに受容されたかについて、そのプロセスを含めて検討してきた。ケンブリッジおよびボストンで二年半学び、保姆の資格を取得した甲賀は、帰国後、頌栄幼稚園や広島女学校附属幼稚園で実践に携わった。広島女学校附属幼稚園では当時の日本では先進的な中心統合主義保育が行われていたが、この段階ではまだ保姆主導の傾向が強く、新しい保育材料は導入されていなかった。そのため、甲賀は次に赴任したハワイの幼稚園での進歩主義的な実践に衝撃を受けている。その後、甲賀は新しい保育法について研究するため、進歩主義教育研究の代表校であるシカゴ大学に入学し、パーカーやデューイの影響のもとで幼児教育を主導してきたペインに学んだ。シカゴ大学附属幼稚園ではペインの指導により進歩的な保育が行われていた。ペインはフレーベルの哲学と心理学を批判的に検討し、子どもの個性や自由を尊重した子ども中心主義保育を実践していたのであった。

シカゴ大学で新しい保育の理念と方法を学んだ甲賀は、豊明幼稚園において児童研究に基づく子ども中心の保育を行った。同園では、シカゴ大学附属幼稚園でも用いられたような材料や保育法が取り入れられ、大きな積み木などの恩物による自由遊びや自由画が導入された。また自然科や料理という保育項目も加え、自由度の高い活動が展開された。幼児教育修正の過渡期にあったアメリカ保育界で、進歩主義保育実践を先駆的に主導したシカゴ大学で学んだことにより、甲賀はそれをいち早く受容し得たといえる。しかし、それは一時的なものではなく、甲賀が児童研究の視点をシカゴ大学留学によって獲得したことで、日本の子どもたちに合わせた実践を継続的に創出することとなったのである。

当時、学術的に研究成果を発信することの少なかった保姆であるが、甲賀はそのような中にあってアメリカと日本を往還しながら保育法研究を深化させていった。本研究において、甲賀の長期的な研究プロセスを概観したことで、保育実践史上、新教育の影響によりいかに保育改革がなされたかについて検討することができた。幼児教育領域における新教育実践の実態を明らかにすることは、大正新教育の全体像を描くためにも不可欠であろう。また、新教育との関連で進められてきた幼小連携カリキュラム開発の特質を考察するためには(57)、小学校側だけでなく幼稚園側の研究状況についても明らかにする必要がある。本研究をもとに今後は一九二〇年代の豊明幼稚園および小学校の教育実践を検討することで、大正新教育期における幼小連携の取り組みについても明らかにしていきたい。

注

（1）　甲賀藤子「米国の幼稚園」『女学世界』第六巻第一一号、一九〇六年、五五頁。甲賀藤子「米国の幼稚園を見てつくづく感じたことども」『婦人世界』第一六巻第五号、一九二一年、六九頁。村山貞雄「国際化と保育（総説）」『保育学研究』一九九一年、一二頁。

（2）　聖和保育史刊行委員会編『聖和保育史』聖和大学、一九八五年、三九二―三九四頁。小林恵子『日本の幼児保育につくした宣教師』キリスト新聞社、下巻、二〇〇九年、二〇―二三頁。清水陽子「保育の国際化に関する一考察――日本女子大学校附属豊明幼稚園初代主任甲賀ふじを中心として――」『保育学研究』一九九一年、一八―二七頁。清水は家庭教育と母親教育に関する甲賀の見解を紹介している。

（3）　田中まさ子「甲賀ふじ研究（第一報）――ある幼稚園保姆のライフヒストリー研究試論――」『聖徳学園女子短期大学紀要』第一八巻、一九九二年、四三―五〇頁。勝村とも子「〃幼児教育のパイオニア〃甲賀ふじと福音伝道（一）――一八九七年の渡米までを中心に――」『聖母被昇天学院女子短期大学紀要』第三一号、二〇〇五年、一―一二頁。

（4）　前典子「日本女子大学附属豊明幼稚園初代主任甲賀ふじ」『成瀬記念館一九八六』第二号、一九八六年、二六―四〇頁。田中まさ子「明治後期の幼稚園教育に関する一考察――甲賀ふじの保育日誌にみる進歩主義の受容とフレーベル主義の展開――」『人間教育の探究』第五号、一九九二年、七五―八九頁。田中まさ子『幼児教育方法史研究――保育者と子どもの共生的生活に基づく方法論の探究――』風間書房、一九九八年、一二七―一四三頁。

（５）甲賀のおいたちについては、*American Women Missionaries at Kobe College 1873―1909 : New Dimensions in Gender*（Noriko Kawamura Ishii, New York & London, Routledge, 2004, pp. 153-155）、「甲賀ふじ研究（第一報）」（前掲、四三―五〇頁）に詳しい。

（６）甲賀藤子「自己の使命天職等に関して覚悟したる場合の経験談」『家庭』第一巻第一号、一九〇九年、一三―一四頁。

（７）前掲「米国の幼稚園」五五頁。

（８）“Normal Kindergarten Graduation,” *Cambridge Tribune*, vol. XI, no. 16, 23 June 1888. *Annual Report of the School Committee*, Cambridge, Harvard Printing Company, 1890, p. 16. なお、ボーヒーズの養成クラスはショーの指導下にあった。

（９）Ishii, op. cit., p. 155. 甲賀は第一回留学時におけるフィッシャーとの関係について言及している（前掲「米国の幼稚園」六〇頁）。

（10）前掲「米国の幼稚園」五六―五八頁。神戸女学校同窓会誌「めぐみ」第六二号、一九一六年。

（11）拙著『近代日本保育者養成史の研究――キリスト教系保姆養成機関を中心に――』風間書房、二〇一六年、一二六、二一一―二一二頁。

（12）“Outline of Kindergarten Work 1897-98”（関西学院大学聖和短期大学キリスト教教育・保育研究センター蔵）。

（13）前掲『近代日本保育者養成史の研究』二二三―二三四頁。

（14）勝村とも子の研究において、ハワイにおける教育状況（「一九世紀末のハワイ無償幼稚園運動に於けるキャッスル一族の貢献とジョン・デューイの進歩主義教育の関わり」『大阪私立短期大学協会研究報告集』第三八号、二〇〇一年、八六―九三頁）や、甲賀のハワイでの活動（「幼児教育史研究――無償幼稚園運動（一）ホノルルの日本人幼稚園と甲賀ふじの果たした役割〔一八九七―一九〇二年〕――」『樟蔭東女子短期大学研究論集』第九号、二〇〇六年、四五―五二頁。「幼児教育史研究――無償幼稚園運動（二）甲賀ふじとハワイ島コハラの幼稚園〔一九〇二―一九〇四年〕――」『樟蔭東女子短期大学研究論集』第一一号、二〇一〇年、四七―五三頁）が詳しく記されている。

（15）*Calendar of the Free Kindergarten and Children's Aid Association of the Hawaiian Islands 1900,* Honolulu, Hawaiian Gazette Company, 1900, p. 7, pp. 26-27.

（16）前掲「米国の幼稚園」五九―六〇頁。

(17) 中谷彪他訳『アメリカ幼稚園発達史』教育開発研究所、一九八七年、一八七―二二四頁。(Nina C. Vandewalker, *The Kindergarten in American Education*, New York, the Macmillan Company, 1908)。

(18) 甲賀のシカゴ大学の成績証明書の学歴欄にボストン師範学校と記されている(Koka Fuji(Student Number 21916), "School of Education-Record of Work," Office of the University Registrar(以下、"Record of Work"とする))。前掲「米国の幼稚園」六〇頁。

(19) S. Blow, *Symbolic Education: A Commentary on Froebel's "Mother play,"* New York, D. Appleton and Company, 1895.

(20) 一九〇四年度の幼稚園コースの教育内容は一、教育原理、教育史、学校管理、二、図画、形態と色彩、音楽、三、『母の歌と愛撫の歌』と『象徴的教育』、四、恩物――理論と実践、五、オキュペーション、六、歌とゲーム、七、公立初等学校における観察と実践(四週間)、八、幼稚園における観察と実践(六ヶ月間)である(*Cataloge of the Boston Normal School for the Year 1904*, Boston, 1904, p. 12)。

(21) 甲賀藤子「米国東方の幼稚園」『婦人と子ども』第七巻第四号、一九〇七年、一四頁。

(22) 前掲「米国の幼稚園」六〇頁。前掲「米国東方の幼稚園」一四頁。

(23) *Annual Register*, the University of Chicago, 1905-1906, p. 458. "Record of Work" によると、甲賀が大学の入学許可を受けたのは一九〇五年六月一七日である。

(24) シカゴ大学教育学部の動向については『デューイ実験学校』(メイヨー、エドワーズ共著(梅根悟、石原静子訳)明治図書、一九七八年)や『シカゴの新学校――デューイ・スクールとパーカー・スクール――』(松村將、法律文化社、一九九四年)などを参照した。

(25) *Prospectus of the University Elementary School*, the University of Chicago, the School of Education, 1901-1902, p. 5.

(26) 阿部真美子他『アメリカの幼稚園運動』明治図書、一九八八年、三八頁。

(27) "College of Education Conference of General Committee of College of Education" June 2, 1904(シカゴ大学レゲンステイン図書館スペシャルコレクション蔵)。括弧内の数字は時間を示したものと思われる。

(28) なお、一九〇五年度の教員養成カレッジには二年コースの全科コースA(初等教員養成課程)と幼稚園コース(幼稚園教員養成課程)、家政学コースの他、四年コースの全科コースB(中等学校教員や指導者対象)、専科コース(中等教育・師範学校教員養成)、芸術・技術コースが設置されていた(*Annual Register*, 1905-1906, 1906, pp. 105-106)。

(29) "Record of Work," *Bulletin of Information*, the University of Chicago, the School of Education, Summer Quarter, vol. V, no. 3, 1905.

Circular of Information, the University of Chicago, the School of Education, vol. V, no. 3, 1905-1906.

（30） *Bulletin of Information*, Summer Quarter, 1905, p. 6.

（31） B. Payne, "The Individual Child," *Kindergarten Review*, vol. XV, no. 1, 1904, p. 1, 4. B. Payne "The Training of the Kindergartner," *Elementary School Teacher*, vol. 3, no. 9, 1903, pp. 603-608.

（32） *Announcement of the University Elementary School 1905-1906*, the University of Chicago, 1905, p. 4, pp. 33-35. 教員養成カレッジの担当者は、エレメンタリースクールの各自の部門の指導主事を務め、実践の監督をし、実際に教育に携っていた。

（33） 甲賀は第二回留学時に日本女子大学校学監であった麻生正蔵と知り合い、招かれることとなった（「穂積先生と甲賀先生の御退職を送る一夕の集り」『家庭週報』第九四一号、一九二八年、五頁）。

（34） 前掲「米国の幼稚園」六三頁。

（35） 「日本女子大学校設立趣意書」『日本女子大学校四十年史』日本女子大学校、一九四二年、三八―四四頁。なお、甲賀は、一九一〇年から私立南高輪幼稚園の主任保姆を兼務し、一九二九年まで実践に従事していた。

（36） Fuji Koka "The Homei Kindergarten of the Japan Woman's University," *Kindergarten Review*, Vol. 22, no. 4, 1911, p. 234.

（37） 「日誌」豊明幼稚園、一九〇七年（成瀬記念館蔵）。なお、日誌の翻刻（豊明幼稚園『保育の記録』第一号、一九九二年、一―一六頁）も参照した。『幼児教育方法史研究』（前掲、一三〇―一三三頁）には日誌の概要が記載されている。

（38） Koka, op. cit., pp. 231-232.

（39） *Announcement of the University Elementary School, 1905-1906*, pp. 14, 33.

（40） Ibid., pp. 28-29, p. 35.

（41） Koka, op. cit., p. 234.

（42） 成瀬は自然教育と手工教育を教育内容として重視していた（成瀬仁蔵「日本女子大学校の教育方針に就て」一九〇五年（『成瀬先生講演集』、桜楓会出版部、第三号、一九四〇年、一八八―二〇〇頁）。

（43） *Announcement of the University Elementary School, 1905-1906*, p. 34.

（44） Koka, op. cit., p. 233.

（45） J. Dewey and A. C. Dewey, *Letters from China and Japan*, New York, E. P. Dutton & Company, 1920, pp. 28-29（アメリカの妹へ一九二〇年二月二二日に宛てた手紙）。

(46) Koka, op. cit., p. 234.
(47) 「幼稚園設立認可願」一九〇五年一〇月二日（東京都公文書館所蔵）。
(48) 甲賀藤子「幼稚園保姆の家庭訪問の必要」『婦人と子ども』第二巻第二号、一九一一年、一三頁。
(49) 同前。
(50) 甲賀藤子「児童の五感をどうして試験するか」『家庭週報』第一六七号、一九〇八年、三頁。
(51) 甲賀ふじ子「新式の幼稚園」『女学世界』第七巻第四号、一九〇七年、二八―二九頁。
(52) 甲賀ふぢ子「愛らしき良師の教へ」『家庭週報』第一六三号、一九〇八年、二頁。
(53) 前掲「米国の幼稚園を見てつくづく感じたことども」七〇―七一頁。
(54) 同前書、七〇頁。
(55) 同前書、六九頁。
(56) 河野清丸「小学校から幼稚園への希望二」『婦人と子ども』第十六巻第二号、一九一六年、五五頁。
(57) アメリカにおいては一九一〇年代から進歩主義教育との関連で幼小連携カリキュラムが提案され、日本においては一九二〇年代に幼小連携に関する情報がアメリカ経由で普及したものの、定着には至らなかったとされている。（橋本美保「幼小連携とプロジェクト活動――教育情報の伝達とその困難――」『プロジェクト活動――知と生を結ぶ学び――』二〇一二年、東京大学出版会、九三―一一六頁）。

第9章　大正新教育におけるサティス・コールマン「創造的音楽」の受容
——受容主体による理解を中心に——

S. N. Coleman

塚原　健太

1　はじめに

問題意識と研究目的

児童の表現衝動に基づく活動を組織し、カリキュラムに位置づけることは、国際的な新教育運動における一つの共通関心であったといえる。新教育連盟の機関誌 *The New Era* では、一九二三年に「創造的奉仕のための教育」が特集され、アメリカの進歩主義教育協会の機関誌 *Progressive Education* では、一九二六年から一九三一年にかけて「創造的表現」に関する一連の特集が組まれた。こうした動向は日本も例外ではなく、たとえば、大正新教育の牽引者の一人であった奈良女子高等師範学校附属小学校の木下竹次主事は、自身の提唱した「学習法」の原理の一つとして「創作的学習」を挙げ、児童の創造的な表現を促す学習の必要を論じた。

創造的表現のカリキュラムにおける位置づけは、しばしば芸術的な表現の教育として探求されてきた。先述の *Progressive Education* の特集では、美術、音楽、文学、演劇が取り上げられ、大正新教育においては、児童の自由な表現による「自由画」、「自由作曲」、「綴方」、「児童劇」の実践が盛んに行われた。しかし、この中でも音楽は、児童の自己表現を促す実践の必要性が認識されつつも、必ずしも理論化や実践化に成功していたとはいえない。大正後期から昭和初期にかけての児童作曲法を検討した三村真弓は、当時の児童作曲法には、基本練習の延長上で行われるものと、児童の心情を歌わせようとするものがあったが、前者が圧倒的多数であったことを指摘した。また後者の場合でも、児童作曲が音楽的な技能習得の手段になっていったという[1]。たしかに音楽表現において、技能習得の問題を看過することはできない。しかしながら、教師によって系統的な技能習得の指導が計画されているからといって、児童の自己表現よりも技能を重視していたと評価することはできない。つまり教師が、表現主体である児童の創造性をいかに捉え、どのように実践に具現化していたのかを問わなくてはならない。

以上の問題意識に基づき本章では、児童の表現を中核に据えた音楽教育実践への改革を目指したサティス・コールマン（Satis N. Coleman, 1878-1961）の「創造的音楽」（Creative Music）に注目し、それが日本の教育実践に与えた影響の実相を解明したい。

「創造的音楽」の特徴と研究課題

コールマンは、コロンビア大学ティーチャーズ・カレッジ（Teachers College, Columbia University）の実験学校リンカーン・スクール（Lincoln School）において、一九一九年から教鞭をとった。彼女の「創造的音楽」に関する一連の著作には、「原始人による単純な音楽を経験することから始まり、舞踊、歌唱、楽器に関する学習、楽器製作、演奏、創作、音楽の背景の調査や理解、などを含んだ学習活動によって、音楽の発展史」をたどり、カリキュラムの最後に児童がつくった楽器と主題による交響曲の合奏を行うという実践について平易に記述されている[2]。それは、彼女が子どもたちを眼前にした教師であったためである。

リンカーン・スクールの「創造的音楽」における楽器づくりの様子。音楽の発展史に沿って楽器製作や音楽づくりなどを経験していくことにより、子どもたち自身が音楽の発達段階を発見しながら学習が進められた。こうした創造的な経験を組織する方法が、同校の「作業単元」成立の基礎になった。

彼女の音楽教育論は、桂直美が指摘しているように、コールマン自身によって理論化されている訳ではないし、メソッドやシステムとして体系化されているものでもない。「彼女の実践に形を与える思想に力点が置かれている」のである(3)。しかし、彼女の「創造的音楽」は、当時のアメリカ国内においても保守的な考え方を持った音楽教育者たちから「活動主義のプログラム」であると理解されたり(4)、「コールマンの実践＝楽器づくりとみなして評価」されたりすることが少なくなかったという(5)。このように彼女の音楽教育論には、アメリカ国内においてさえも、その理念が看過され、活動のみに注目されやすいという性格が内在していた。一方で、コールマンの「創造的音楽」における「創造的経験」の組織の考え方は、リンカーン・スクールにおける「作業単元」成立の基礎となったと、ラッグ(Harold O. Rugg)とシューメーカー(Ann Shumaker)の評価に依拠して、佐藤学が指摘しているように、音楽教育の実践を超えたカリキュラム改革を促す可能性を持っていた(6)。

以上のようなコールマンの「創造的音楽」に内在する多様な可能性は、大正新教育においてはどのように把握されていたのだろうか。とりわけ音楽教育実践を担う教師たちには、どのように受容され、どのような実践に結実したのだろうか。日本におけるコールマンの「創造的音楽」の受容に関しては、これまで音楽教育史の視点から個別の事例における活動への影響が断片的に紹介されるにとどまっている(7)。そこで本稿では、まず戦前期における「創造的音楽」の紹介経路・翻訳の状況を総合的に検討する。そのうえで、受容主体の立場によって、「創造的音楽」のどのような点に注目し、どのように理解していたのかを明らかにすることを課題とする。

2　「創造的音楽」の紹介経路・翻訳の状況

紹介経路

コールマンの「創造的音楽」の紹介経路は、先行研究と今回の調査結果によれば、以下の四つが明らかである。①奈良女子高等師範学校附属小学校（以下、奈良女高師附小と略記）の機関誌『学習研究』に一九二四（大正一三）年に掲載された *Creative Music for Children*（1922、以下 *CMC* と略記）(8)の抄訳(9)、②学校音楽研究会の機関誌『学校音楽』に、一九三四（昭和九）年から翌年にかけて掲載された上田壽四郎による *CMC* の抄訳と紹介(10)、③作曲家の濱口正二による一九三六（昭和一一）年、『学校音楽』に掲載された、リンカーン・スクール参観に基づく紹介(11)、およびコールマンの博士論文 *A Children's Symphony*（1931）(12)の翻訳と紹介(13)、④東京市内小学校の校長による欧米視察を通した紹介である。以下、それぞれの紹介経路と翻訳の状況を整理したい。

奈良女高師附小『学習研究』に掲載された抄訳

平井建二の研究によって明らかなように、一九二四年、『学習研究』に同校の訓導である山口勲による *CMC* の

資料９―１　*Creative Music for Children*（1922）の目次

抄訳が掲載された(14)。同誌は、奈良女高師附小学習研究会の機関誌である。まずは、抄訳された箇所を確認しておきたい。〈資料９―１〉はCMCの目次である。このうち山口によって抄訳されたのは、第三部の第一〇章と第一一章である。

CMCは、コールマンがリンカーン・スクールに着任する以前に、私的なスタジオで行った実験的なワークショップの成果をまとめたものである。第一〇章は、その実験の成果を楽器づくり、原始的な楽器の使用、踊り、歌、作曲、アンサンブルといった諸活動のエピソードを紹介しながら検討したうえで、「創造的音楽」が児童の教育および発達にいかに寄与するかを述べた章である。コールマンは、教育の目的について「完全な教育は、社会への完璧な適応と両立する、思考と行動における最大限の自立心の発達を要求する。さらに技術的な能力、健全な感情の傾向、美の鑑賞力も含まれる」と述べている(15)。そして彼女は、実験過程と結果を検討した上で、「創造的音楽」の教育的な効果が、山口によって訳出されているように「創造力をすゝめ、自ら考へる力を錬り、一般的知識を与え、自らはたらく力を得しめ、動作の調整に習熟させ、健全なる情緒の発揚となり、美の鑑賞、社会への道徳を助成する」ことにあると、まとめている(16)。

第一一章は、子どもの成長が著しい幼少期に、音楽教師は子どもたちの教育に関わることができないという、コールマンの問題関心に基づいて書かれている。この問題関心は、人間の傾向性や感情が、六、七歳までに確立するという事実に依拠している。ここでは「児童の音楽的生活を形成する大なる機械《ママ》はその父母の手中にある」として、親が子どもとともに音楽をする際の方法や心得について述べられている(17)。つまり、親への啓蒙的な視点から書かれた章である。コールマンは、レコードを聴くだけではなく、幼少期から家族とともに音楽を演奏したり楽器をつくったりする習慣が、子どもの人間的な態度や傾向を育むために非常に効果的であることを、次のように述べている。

> 調和した音を一緒につくる家族の習慣は、家族の心の状態を整え、家族関係を調和させ、幼少期から音楽経験をあたえることで子どもたちを真の音楽愛好家にし、より人生を豊かにし、より完成したものにするような反応、態度、傾向を音楽や他者に対してとることを確立させるものであり、計り知れない価値を持つことは確かに真実である(18)。

以上のように、山口によって抄訳されたのは、具体的な活動の紹介とともに「創造的音楽」が子どもの成長や、教育一般に寄与する効果をまとめた章であった。

『学校音楽』に掲載された上田壽四郎による抄訳と紹介

一九三四年から一九三五（昭和一〇）年にかけて『学校音楽』に掲載された上田壽四郎による抄訳も、CMC の特定の章が取り上げられている。しかし、それは山口による抄訳とは異なる章である。

『学校音楽』は、東京市内の小学校で唱歌専科訓導を務めていた小出浩平、上田友亀や、東京高等師範学校附属小学校の唱歌専科訓導であった井上武士などの音楽教育実践家が集まって、一九三三（昭和八）年に結成された学校音楽研究会の機関誌である。菅道子によれば、学校音楽研究会は「東京を中心とした音楽教育の実践家たちの一つの中心的な研究組織となり、雑誌『学校音楽』はその情報公開、交流のメディアになっていたと考えられる」(19)。また、全国の音楽教育実践家の記事も多く収録されていることから、当時の多くの音楽教育実践家によって読まれていたと考えられる。したがって『学校音楽』に掲載された抄訳は、少なくとも『学習研究』に掲載された抄訳よりも参照されたであろう。

上田壽四郎によって抄訳されたのは、コールマンが「創造的音楽」の実践を始めた経緯や、その実践に対する基本的な姿勢が述べられている第一部の第一章から第三章である。

第一章でコールマンは、自身の経験から多くの親が音楽の訓練の価値をまったく認めなかったり、子どもを社会的に魅力的にするためのたしなみとしてレッスンを受けさせたりしている現状を批判し、音楽を副次的な目的のために使用することに警鐘を鳴らしている。彼女は、音楽が好きでなかったり、何の音楽も演奏できなかったりといった音楽と人間の関わりに不適合があるとしたら、その原因は「私たちと私たちの先人たちによる音楽の利用の方法にある」という(20)。

第二章では、「創造的音楽」の実践の起点に、彼女自身の幼少期のレッスン経験があることが語られている。彼女が幼少期に受けたレッスンは、楽譜と鍵盤の関係の学習から入り、ピアノを弾きたい、音楽を生み出したいという希望に駆られていた彼女に失望と精神的重圧をもたらしたのである。そうした中で、彼女は次第に自ら耳で聴きわけた音を演奏するようになった。コールマンはこの経験から、楽譜を一切用いずに聴くことによって教えるというプランを試みたのであった。

そして、この試みによって楽譜を用いずに音を覚えて演奏することや、即興で演奏することは楽しいことであると、子どもたちが思ってくれるようになったという。しかし、手が小さすぎて力が弱いためにピアノを弾くことができない子どもたちから、太鼓などのリズム楽器を奏するだけではなく、曲を弾きたいという要望が出てきたことにより、コールマンは困惑した(21)。

この問題の解決を促したアイディアついては、第三章で述べられている。そのアイディアは、コールマン自身が痛みをともなう疲れを感じているときに、ふと手にとったバンジョーの弦を弾いたことで、癒された経験によっている。その要因は、弦に直接手でふれることによって身体が共鳴するという「楽器に対して密接な身近さを感じる」ことにあったという(22)。このような気づきをもとにコールマンは、原始人や未開人が用いているようなプリミティブな楽器に注目し、「もしも子どもが音楽という芸術を、その原初の段階から体験し、自分で自分の楽器を作って奏で、楽器の発達の諸段階を自力で発見するとしたら、音楽好きになるのをどんなに助けることだろうか」(傍点は原文のママ）という彼女の実践を支える仮説に至っている(23)。そしてその仮説を実践に移し、「音楽の歴史全体を子どもたちの手の届くところに引き寄せ、それを体験することを実現可能なものにする」ために、原始的な音楽とその発展についての調査や、それらの楽器を子どもたちにテストしながら、「音楽をやりたいという子どもの自然な望みを満足させる教材」を開発していったという(24)。

また上田壽四郎は、子どもたちが実際に楽器を作成し奏する作業の過程を記述した第四章の内容を、一九三五年の「子供達の手製楽器」において紹介している[25]。

以上みてきたように、『学校音楽』に掲載された上田壽四郎による抄訳では、コールマンの問題関心と基本的な考え方、つまり彼女の思想にあたる部分が取り上げられている。ここには、コールマンの音楽教育実践の特徴である、プリミティブな音楽を用いるということの意味が述べられている。

先の『学習研究』に掲載された抄訳では、CMCの成果や教育的効果について言及された箇所が翻訳されていたが、上田壽四郎による翻訳では、上述のようにコールマンが「創造的音楽」の実践をはじめた経緯や、思想的な基盤について述べられた箇所が選択されていた。この翻訳が『学校音楽』という当時の音楽教育実践家に広く読まれたと考えられる雑誌に掲載されたことによって、コールマンの音楽教育実践に対する正しい認識を多くの人が持つことができるようになったと推察される。特にこの抄訳には、「人類のプリミティブな芸術的営みの歴史に学ぼうとするのは、［中略］子どもが今ここで楽器を創成しつつある姿の中に、ダイナミックに展開して行く文化を生成する精神を見ようとする」[26]という彼女の姿勢が看取され、彼女の実践の意味を本質的に理解する可能性が開かれたと考えられる。

濱口正二による博士論文 *A Children's Symphony* の抄訳と紹介

濱口正二（一八九九―一九七二）は兵庫県の作曲家で、『学校音楽』に度々寄稿したり、神戸市の初等音楽研究発表会に参加し、音楽教育の実践家たちと交流を行ったりするなど、学校音楽教育との交渉を持った人物である。彼は、一九三四年から一九三六年の間にアメリカ、ドイツに留学し[27]、ニューヨーク滞在中にはリンカーン・スクールを度々訪問して、コールマンから指導を受けたという。彼がリンカーン・スクールを訪ねたのは、児童作曲と児童オーケストラの指導が行われているのを知ったことによる(28)。そして、コールマンがコロンビア大学から哲学博士の称号を授与されたことを紹介したうえで、コールマンの主著 *CMC* や博士論文 *A Children's Symphony* などの存在を、次のように紹介している。

コールマン博士の名著　創造音楽は女史が同地［＝ニューヨーク―引用者］で私立の音楽教授所を開いてゐた頃書かれたものであるが、之によつてリンコルン・スクールの先生となる事が出来たと云つてもよい位である。此の外に女史の著作には、児童シンフォニー（Children's Symphony）又、ベル・シロフヤン《ママ》、サルトリー等の簡単な楽器の指導法を示した立派な文献を出してゐる。(29)

このように濱口は、ニューヨークに滞在しリンカーン・スクールに訪れたことをきっかけに、コールマンの博士論文を手に入れたと考えられる。

さらに濱口は、コールマンの博士論文の一部を翻訳し、『学校音楽』に「創作的児童オーケストラの史的論拠」として寄稿している。翻訳されている部分は、児童オーケストラの実践の背景を述べた冒頭の一部であり、音楽教育史と音楽の発展史を概観することで「今日の状態を明確にし、現代多数の人々の生活に作用する音楽の欠陥が何所にあるか、その原因に或る解決」の糸口を見出すことを意図した章である(30)。

東京市の校長による欧米視察を通した紹介

一九二〇年代の東京市では、校長を選抜し欧米の教育視察に派遣していた。一九二六（大正一五）年七月から一九二七（昭和二）年三月まで欧米教育視察に出かけていた東京市富士尋常小学校校長の上沼久之丞は、コロンビア大学ティーチャーズ・カレッジ視察時に、コールマンのCMCの紹介を受けている(31)。また、一九二九（昭和四）年頃から欧米教育視察に出かけた東京市京橋昭和尋常小学校校長の服部蓊が持ち帰った資料の中に、コールマンの研究物があったという(32)。この研究物に触発され、簡易楽器による合奏の実践を始めた同校の唱歌専科訓導であった上田友亀は、後年の回想の中で、「それは「創造的音楽教育」の主張」だと言及している(33)。このことから、その研究物とはCMCであると推察できる。

3　受容主体による「創造的音楽」の理解と実践への影響

作曲家濱口正二における「創造的音楽」の研究

先に濱口がコールマンの博士論文の一部分を翻訳していたことを指摘したが、この抄訳が『学校音楽』に掲載される以前の一九三五年に、濱口は『創作的児童オーケストラの組織と指導法』という書籍を刊行している。この著書には、児童オーケストラの教育的な価値や特徴、用いる楽器やその編成、指導法、旋律楽器の基本練習曲、そして児童オーケストラのスコアが収められている。この著書では、度々コールマンの児童オーケストラについて言及している。特に使用する楽器を紹介した第二章においては、コールマンの博士論文やCMCに掲載されている写真が多く用いられている。このように同書は、いくつかの部分をコールマンの博士論文に依拠して執筆されたものである。しかし、緒言で次のように述べられているように、この著書はコールマンの実践を参考にしながらも、濱口のオリジナルなものである。

この児童オーケストラに就いては、過般シカゴ小学校の実地授業の参観、ニューヨーク、コロンビヤ大学教育大学の附属リンコルン・スクールでコールマン博士の創造音楽の実地指導を視察研究し、フランス、イギリス、ドイツ其の他の国にも盛んに実施されてゐる状態を観て、非常に音楽教育上稗益する所大と信じたわけである。然し、この著は決して欧米の翻訳ものではない。只海外に於いて実施されてゐる児童オーケストラの長所をとり、その上に多年音楽教育に従事したその経験と、日本音楽教育の動向の省察と、欧米視察の賜物との結果から生れたものに外ならない。(34)

そのため濱口は、「コールマンの児童シンフォニーのシステムは良い方法である」としつつも、それを日本の小学校教育の現状に合わせて摂取しようと考えていた(35)。彼は、「先づその前提として我国の初等音楽界の動向を正視し、批判した後に於いて、そのよき分子は採入れ」るという方針を採っていた(36)。しかし、コールマンの問題関心や思想に関する言及はみられない。「よき分子」として濱口が注目していたのは、オーケストラに用いる楽器や、楽器を手製するという点であった。『創作的児童オーケストラの組織と指導法』においては、グラス・ハーモニカが使用する楽器として取り上げられ、「手製のものも製作し得られる」としてシロフォンを取り上げるなど(37)、使用・製作する楽器にコールマンの実践との共通点が看取される。ところが、これらのプリミティブな楽器を用いる意義については、言及されていない。このように濱口のコールマン理解は、オーケストラという活動形態や、箇易な楽器の使用といった外形的な理解にとどまっていたと考えられる。

東京市京橋昭和尋常小学校の唱歌専科訓導上田友亀による「創造的音楽」の研究

服部校長を通じて、CMCの原典を手にしていたと考えられる訓導の上田友亀は、コールマンの「創造的音楽」について、以下のように述べている。

当時のアメリカの音楽教育は、はなはだ衒学的で子どもの生活とかけ離れた芸術音楽を、無理に押しつけようとするものである。女史の見地からすれば、子どもは原始人であるから、音楽の起源にさかのぼって、原始人の使う楽器により、子ども自身の音楽を創造させることが教育である。そのために女史はポリネシア諸島を訪れて、原住民の楽器と音楽を視て来た上、それらに似た楽器を児童自身に造らせ、その楽器にふさわしい音楽を子どもたちに作らせると言うものであった。(38)

このように彼は、楽器づくりや音楽づくりを単に活動としてではなく、子ども自身の音楽創造の契機として捉えていたのであり、コールマンの思想をある程度正しく理解していたと考えられる。

橋本静代が指摘しているように、上田友亀は、こうした理解をもとに、当時の日本の児童が文明社会にいることから、あえて原始楽器ではなく、子どもたちに親しみやすい「簡易楽器」を用いた実践を行った。また彼の「音楽的生活」の主張には、コールマンの実践に通底している専心的な活動の原理や、子どもの音楽的発達の考慮などの共通点が見出される(39)。このように上田友亀は、コールマンの実践を楽器づくりや音楽づくりといった活動のモデルとするのではなく、「創造的音楽」を参考としながらも独自の実践を生み出していた。これを可能にしたのは、彼がコールマンの研究物を読んだ際に「現在の音楽教育を衒学的であると批判する言葉に強く打たれた。あたかも自分たちが批判されているように感じられた」と述べているように、コールマンの問題関心に共感できたからであろう(40)。

奈良女子高等師範学校附属小学校における「創造的音楽」の研究

平井建二の研究によれば、一九二〇―三〇年代の奈良女高師附小の教育に「創造的音楽」が与えた影響は、①木下竹次らの作曲を中心とした音楽教育の構想、②合科学習での楽器研究、作曲などの実践、③唱歌専科訓導の幾尾純の主著『私の音楽教育』(1933)の論拠となった点にあったとされている(41)。

ところが、『学習研究』に連載された木下の論考「音楽心の発展」(1925)におけるコールマンの音楽教育論への言及は、僅かである。それは、CMCの結論部分で述べられた「音楽を創造的に学習」することによって得られる効果と(42)、コールマンの実践で楽器の製作、歌曲の創作、舞踊、合奏などの多様な音楽活動が行われていることの紹介にとどまっている(43)。したがって、木下がコールマンの影響を受けていたことは確かであるが、彼の作曲中心の音楽教育構想に核心的な影響を与えたとは断定しがたい。

平井の研究では、「作曲を核とした総合的音楽活動」の典型として、低学年の合科担当訓導であった鶴居滋一(一八八七―?)の実践が挙げられている。しかし、鶴居が自由作曲の実践を試み始めたのは一九二二(大正一一)年度であり(44)、木下が参考文献として取り上げているCMCも、一九二二年刊行である。また、鶴居自身がコールマンに言及していないことからも、彼の自由作曲の実践は、同年から合科学習の担当訓導として、音楽学習の方法を模索する中で生まれてきたと考える方が妥当である(45)。

鶴居の自由作曲の実践においては、一九二四年度から「音楽上の環境整理の一つとして楽器の種類を増加して見た」ことに「創造的音楽」の直接的な影響があったのではないかと考えられる。鶴居は、シロフォン、ヴァイオリン、トライアングルなどの楽器を児童が自由に使えるようにしたり、ビールなどの瓶に水を入れることで音列をつくって「簡単なる原始的な楽器を製作せしめ」たりする実践を行っていた(46)。

以上のように、木下の音楽教育構想や、鶴居の自由作曲における「創造的音楽」の影響は断片的である。木下は「音楽心の発展」の中で、コールマンの著書以外にも、フレデリック・ボンサー（Frederick Gordon Bonser）の *The Elementary School Curriculum*（1920）を参考文献として挙げている(47)。ボンサーは、コロンビア大学ティーチャーズ・カレッジのホレースマン・スクールにおいて、キルパトリックによって提案されたプロジェクト・メソッドの実験的研究に参加しており、同書はその研究成果をまとめたものである。ここには、音楽科におけるプロジェクトに関する情報も含まれている。したがって、奈良女高師附小における音楽教育の研究も、唱歌科独自に進められたのではなく、全校での合科学習の本格的実施にともなうプロジェクト・メソッド研究の一環として進められていたのであろう。そのためコールマン研究に先んじて開始されていた合科学習や、プロジェクト・メソッドの研究を基礎としながら、合科学習における音楽的な活動のアイディアとして「創造的音楽」を利用していたと考えられる。

唱歌専科訓導幾尾純による「創造的音楽」の研究

それでは同校の唱歌専科訓導の幾尾は、「創造的音楽」をどのように受け止めていたのだろうか。彼がコールマンの「創造的音楽」に文献上で初めて言及するのは、一九三三年の著書『私の音楽教育』においてであり、山口や木下による紹介のかなり後年になってからのことである。なぜ幾尾は、木下らから遅れて、一〇年以上も経過してから「創造的音楽」に注目したのであろうか。

三村が明らかにしたように、従来の幾尾の音楽教育実践は、音楽の基礎練習や音楽の形式を重視したものであった(48)。その実践に変化が認められるのは、一九二七（昭和二）年の「低学年に於ける私の唱歌学習」という記事においてである。彼はこの中で、低学年における音楽学習は「音楽的遊戯であつてよからうとさへ思つてゐる位である」と述べ、児童に内在する表現衝動、遊戯衝動に即した音楽教育実践に取り組んでいることを紹介した(49)。彼が実践した「旋律問答」は、教師が提示した短い旋律を受けて、それに応答するように児童が即興的に旋律をつくり、さらにそれに答えて即興的に旋律をつなげていくという即興的な創作活動であり、子どもたちは夢中で取り組んだという(50)。

この実践について幾尾が「まだ実施間もないことであるからその結果をみるところまではゆかない」と述べたように、児童の遊戯性、衝動性に即した実践改革は、一九二七年頃から意識的に行われたと考えられる(51)。この記事の最後に、彼が「十年前の私の教室を思ふと、自分ながら驚くべき変わりやう・・・・・・全く隔世の感とでもいふべきものであらうか」と吐露していることは、その証左であろう(52)。こうした幾尾の意識の変化は、全校で「学習法」の名の下に生活教育に取り組む新学校における唱歌専科訓導としての役割の洞察と、それに基づく自身の役割の捉え直しによるものであると考えられる。先の「旋律問答」に取り組む意義について、幾尾は次のように述べている。

かうした練習［＝旋律問答─引用者］を重ねることに於て、児童は常にその環境にある音といふ音、あらゆる声音に対して、これを無関心に聞き流すことなく、絶えず敏感になる注意を払ふやうに何時となく習慣づけられることになるものである。その習慣こそは実に尊いもので、こゝに到つてこそ始《ママ》めて彼等の環境にあるすべての音が悉く練習教材として提供せられることになる［中略］一週に一回や二回に何が出来る。私共の仕事は児童にあるヒントを与える位のことであつて、これによつて一般化されてゆき、生活そのものまでに進められてこそ、真の効果が期待し得られるものであらうと思ふ。(53)（傍線―引用者）

幾尾は、週に一、二度の唱歌の授業だけでしか、児童とともに音楽活動を行うことができない唱歌専科訓導としての立場を、強く認識していたのであろう。そのため、児童が自らの力で音楽できるようにすることが、自身の役割だと考えていたのである。この役割意識は、一九二四年の著書『私の唱歌教育』にみられる「実力の養成」という指針の中にも看取される。「実力の養成」を「自己の力によって之［＝楽譜―引用者］を視唱し、自己のものとして唱謡し得る根本的なるべき能力」を養うことと説明したように、一九二四年頃より一貫して児童が自らの手で音楽する能力の育成をねらいとしていたと考えられる(54)。この唱歌専科としての役割意識が、木下の音楽教育構想や学校全体の方針、児童の姿態などに影響を受けながら、児童の表現衝動や遊戯衝動に根ざした実践へと幾尾の足を踏み出させたのではないか。こうして、幾尾自身によって意識的に開始された改革が、一九三三年の著書に結実したのである。

したがって、彼の実践改革は、コールマンの「創造的音楽」をモデルとして行われたものではない。そうだとすれば幾尾が「創造的音楽」に強い関心を寄せていたのは、コールマンの思想に共感したからではないか。幾尾はコールマンの「着眼即ち「創造的音楽」の根本的な精神は一般的立場に於ける音楽教育に導入しなければならないことは、前述した私の音楽的生活指導の主張と一致する点」であると、自身の「音楽生活指導」の思想と「創造的音楽」の思想とが、根本的な点で一致していることを見出した(55)。すなわち、実践改革の結果として、コールマンの「創造的音楽」の価値を認識するに至ったと考えられるのである。

それでは幾尾は、コールマンの「創造的音楽」を、自身の実践改革の文脈において、どのような可能性をもったものとして認識していたのだろうか。それは一連の実践改革に思想的な裏づけを与え、その実践の意味を、近代教育思想から奈良女高師附小の「学習法」に至るまで脈々と引き継がれてきた生活教育の文脈において、説明する根拠として把握されていたのであろう。彼は「創造的音楽」の特徴が「一切の学習を児童の生活から発足せしめ様とするもので、近代教育思想のひとしく狙つて居る点」にあり、「この意味においてコールマン女史の創造的音楽の思想から学ぶところが少なくない」と述べた(56)。このように幾尾は、「創造的音楽」の特質が、児童の生活、すなわち児童に内在する本性から立ち上がる学びにあるとみていた。

そのため彼は、音楽の発生過程に即して、木やコップを叩くところから、徐々に複雑な楽器製作へと発展していくコールマンの音楽づくりの実践と、自身の作曲指導にアナロジーを見出し、自身の実践改革について次のように説明した。

例へば児童は花の散るのを見たり、雲の走るのを見たりして居るうちに、何かと言つて見度くなつて来て、それが手に棒きれでも持つて居れば、棒切れで物を叩きながら、それに合はせて訳の分らぬ言葉や節を結びつけてうたつて居る。[中略] 此の時に適度な熱を加へ水分を与へてやるのが、創造的環境であつて、こゝから発想も芽生えれば、作曲も芽生えて来る。[中略] 或る言葉を旋律に移してうたひ、或る旋律を或る言葉でうたはうとする此の心理的関係が旋律構成への踏み出しとなる。こゝに基調を置いて、こゝから作曲学習の手ほど

きを始め様とするのが、私の試みつゝある指導である(57)

このように、児童の生活から立ち上がるプリミティブな音楽行為の中に、後に発展していく音楽性の萌芽を見い出し、それを「創造的環境」によって育てていくところに、自身の実践改革の特徴があると説明したのであった。

4　結び

大正新教育における「創造的音楽」の受容は、研究主体の立場によってさまざまな様相を示していた。唱歌専科訓導以外の研究主体は、「創造的音楽」のオーケストラや楽器づくりといった活動様式に注目し、それらを実状に合うように摂取する傾向にあった。このように、コールマンの「創造的音楽」が活動様式として理解される傾向は、コールマンの著書の内容が理論的に体系化されておらず、具体的な実践の記述が多いという特徴に起因していると考えられる。こうした活動様式への注目の典型としては、濱口による児童オーケストラの事例を挙げることができる。また、奈良女高師附小では、合科学習において音楽活動を展開するためのアイディアとして捉えられていたのであった。

「創造的音楽」を評価し、自身の実践改革の文脈で捉えていた唱歌専科訓導の上田友亀と幾尾は、いずれも「創造的音楽」を単に音楽活動のモデルとして捉えるのではなく、その思想的特質の理解を試みていた。それゆえに、彼らは自身の音楽教育思想と「創造的音楽」の理念とを照らし合わせながら、コールマンの問題関心や、プリミティブな楽器を用いる意義、そして「創造」の意義を理解していた。とりわけ幾尾は、自身の児童の表現衝動から立ち上がる音楽教育実践の特徴を、「創造的音楽」の発生心理学に基づく実践的特徴とのアナロジーにおいて意義づけ、説明していたのであった。

以上のように、研究主体の立場や関心に応じて、理解の仕方はさまざまであったが、コールマンの「創造的音楽」が、大正新教育の教育実践家による創造的な実践開発を促す契機となっていた点に、共通性を看取することができる。こうした共通性をもたらした要因の一つには、先述のようにコールマンの「創造的音楽」は、その実践よりも、それを支える思想に力点が置かれていたことが挙げられる。しかし、ここでは唱歌専科訓導による「創造的音楽」の受容の特徴に看取される要因を強調したい。上田友亀や幾尾が、「創造的音楽」を教育思想として理解していたように、そもそも創造的表現の教育はメソッドのような教授理論として醸成されにくい性格を持っているのではないか。したがって、教育実践家による「創造的音楽」の解釈と、その実践への適用における主体的な創意が、必然的に求められたのであろう。

そこで筆者は、国際的な新教育運動における創造的表現の教育実践を検討していくうえで、実践家の「実践思想」もしくは「カリキュラム思想」という位相に目を向ける必要を主張したい。表現の教育において、子どもの様子を看取り、実践の意味づけを行う実践家の眼差しを明らかにしないことには、その教育実践の価値を判断することができないからである。大正新教育における音楽による表現教育実践の価値を解明していくためには、コールマンの「創造的音楽」を手がかりとして、その影響を個々の実践家の思想の中に確認することで、それぞれの実践をその質に根ざして把握していくことが課題となろう。

注

(1) 三村真弓「大正後期から昭和初期の小学校唱歌科における児童作曲法の展開と特質」『音楽教育学』第三〇巻第一号、二〇〇〇年、五六—五七頁。

(2) 橋本静代「サティス・コールマンによる“Creative Music”の思想——米国における資料と日本の簡易楽器導入時への影響について」『音楽教育史研究』第三号、二〇〇〇年、三三頁。

(3) 桂直美「S. コールマンの「創造的音楽」の再評価——「発生的方法」による教科カリキュラム観転換への視点」『カリキュラム研究』第七号、一九九八年、三五頁。

(4) 同前論文、二八頁。

(5) 橋本前掲論文、三五頁。

(6) 佐藤学『米国カリキュラム改造史研究——単元学習の創造』東京大学出版会、一九九〇年、一九二—一九三頁。

(7) 奈良女子高等師範学校附属小学校を対象とした、平井建二の研究（「一九二〇・三〇年代の音楽教育の動向に関する一考察——奈良女子高等師範学校附属小学校を中心に」『音楽教育学』第一一号、一九八一年、二八—三九頁）、東京市京橋昭和尋常小学校の唱歌専科訓導上田友亀を対象とした橋本前掲論文がある。この他に、三村真弓によって山本壽がコールマンの児童作曲法を基に児童作曲を試みていたことが指摘されているが、情報受容の経路が判明しなかったため、本稿では対象外とした（三村前掲論文、四九頁）。

(8) Satis N. Coleman, *Creative Music for Children: A Plan of Training Based on the Natural Evolution of Music, Including the Making and Playing of Instruments, Dancing, Singing Poetry*, G. P. Putnam's Sons, 1922.

(9) いさを生抄訳「教育上に於ける創造的音楽の地位」（一）・（二）『学習研究』第三巻第七・八号、一九二四年。いさを生抄訳「家庭音楽に於ける創造的音楽の初歩」『学習研究』第三巻第九号、一九二四年。

(10) S・N・コールマン（上田壽四郎訳）「児童の創成音楽——音楽の自然進化に基ける新訓練法」（一）—（三）『学校音楽』第二巻第八—一〇号、一九三四年。上田壽四郎「子供達の手製楽器——コールマンの新訓練法」（一）—（完）『学校音楽』第三巻第一—四号、一九三五年。

(11) 濱口正二「紐育リンコルン・スクール参観記」『学校音楽』第四巻第一号、一九三六年、四五—四九頁。

(12) Santis N. Coleman, *A Children's Symphony: As Developed in the Creative Music Classes of Lincoln School of Teachers College: With the Themes Composed*

Entirely by the Children, and Played by Them on Instruments of Their Own Making and Other Simple Instruments, Lincoln School of Teachers College, 1931.

(13) コールマン博士（濱口正二訳）「創作的児童オーケストラの史的論拠」『学校音楽』第四巻第四号、一九三六年、四三—四八頁。

(14) 平井前掲論文、三〇頁。

(15) Coleman, *Creative Music for Children*, 1922, p. 141. ＝サティス・N・コールマン（丸林実千代訳）『子どもと音楽創造』開成出版、二〇〇四年、一一六頁。

(16) いさを生抄訳、前掲「教育上に於ける創造的音楽の地位（二）」、一三八—一三九頁。

(17) いさを生抄訳、前掲「家庭音楽に於ける創造的音楽の初歩」、九四頁。

(18) Coleman, op.cit., p. 206. ＝コールマン前掲書、一六九頁。

(19) 菅道子「一九三〇年代の山本栄による簡易楽器指導の導入」『和歌山大学教育学部教育実践総合センター紀要』第二一号、二〇一一年、一四四頁。

(20) Coleman, op.cit., p. 12. ＝コールマン前掲書、八頁。

(21) Ibid., pp. 13-22. ＝同前書、九—一六頁。

(22) Ibid., p. 26. ＝同前書、二十頁。

(23) Ibid., p. 32. ＝同前書、二四頁。

(24) Ibid., pp. 32-33. ＝同前書、二四—二五頁。

(25) 上田壽四郎、前掲「子供達の手製楽器——コールマンの新訓練法」（一）・（二）。

(26) 桂前掲論文、三五頁。

(27) 細川周平・片山杜秀監修『日本の作曲家——近現代音楽人名辞典』日外アソシエーツ、五二九頁。

(28) 濱口前掲論文、四五頁。

(29) 同前論文、四六頁。

(30) コールマン博士前掲論文、四三頁。

(31) 渡邉優子「東京市富士小学校におけるカリキュラム研究の特質——校長上沼久之丞の果たした役割に着目して」『カリキュラム研究』第二一号、二〇一二年、一八頁。

(32) 校長が欧米教育視察から持ち帰ったコールマンのパンフレットをきっかけに、簡易楽器の実践を同校の上田友亀が開始したことは、橋本前掲論文（三六頁）によって明らかである。しかし上田友亀の回想（上田友亀「器楽教育の始まり」『日本の音楽教育'75』教育音楽小学版中学版別冊、音楽之友社、一九七五年、七〇頁）を検討した結果、校長名、欧米視察のおおまかな時期、服部が持ち帰った資料の情報が確認できた。
(33) 上田友亀前掲論文、七〇頁。この回想の中で上田友亀が「創造的音楽教育」の主張について要約している内容からも、この「研究物」は *Creative Music for Children* であったと考えられる。
(34) 濱口正二『創造的児童オーケストラの組織と指導法――総譜付』共益商社書店、一九三五年、緒言。
(35) 同前書、七頁。
(36) 同前。
(37) 同前書、一七頁。
(38) 上田友亀前掲論文、七〇頁。
(39) 橋本前掲論文、三六―三七頁。
(40) 上田友亀前掲論文、七〇頁。
(41) 平井前掲論文、三一頁。
(42) 木下竹次「音楽心の発展」『学習研究』第四巻第八号、一九二五年、一一頁。
(43) 木下竹次「音楽心の発展（中）」『学習研究』第四巻第九号、一九二五年、七頁。
(44) 三村真弓「奈良女子高等師範学校附属小学校合科担任教師鶴居滋一による音楽授業実践――進歩主義と本質主義との接点の探求」『日本教科教育学会誌』第二二巻第二号、一九九九年、五七頁。
(45) 鶴居が合科学習の実践に取り組むまでの過程については、遠座知恵『近代日本におけるプロジェクト・メソッドの受容』（風間書房、二〇一三年、二三七―二三九頁）に詳しい。
(46) 鶴居滋一「低学年に於ける唱歌学習の一方面（承前）」『学習研究』第三巻第一〇号、一九二四年、一〇〇―一〇一頁。平井は、鶴居の実践の他に同校の高等女学校の教諭を兼任していた理科専科の神戸伊三郎（『奈良女子高等師範学校・第三臨時教員養成所一覧　大正十四年度』奈良女子高等師範学校、一九二五年、一四九頁）の「楽器の研究」を主題としたコップ、瓶などに水を張って曲を演奏して見せた実践にもコールマンの影響があったと指摘している（平井前掲論文、三一頁)。しかし、神戸の一九二二年の著書の「尋常第六年理科指導要目」の第二学期に「音と機械」というテーマのもとに音、楽器、蓄音機などの学習が挙げられていることから、楽器研究に取り組む実践は、以前から行われていたと考えられる(神戸伊三郎『学習本位理科の新指導法』目黒書店、一九二二年、五三〇頁)。また、平井の研究では、神戸の実践は合科学習の実践として取り上げられている。しかし、音に関する学習は、一九二二年の著書では第六学年に設定されていることや、彼は理科専科の教師であり合科学習の実践に携わっていなかったと考えられることから、この実践は理科の授業の中で行われたと考えられる。

(47) その他に木下が提示している参考文献については、平井前掲論文に詳しい。

(48) 三村真弓「幾尾純の音楽教育観の変遷――基本練習指導法及び児童作曲法の検討を中心に」『広島大学教育学部紀要』第二部、第四九号、二〇〇一年、三八一―三八八頁。

(49) 幾尾純「低学年に於ける私の唱歌学習」『学習研究』第六巻第一一号、一九二七年、一七〇頁。

(50) 同前論文、一七一―一七二頁。

(51) 同前論文、一七二頁。

(52) 同前論文、一七三頁。

(53) 同前論文、一七二―一七三頁。

(54) 幾尾純『私の唱歌教育』東洋図書、一九二四年、三頁。

(55) 幾尾純『私の音楽教育』東洋図書、一九三三年、一八頁。

(56) 同前書、二二頁。

(57) 同前書、一四頁。

第10章　明石女子師範学校附属小学校におけるドクロリー教育法の受容
――及川平治によるドクロリー理解とカリキュラム開発――

及川　平治

橋本　美保

1　はじめに

本章では、日本にカリキュラム理論を導入し本格的な研究を始めた人物及川平治（1875-1939）と、彼の理論を具現化しようと試みた兵庫県明石女子師範学校附属小学校（以下、明石附小）の訓導西口槌太郎（1903-1994）の実践に注目し、その根底にある思想の解明を試みたい。筆者はすでに、及川の動的教育論がアメリカ・ヘルバルト主義の教育理論を摂取したものであること、さらにこの摂取を可能にした及川自身の教育思想的素地がデューイの教育思想のみならずヨーロッパの発生心理学の影響を受けていることを指摘した（1）。本章では、当時、明石附小のほか、池袋児童の村小学校、東京市富士尋常小学校などでも研究されていたヨーロッパ新教育の二大潮流の一つであったドクロリー（Jean-Ovide Decroly, 1871-1932）の教育法が明石附小において実践されていたことに注目する。これまでの研究では、ドクロリー教育法が大正期の日本に紹介され、それがいくつかの新教育の実践校に注目されていたことが指摘されているだけで、それが誰によってどのように理解されていたのか、実践にどのような影響を与えたのか、その受容プロセスを具体的に考証したものはない（2）。ここでは、まずドクロリー教育法が明石附小の「生活単位のカリキュラム」開発に用いられていたことを指摘し、及川によってどのように理解され導入されたのか、また、西口の実践にどのような影響を与えていたのかを明らかにする。そのうえで、彼らは、アメリカの進歩主義教育論とヨーロッパの発生心理学をどのように切り結んだのか、これらの文化圏を越えた新教育思想の親和性についても言及したい。

2　及川平治の欧米視察によるドクロリー教育法の情報収集

アメリカ視察時におけるドクロリー教育との出会い

明石附小の主事であった及川平治は、一九二五（大正一四）年三月一日から一九二六年七月初旬までの間、普通教育の状況視察のためアメリカ・ヨーロッパに出張した(3)。一九二五年三月から一〇月頃までアメリカに滞在した後、同年秋から翌年六月までヨーロッパ七カ国に滞在した。先に視察したアメリカでは、まず文献を通して新教育のルーツがヨーロッパにあることを知ることとなった。特に、ウィネトカの教育長ウォシュバーン（Carleton W. Washburne）が一九二二年一一月から一九二三年一月に視察したヨーロッパの実験学校に関する有名な報告書『ヨーロッパ教育の進歩的傾向（*Progressive Tendencies in European Education*）』（1923）は、及川にヨーロッパの新教育への関心を抱かせ、詳細な情報を与えたという(4)。同書は、イギリス・ベルギー・オランダ・フランス・スイス・オーストリア・チェコ・ドイツの実験学校を訪問したウォシュバーンの視察報告で、手工、自治、個別教授、グループ教授、自由、学級と学校という調査項目ごとに、注目すべき実践校の状況が具体的に記述されている。そして、当時ヨーロッパ各地の実験学校にはモンテッソーリ教育法とドクロリー教育法が影響を与えており、各実践の理論的基礎となっているとまとめられている。この書を通じて及川は、モンテッソーリ教育法とドクロリー教育法がヨーロッパの新教育実践の理論的基礎としての二大潮流であり、アメリカの教育界もこれらの情報を熱心に収集していることを認識したのである。

また、及川は、コロンビア大学のサマースクールに参加したことをきっかけに、同校の実験学校リンカーン・スクールが開発した「作業単元」の研究に傾倒した(5)。「作業単元」は帰国後の及川が開発した「生活単位のカリキュラム」のモデルとなったカリキュラムである。コロンビア大学の教授ラッグ（Harold O. Rugg）によれば、リンカーン・スクールの作業単元は、ドクロリーの「興味の中心」理論と、キルパトリック（William H. Kilpatrick）の「プロジェクト・メソッド」を理論的支柱として開発されていた(6)。コロンビア大学において作業単元の中心理論の一つがドクロリーの「興味の中心」であることを知った及川は、アメリカ滞在中からドクロリー教育法と発生心理学について強い関心を抱いていたとみられる。

ヨーロッパ滞在中の発生心理学研究

ヨーロッパに渡った及川は、スイスのルソー研究所を訪れて教育実験の手法と発生心理学を学んだ(7)。ジュネーブにおいては病床のフェリエール（Adolphe Ferrière）に面会し、彼の設立した国際学校を視察、ベルギーではドクロリーの自宅を訪問し、自宅内の教育施設、およびエルミタージュのドクロリー学校において心理学調査法を研究したという。ヨーロッパの視察では、フェリエールとドクロリーの影響が特に大きく、両者を発生心理学の主要な研究者であると認識するに至ったと述べている。

其れから教育問題は子供の能力に適した材料を採ると云ふ事である。所が材料を採るには、子供の興味の発達と社会的要求の一致点を見て材料を撰び之をならべることが問題であります。それには発生的心理学に依らなければならぬ。発生的心理学の問題はフエーリイル博士に依つて新教育世界聯盟運動に関する年報に載つてゐるのであります。フエーリイル（引用者注─ドクロリーの誤り）博士の経営してゐる片輪者の教育所では其の聾、唖、等其のものの能力を調査して、其れを指導する方案を立てゝよくもまあ博士と云ふ様な人が斯うした細かい事を考へたものだと感心して仕舞ふたのであります。其の他博士の学校では発生的心理学に基いて材料を排列してゐるが是にも吾々の学ぶべき点が多いと思ひます(8)

アメリカの新教育に学び、社会との関係から個人（individual）を捉えがちであった及川にとっては、個体の生と成長を考えるドクロリーなど発生心理学者の教育論は新鮮なものであった。そして、発生心理学の理論を学ぶことの必要性や、特に実践現場に影響を及ぼしているドクロリーの教育法に関心を寄せていた。

3　帰国後の及川にみるドクロリー教育法の受容

発生心理学への関心とドクロリー紹介

帰国直後の及川は、著作や講演を通して盛んにアメリカ・ヨーロッパ視察の報告を行っている。筆者の調査によれば、ドクロリーまたはドクロリーの教育法にふれた雑誌記事は一三件ある。帰国直後の記事の内容は、ドクロリーという人物やドクロリー教育法の紹介をしたものであった。及川は、日本にはアメリカやドイツの教育のことは盛んに紹介されているが、「フランス語の領域の属する国の教育は殆ど紹介されてゐない」ことを指摘し、新教育の中心地はヨーロッパ、特にスイスであると述べている。そして、「新教育と称されるものは発生的科学の適用によつて行はれてゐる」[9]こと、ドクロリーが「必要を出発とし興味中心の活動を排列してカリキユラムとした」[10]ことに注目していた。しかし、一九三四（昭和九）年以降、徐々にドクロリーの名前はみられなくなり、記事の内容はカリキュラムの編成に「興味の中心」理論を採用すべきだという主張へと変化している。

さて、ベルギーの精神医学者にして教育者であるドクロリーは、自身の「心の発生」研究によって独自の認知論を提示した[11]。彼の認知論の大きな特徴は、「全体性」の理論にあり、それは個体および環境を、それを構成する諸要素（人・物）が支え合い編み合わされる状態であると捉える考え方である。全体性は本来的に動態的であり、その具体的な現れが「活動」である。ドクロリーにとって活動は、環境からの刺激に個体が応答することであり、外から獲得し、それが内在するものを変えていくことであった。活動こそが「発達」「成長」「進化」といわれる現象の主たる契機であり、教育とはこの活動をよりよい方向へと導くことと考えられている。ドクロリーは自らの理論によって、伝統的教育法を教育内容の構成の仕方と教育方法の二方面から改革しようとした。

ここでは、及川が帰国の翌年に行った講演「欧米教育の実際的傾向」[12]におけるドクロリー教育法の紹介から、彼がドクロリーの教育法をどのように理解していたのかを考察していきたい。

「観念連合教科案」の理解

エルミタージュのドクロリー学校長であったアマイド（Amélie Hamaïde）によれば、ドクロリーの「観念連合説」(associations d'idées [associated ideas]）は、「ドクロリー教育法」(méthode Decroly [program of associated ideas]）の理論的基礎

であり、子どもの知るという営みについての記述理論である[13]（[ ]内は後述する英語版の表記）。ドクロリーの「観念連合説」は、「観察」（observation [observation]）すなわち子どもが「感覚」（sentir [perceive]）を通じて自分の環境を構成する諸現象を捉えること、「連合」（association [association]）すなわち子どもが観察によって構成された観念を「思考」（penser [think]）を通じて他の観念と結びつけること、そして「表現」（expression [expression]）すなわち子どもが結びつけられた観念連合を「行動と試行」（agir et exprimer [act and express]）を通じて作文・評論として表現したり、絵画・彫像・音楽として美的に表現したりすること、から成る。この「観察」・「連合」・「表現」が、子どもたちの「興味の中心」（centres d'intérêts [centers of interest]）から発生し、自発的・専心的に子どもたちが活動し、その活動の場である「専心のクラス／実験室クラス」（classe d'atelier / classe laboratoire）を通じて、子どもたちの中に協同的な自律性が形成されることが、ドクロリー教育法の基本形である。つまり、ドクロリーは子どもの「興味の中心」をコアとなる観念とし、その周囲に時間的・空間的に関連する諸々の知識内容を集合させていく観念連合の教育内容案、そしてそれらを子ども自身の観察、連合、表現によって学習させていく方法を提示したのである。

この点に関して、及川はドクロリーを「教科課程の構成に成功した」と評価し、「今日ではデクロリーメソッドは欧羅巴でも亜米利加でも名高いもの」[14]だと述べ、その内容を次のように紹介している。

> デクロリーの方法学によると、人は自然界社会に反動しなければならぬ。人は社会環境に反動［反応・作用］する場合に何う云ふ反動をするかと云ふと、彼は観察（観ると云ふ事だけでなく実験する事も何もかも含んで居る）、聯合、表現といふ形に反動するのだと云ふ[15]（以下、傍線引用者。傍点原文のまま。以下、句読点および［ ］内は適宜引用者が追加した）

及川は、ドクロリーが人間も環境もともに変化するものであり、両者が相互に作用し合うものとみていた点に注目していた。さらに「聯合」は「主に時間空間に関係を持つ」、「表現（発表）」には「具体的と抽象的とある」と述べ、成長としての外界との相互作用が、観察、連合、表現という活動によって促されていくことを説いている(16)。

そして、観察、連合、表現という子どもの活動の組織化が教科課程、すなわちカリキュラム構成であり、その基礎にある観念連合の法則の中心にあるものが「興味の中心」理論であると理解していた。及川は、「観念聯合の方則の中には子供の需要（必要）と云ふものがあつて…［中略］…其の需要のタイプと関聯して興味の中心がありますと述べ、「興味の複中心から単一に進むといふ原理から見て合科から分科に行かなければならぬ。…［中略］…デクロリーは二年まで複中心を採り三年から単一中心を採つて居ります」(17)と紹介している。この点は、後に及川が小学校一・二年生には教科をおかず生活単元だけのカリキュラムを構想したことと関連があると思われる。

及川は、ドクロリー教育法を用いた小学校一年生初冬の「教授細目」の構成案として、「蜜柑（果物）」という例（単元）を挙げて説明している。以下はその説明をまとめたものである。

「教授細目」構成の例　一年生（一〇月―一二月）(18)

子どもの必要「私はお腹が減つた」

興味の中心「蜜柑（果物）」

観察…果物の色の測定、形の測定、数、大きさの測定、重い軽いの測定

聯合…果物はどこから来たか、何うしてマーケツトに来るか、外国にはこんな果物があるだろうか、どれほど時日が経つたら腐敗するか

発表…抽象的発表＝読方、書方を遣る
　具体的発表＝粘土で色々の物を拵へる、図画、手工、紙を切つたり果物を絵に描いて分類する
　　行為［考察］…種子を噛む事の危険
　　　まだ熟さない青い果物を食ふ事の危険
　　　熟し過ぎて腐り掛つたものを食ふ事の危険

この例では、人間の基本的な欲求「食べる」という必要（子どもの要求）に、季節の果物「蜜柑」を「興味の中心」、すなわち題材とした生活単元が提示されている。測定を主とした観察という活動、空間的・時間的関連情報を収集・整理させる活動、「興味の中心」すなわち「蜜柑」に関する抽象的表現、具体的で構成的な活動が構想されている。さらに、及川は、観念連合と教科構成の考え方を以下のように捉えていた。

デクロリーの考へに依ると環境の変化と共に子供の生活が変つて行く事を考へなければならぬ。先づ子供の必要を考へそれに興味の中心を探るのである。観察聯合表現は学習の順序であると同時に学科の分類になる。…［中略］…興味の中心と云ふものは何う変るか、子供の需要のタイプと云ふものは幾つあるかと云ふ事を考へ、これを教育の出発点とし遂に世界観、人生観の成立に進むがデクロリーの教育法であります(19)

及川は、このような子どもの必要と興味に沿った活動の組織化によって、子ども自身の世界観や人生観の形成を目指す生活教育の理論、すなわちドクロリーのいう「全体性」を把握し、その一部である固有の命として自分の生

を生きるというドクロリーの教育思想を理解していたと考えられる。

「個性調査法」の紹介

この講演ではドクロリーの「個性調査法」についても言及されている。及川は、アメリカや日本の教育測定にふれつつ、ドクロリーの個性調査法を次のように紹介している。

> 私は米国コロンビヤ大学でマコール博士について教育測定学を研究しましたが、デクロリーの成績考査法は統計とか分析とかを用ひずに立派な方法を考へて居ります。…［中略］…日本では身体検査の表、学業成績の表、操行の表が別々になつてゐます。デクロリー法では此等をまとめてグラフとし一人を全人として眺め其の長短を明かにし一人毎に教育の方針を立てゝゐます、我国の今のやうな考査では悪い。何んとなれば考査の結果に基いて教育の方針を立て難いからであります[20]

ここでは、ドクロリーの調査法が子ども一人ひとりの個性を把握するために行われていることや、日本の「考査」が次の実践のための「評価」につながらず、「測定」の意味しか持ち得ない当時の現状への批判が表れている。

〈図10―1〉は、講演中の資料として用いられたドクロリーの「教師の判断グラフ」である。この図は、先述のアマイドが著した *La Méthode Decroly*（1922）の英訳版 *The Decroly Class*（1924）に紹介されたものであった。〈図10―1〉の右側が英訳版の図[21]、左側が及川が用いた図[22]である。

及川は英訳版の *The Decroly Class* を用いて帰国後もドクロリー教育法を研究していた。しかし、*The Decroly Class* は

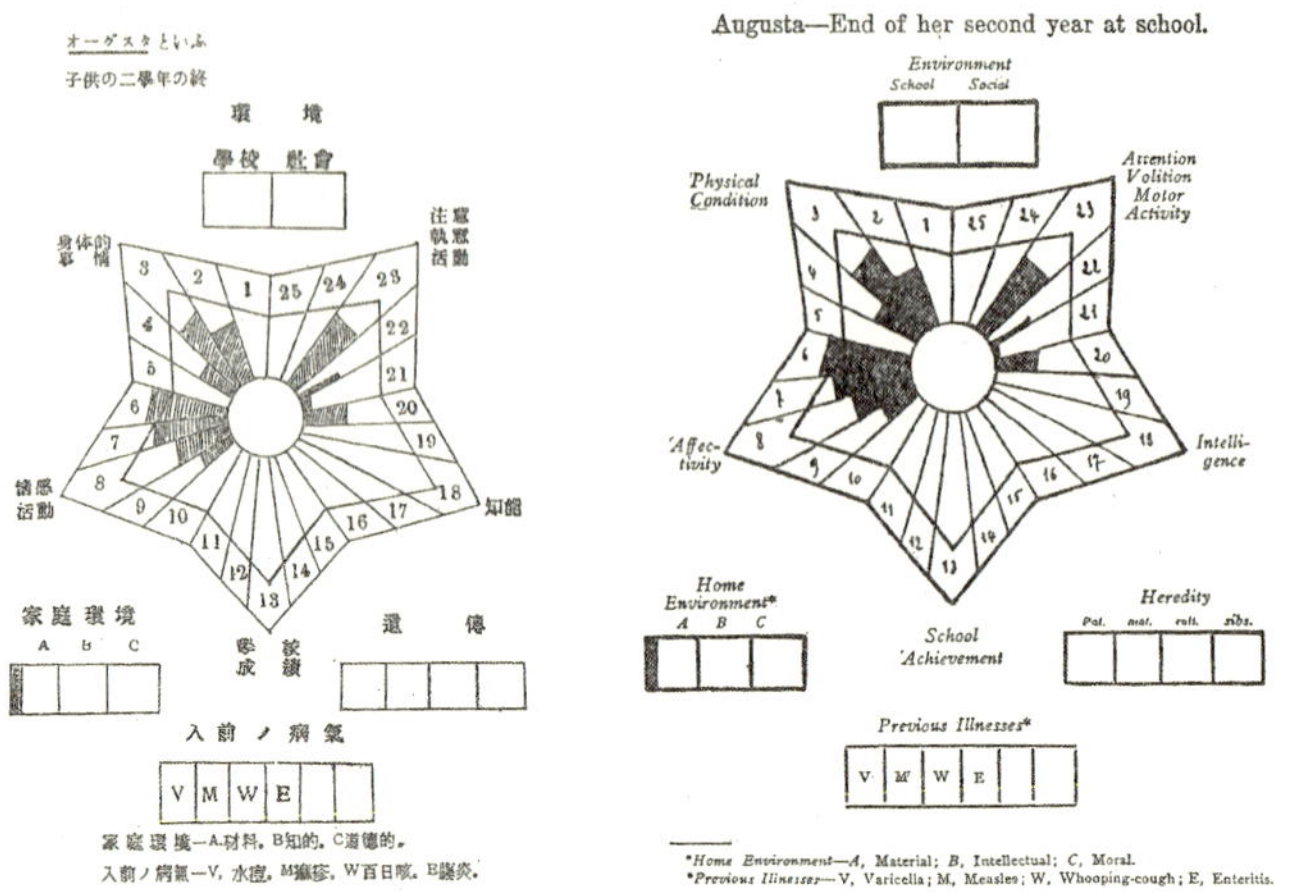

図10—1　教師の判断グラフ

ドクロリーの教育法を紹介したもので、ドクロリーの認知論や彼の思想を詳しく著したものではない。及川はどのようにしてドクロリーの教育論に接近し、それを理解していたのだろうか。

及川による「ライフ」概念の理解

そこで、及川がベルギーで直接ドクロリーに会い、また帰国後は *The Decroly Class* を通して受容した最も重要な概念である「ライフ(life)」概念の理解について確認しておこう。

当時の日本の教育界において「ライフ」という言葉は、子どもの家庭での「生活」、大人の「社会生活」といった「実生活」を意味しており、新教育の実践校の多くは、学校教育の場にできるだけ実生活を取り入れると同時に、実生活に役立つ教育を目指していた。しかし、及川は子ども自身の「将来の生活」、すなわち、自分の「人生」をみつめさせることにも注目し、また、「ライフ」を「生命」と捉えねばならない場合があることを認識していた。すなわち「ライフ」を命があふれるような状態、生き生きとしている状態として捉えなければならない、と考えていた。それは、及川にとって確かな実生活の、そして精神世界的な生の土台のようなものであり、「生命の

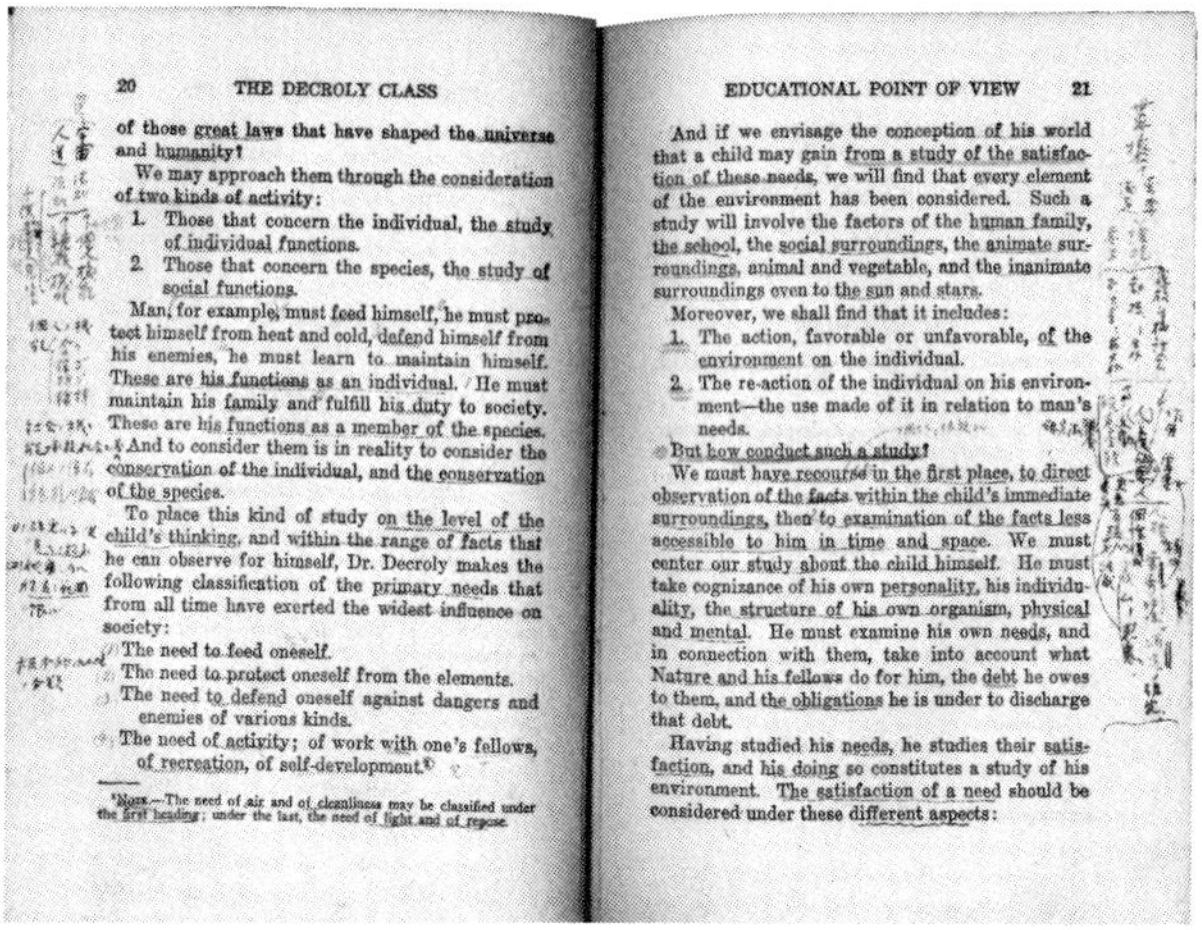

20　THE DECROLY CLASS

of those great laws that have shaped the universe and humanity?

We may approach them through the consideration of two kinds of activity:

1. Those that concern the individual, the study of individual functions.
2. Those that concern the species, the study of social functions.

Man, for example, must feed himself, he must protect himself from heat and cold, defend himself from his enemies, he must learn to maintain himself. These are his functions as an individual. He must maintain his family and fulfill his duty to society. These are his functions as a member of the species. And to consider them is in reality to consider the conservation of the individual, and the conservation of the species.

To place this kind of study on the level of the child's thinking, and within the range of facts that he can observe for himself, Dr. Decroly makes the following classification of the primary needs that from all time have exerted the widest influence on society:

The need to feed oneself.
The need to protect oneself from the elements.
The need to defend oneself against dangers and enemies of various kinds.
The need of activity; of work with one's fellows, of recreation, of self-development.[1]

[1] Note.—The need of air and of cleanliness may be classified under the first heading; under the last, the need of light and of repose.

EDUCATIONAL POINT OF VIEW　21

And if we envisage the conception of his world that a child may gain from a study of the satisfaction of these needs, we will find that every element of the environment has been considered. Such a study will involve the factors of the human family, the school, the social surroundings, the animate surroundings, animal and vegetable, and the inanimate surroundings even to the sun and stars.

Moreover, we shall find that it includes:

1. The action, favorable or unfavorable, of the environment on the individual.
2. The re-action of the individual on his environment—the use made of it in relation to man's needs.

But how conduct such a study?

We must have recourse in the first place, to direct observation of the facts within the child's immediate surroundings, then to examination of the facts less accessible to him in time and space. We must center our study about the child himself. He must take cognizance of his own personality, his individuality, the structure of his own organism, physical and mental. He must examine his own needs, and in connection with them, take into account what Nature and his fellows do for him, the debt he owes to them, and the obligations he is under to discharge that debt.

Having studied his needs, he studies their satisfaction, and his doing so constitutes a study of his environment. The satisfaction of a need should be considered under these different aspects:

及川が欧米教育視察時に入手し、持ち帰ったとみられる *The Decroly Class*（1924）の1頁。多くの頁に下線や書き込みがあり、丹念に読み込んでいたことがわかる。

活動」こそが「生活」だからであった。及川は、現実の学校教育においていて子どもが生き生きと生きている状態から離反し、分節され概念化されているとみなし、次のように述べている。

今の学校教育方針は余りに空漠で実際と結びつかない。生命（随て生活）は社会的歴史的存在だとか全人教育とか言つても学校経営の全体が之に合致しなければ役に立たぬ(23)

こうした及川の「ライフ」概念の多義的な理解が、発生心理学との出会いによって促されたことについてはすでに指摘したが(24)、ここでは、彼がデューイ（John Dewey）との比較において「生活」を論じていることに注目したい。及川は「教育即生活」という意味において、フェリエールら発生心理学者とデューイの主張は重なっていると説く。及川は、フェリエールの言う「教育は生活の為めだ」という言葉は、すなわち、自分の生を生きる為だという意味であり、「云ひ方は違ふが意味は同じ事」だと述べている(25)。そして、デユーイが固有な生命の充分な発揮を成長とみること、教育はこの絶えざる成長を支援することであると捉えたことに注目し、その生命論を紹介している。

［デューイは、］生命は鑑識即ち直接承認すべきもの、表はすところ、求めるところには常に需要がある、需要を満たさんとするが生命である、生命は価値創造の活動であるとして創造の自由を説いてゐます。認識は生命全体の活動即ち生活の範疇に拠るとして真理に人間味を加へたのである(26)

一方で、世界の新教育の潮流である発生心理学の考え方が同じ立場をとっていることを指摘している。

過去二十五年間は発生的科学に無知でありました為めに新しい教育方案が生まれなかつたのであるとフエリイルは言つてゐます。誰が何といつても世界の教育は「生活のために生活を通しての教育」「内からの教育」であります。アンリベルグソンが言つてゐる通り、昨日（エイール）は「外から内へ」明日（ドマン）は「内から外へ」の教育でなければなりませぬ。要するに世界の教育は「動的教育を中軸として」回転してゐることはフエリイルの論文によつて明かであります(27)

及川は、フェリエールやドクロリーの発生心理学と、デューイに共通する新教育思想の本質を「動的教育観」と捉え、その類縁性を、根底にある共通の哲学、ベルクソン（Henri Bergson）の「生の哲学」にみていたと考えられる。

4　西口槌太郎の実践にみるドクロリー教育法の影響

西口によるドクロリー教育法の研究

以上のような及川のドクロリー教育法研究の成果は、明石附小に赴任したばかりの訓導西口槌太郎によって、彼の生活単元の実践の中に具現化されていた。以下に、一九二七（昭和二）年度の西口の実践記録（『尋常一学年生活単位の教科構成と其教育』(28)）の中に、及川のドクロリー教育法研究が色濃く反映されていたことをみていきたい。

西口は、生活単元の開発と実践に取り組んだ背景にドクロリー教育法があったことを、自らの学級経営の方針を示した章の「興味の複中心」という項の中で語っている。

　現代ベルギーに於ける生活学校の創始者デクロリー博士が、児童の興味より出発して、観念聯合のプログラムを編成した事は共に意味深い事ではないか。私はシーズンと環境と児童の必要との考察から数個の興味を見出し、其によつて教授を進める事に努力した。毎朝児童と個人的に団体的に話す事、或は児童の掲示文日誌帳を読む事によつて、其の日、其の頃の興味を察し得た様に思ふ。デクロリーの観念聯合のプログラムは暗示を与へる事が大であつた(29)

ここで、西口はドクロリー教育法を採用して、子どもの興味の中心を探り、観念連合プログラムを構想したことを明らかにしている。彼は、日々児童を観察し、児童に語りかけ、児童に心を開かせること、すなわち目の前にいる自分の学級の児童研究に努めていた。また、「観察聯合表現の過程」という項目を設けて、以下のように説明している。

児童に一般に総合や断定を下させる時、そうして一の観念を獲得させせようとした場合、第一、興味の刺激による感覚的経験。第二、聯合の過程に依つて明にされた一般観念を以てそれを纏め上げ。第三、具体的か抽象的かの表現によつて実証し解釈する三過程を取つた事は私の実際教授記録によつて明であらう。

観察　児童は感覚的経験と直接的観察とによつて事物を知るのである。

聯合　時間的空間的に児童が直接する事の出来ない事実及び現象に関する記録の吟味によつて間接に知るのである。

表現　観察及び聯合の結果を表現するのである。

具体的表現――模型製作、図画、切出作業、道具製作
抽象的表現――読方、話方、書方、綴方、自由作文
時間的表現――沿革史的表現、発生的表現
空間的表現――地位的表現、移動過程表現(30)

ここでは、先にみた及川によるドクロリー教育法の紹介よりもさらに詳しい内容が、西口自身の言葉で記されている。西口は、及川の講話や指導によってドクロリー教育法に関する情報を得ていただけではなく、*The Decroly Class* を読んでその内容を研究していたとみられる。傍線部に、「[観察連合表現という] 三過程を取つた事は私の実際教授記録によつて明であろう」と記しているとおり、西口の実践記録には随所にドクロリーの名や同書からの

引用がみられる。

低学年における生活単元の実践例

明石女子師範学校附属幼稚園と同校附属小学校では、戦前からすでに協同的な研究態勢を整備して幼小連携カリキュラムの開発が行われていた。同校では、幼稚園教育との接続の視点を持って一年生の「生活単位のカリキュラム」開発を試み、教案の形式や単元の目標の一つとして習慣・態度の形成を重視した点で、コロンビア大学の実験学校ホレースマン・スクールやリンカーン・スクールのカリキュラムをモデルにしていたといえる(31)。そして、西口の実践の特徴は、第一に、一年生には教科をおかず、教科への発展（分化）を考慮した総合的学習様式（生活単元）をとっていたこと、第二に、多くの単元において「観察→連合→表現」の学習過程を構想し、それぞれの段階に子どもの多様な活動を採り入れていたことである。そうした特徴を呈する彼の実践の背景にドクロリー教育法の考え方があったことは、先に引用した西口の言から明らかである。西口が、一年生には教科の時間をおかず生活単元のみのカリキュラム実践を行ったことは、ドクロリーの「興味の複中心」の理論に基づいていたし、ドクロリーの観念連合プログラムは単元の展開方法として採用されていたのである。ここでは、さらに、西口がドクロリー教育法をどのような意図で自らの実践に導入していたのかについて考察を進めたい。

〈図10―2〉は、一九二七年度に西口が実践した一年生の生活単元「蟻の行列」と「秋が来た」の記録からの抜粋である(32)。これらの単元は、当時の合科（プロジェクト型）学習の単元に多かった社会生活ではなく自然環境を題材にした単元であり、直接的には社会的態度形成を目的としたものではない。そして、どちらの単元も「観察→連合→表現」の順序にこだわっていない。特に「秋が来た」ではさまざまな活動形式を組み合わせて単元が構成されて

〈生活単位「蟻の行列（五月二十九日）」〉

学習過程

観察　各組に分れ蟻の行列してゐる所を見出す。餌を運び行く所、巣、蟻と蟻との出会つた時の状態等を観察する。

表現　絵又は作文による発表＝蟻の世の中、蟻のクニ、蟻のオヤ子。

聯合　蟻のお話として児童の話した題目と内容を記ること。

［以下、児童の話の題目と内容、児童の氏名など省略］

〈生活単位「秋が来た」〉

学習動機

「秋が来た」の歌を歌ひ、「山に、野に、里に」来てゐる秋を訪れるため、児童の蒐集本能に訴へ、秋の象徴としての草花、鳥獣、果実、ポスターを集め、比較研究し、四季の一季節としての秋の特徴を理解せしめんとする。

図10―2―①　生活単元の実践例

「秋が来た」学習過程

児童の活動	望ましき活動への変化
1．草花昆虫を集めること	学習材料を自己で集める態度
2．明石市店先の装飾を観察すること	季節の変化と人間生活との関係（衣食住）を理解する能力
3．果実を集めること	精密に観察し、絵画化する能力
4．衣食住の変化を観察すること	教師は掛図を準備して示す（秋の果実、昆虫、等）
5．以上を絵画に描くこと	
6．謎かけ遊び 秋の草花、果実、昆虫、鳥等の特徴を見付けて謎を作り、謎を解く活動	特徴を把捉する能力
7．秋の絵画（児童の描ける）と春の絵画（同）を比較する	春は成長、秋は結実の時なる事の知識
8．お話（ストーリー法による）を作り又は物語を読むこと	場所的時間的、用途方面、衛生と果実等に就て深き理解へ
9．劇化 花、果実の面を作り、劇を創作する	劇化する能力
10．数学的活動 買物遊び たけ狩 } 栗拾ひ } より	

図10―2―②「秋が来た」学習過程

学習結果に就ての批評

教授の際の態度

（イ）子供は発見家だ

（ロ）論理的に教材を作るのはよくない

（ハ）意識の集注を必要とする

（ニ）生活から出発する

（ホ）経験の進歩に従ひ経験を統一して行く

（ヘ）一教材をいろいろに経験させる

（ト）教師の興味に引きつけてはならぬ

其の他

（イ）環境の理解は動作に属す

（ロ）自然と歴史とを関係づけること

（ハ）世界は生活の単位だ

（ニ）知識は有機的だ、一学科は他の学科に条件付けられてゐる

（ホ）個人は有機的生活の聯関の一部だから合科をとるべきだ

図10—2—③　学習結果に就ての批評

いるほか、能力形成の目標に「季節と人間生活との関係を認める能力」と記されている。

注目すべき点は、「秋が来た」の「学習結果に就ての批評」の欄である。この授業は明石附小の研究授業の対象にされたとみられ、授業後に及川によって批評と講話がなされていた。ここには、西口が書き取った箇条書きのメモが添付されているが、ここからも及川のドクロリー理解が看取される。「教授の際の態度」には、生活単元の理念が、児童の興味に従った専心活動の組織化であることが端的に表われており、特に「論理的に教材を作るのはよくない」、「意識の集注を必要とする」、「生活から出発する」はドクロリーの生活教育論と重なっている。さらに及川は、「経験の進歩に従ひ経験を統一していく」と述べてドクロリーの子どもの成長と興味の発展の考え方を表現しており、彼がデューイの「経験の再構成」と「題材の成長」の考え方に重ね合わせてドクロリーを理解していたことが看取される。また、「其の他」の（イ）「環境の理解は動作［活動］に属す」という言葉には、環境の理解のためには活動が必要である

という考え方が表れている。そして、(ロ)「自然と歴史とを関係づけること」という発言には、この単元にもっと「連合」学習の活動を取り入れることを奨励する意図が示されている。それは、連合学習が「其の他」の(ハ)～(ホ)のような事物・人間・世界の全体性を子どもに把握させる活動だと認識されていたからにほかならない。ドクロリーの連合学習は、人間的団結の感情を発達させて、精神を相互的共感の境地に導き、相互扶助や愛他の精神を養うための重要な活動であったからである。及川は、ドクロリーのいう高度な総合的精神活動によって、子どもが、世界の生命の連関を理解し、どのように働きかけるべきかを自ら考え、行動できるような成長へと導くことがドクロリー教育法の本質であると理解していたと考えられる。

西口の記録には、最後に西口自身による「反省」が記されている。そこには「私は此の教材で、単に山の秋を知らそうとしたのではない。町の店先（店先の飾、反物）に来た秋、電車の中（松茸狩の広告、紅葉狩の広告）に来た秋、即ち人間生活と秋との交渉を理解せしめようとしたのである」[33]と記されており、西口がこの単元で目指していたことは、秋に関する知識の獲得や社会的な態度や美を鑑賞する情緒の形成にとどまらず、人間が変化する自然の一部として有機的連関の中で生きていることへの理解であったことが示されている。

5　結び

明石附小においては、「生活単位のカリキュラム」を開発する過程でドクロリー教育法を導入することを試みていた。その際、及川が持ち帰った書籍 *The Decroly Class* (1924) が西口を中心とする訓導たちによっても研究されていた。及川や西口によるドクロリー教育法の研究成果は、研究授業後の批評会によって訓導たちに共有され、附小全体の共同研究として生活単元開発が進められた可能性がある。西口の実践や及川の発言からは、ドクロリー教育法をかなりの程度理解できていたことが看取される。彼らはドクロリーの「観念連合教科案」をカリキュラムのモデルや教授方法としてというよりも、子どもの必要と興味に沿った活動の組織化による「生活教育の理論」として受容していたと考えられる。

また、及川や西口がフランス語を読めなかったこと、英語や日本語でドクロリー教育を解説したまとまった文献が当時は *The Decroly Class* しかなかったことを考えると、彼らが研究対象とした書物は、*The Decroly Class* だけであったとみられる。ハントの翻訳によるアマイドの *The Decroly Class* は、実践的な書であり、ドクロリー教育法の紹介である。この書のみを用いてドクロリー教育法を実践しようとすれば、同書に示された実践例を模倣するか、「観察↓連合↓表現」の形式を踏襲した授業案を作成する可能性が高い。ところが、彼らの理解や実践の特徴は、明石の風土と目の前の子どもの状態から授業が創造された点にあり、むしろ形式にとらわれることなく独創的にドクロリーの理念の具現化を試みた点にある。つまり、実践的な教育法書からドクロリーの思想を読み解いて理解していたのである。彼らは、先に導入していたプロジェクト法(34)やドクロリー法を教授法のモデル（メソッド）として模倣したのではなく、その背景にある教授理論や思想を理解したうえで、生活単元の展開方法として採り入れており、その意味で明石附小の生活単元はまさに「カリキュラム」として収斂していたといえよう。

それを可能にしたのは、導入者である及川が、ドクロリーの思想をデューイの教育論との類縁性を意識しながら理解したからであろう(35)。及川は、フェリエールやドクロリーとデューイに共通する新教育思想の本質を「動的教育観」と捉え、その類縁性を根底にある共通の哲学にみていた。この共通の哲学については、欧米視察以前に及川が形成していた「動的教育論」の基底にあるベルクソンの「生の哲学」であったと考えられる(36)。今後は及川の「動的教育論」が明石附小の訓導たちの実践哲学やカリキュラム実践にどのような影響を与えたのかを論じたい。

注

(1) 拙稿「及川平治における生活単元論の形成——欧米新教育情報の影響を中心に——」『教育学研究』第七六巻第三号、二〇〇九年、三〇九—三二一頁。アメリカ・ヘルバルト主義の特色については、庄司他人男『ヘルバルト主義教授理論の展開』(風間書房、一九八五年)を参照されたい。

(2) ドクロリー教育法が、教育の世紀社に影響を与えたことについては田嶋一(「教育の世紀社と国際新教育運動」民間教育史料研究会編『教育の世紀社の総合的研究』一光社、一九八四年、六二三—六四四頁)や山﨑洋子の研究(「新教育連盟に関する覚書(一)」『教育新世界』第四五巻第一号、一九九九年、三八—五七頁など)、富士小学校において研究されていたことについては鈴木そよ子の研究(「富士小学校における教育実践・研究活動の展開」『東京大学教育学部紀要』第二六巻、一九八七年、二五一—二六〇頁など)によって指摘された。しかし、児童の村小学校や富士小学校に関するその後の研究は、ドクロリー教育法の影響があったことを確認するにとどまっている。

(3) 及川の欧米視察の概要については、「及川主事の欧米視察」(兵庫県明石女子師範学校『回顧三十年』一九三二年、二八〇—二九二頁)、および及川平治「欧米教育の視察談」(『兵庫教育』第四四二号、一九二六年、三九—五八頁)の記述による。

(4) 同前、「及川主事の欧米視察」二八三頁。

(5) 冨士原紀絵「及川平治の一九二〇年代における教育測定学受容とカリキュラム論形成」(『カリキュラム研究』第六号、一九九七年、六一—九頁)、および前掲拙稿(三一〇—三一三頁)。

(6) William Boyd ed. *Towards a New Education*. Alfred A. Knopf, 1930, p. 203.

(7) 視察内容については、前掲「及川主事の欧米視察」(二八二—二九二頁)による。

(8) 及川平治「欧米教育の視察談」『兵庫教育』第四四二号、一九二六年、四五頁。

(9) 及川平治「欧米の学校視察記」『心の玉』第四四号、一九二七年、五三頁。

(10) 及川平治「カリキュラムに就て」『教育診断』第一巻第四号、一九三三年、三〇頁。

(11) 日本におけるドクロリーの認識論・教育論に関する本格的研究は少ない。本稿では、ドクロリー著／斎藤佐和訳『ドクロリー・メソッド』の「解説」（明治図書、一九七七年、二四七―二五七頁）のほか、ドクロリーの「生（vie）の概念」について、田中智志「ドクロリー教育思想の基礎――全体化と生命」（橋本美保・田中智志編著『大正新教育の思想』東信堂、二〇一五年、六二―八八頁）を参照した。

(12) 及川平治「欧米教育の実際的傾向」一九二七年（大阪府羽衣高等女学校における講演速記録）。

(13) Amélie Hamaïde. *La Méthode Decroly*. Neuchatel/Paris: Éditions Delachaux & Niestlé S. A., 1922, pp. 47-49. Amélie Hamaïde. *The Decroly Class: A Contribution to Elementary Education* (Translated by Jean L. Hunt). New York: E. P. Dutton & Company, 1924, pp. 22-24.

(14) 前掲「欧米教育の実際的傾向」四三頁。

(15) 同前。

(16) 同前書、四三―四四頁。

(17) 同前書、四四―四五頁。

(18) 同前書（四五頁）の記述による。

(19) 同前書、四五―四六頁。

(20) 同前書、四七頁。

(21) *The Decroly Class*, op.cit., p. 276.

(22) 前掲「欧米教育の実際的傾向」四七頁。

(23) 及川平治「カリキュラム改造の精神と方法の変化」『兵庫教育』第五二九号、一九三三年、九六頁。

(24) 前掲拙稿、三一七頁。

(25) 前掲「欧米教育の実際的傾向」二五―二六頁。

(26) 同前書、七五頁。

(27) 同前書、七四頁。

(28) 西口槌太郎『尋常一学年生活単位の教科構成と其教育』弘学館、一九三〇年。同書は、西口が明石附小に着任した初年度の実践記録であり、及川のドクロリー教育法研究に導かれつつ、自身の生活単元開発を模索する新任教師の試行錯誤が綴られている。

(29) 同前書、四〇頁。
(30) 同前書、四〇―四一頁。
(31) 拙稿「一九二〇年代明石女子師範学校附属小学校における生活単元カリキュラムの開発――近代日本における単元論の受容に関する一考察――」『カリキュラム研究』第一八号、二〇〇九年、一―一五頁。
(32) 〈図10―2〉は、前掲西口書（五四―六〇頁）から筆者が抜粋して作成したものである。傍線・下線は引用者が追加した。
(33) 同前書、六五頁。
(34) 明石女子師範学校附属幼稚園と附属小学校において、プロジェクト法を同一の原理とした幼小連携カリキュラムの開発が行われていたことについては、拙稿「及川平治のプロジェクト理解と明石女子師範学校附属学校園におけるその実践」『東京学芸大学紀要』総合教育科学系Ⅰ、第六四集、二〇一三年、九五―一〇八頁）に詳しい。
(35) ドクロリーとデューイの教育思想の類似点については斎藤佐和も指摘している（前掲斎藤「解説」二五二頁）。なお、デューイの「協同性」および「デモクラシー」概念の特質と日本の新教育思想との関わりについては、田中智志・橋本美保『プロジェクト活動――知と生を結ぶ学び』（東京大学出版会、二〇一二年）において言及されている。
(36) 及川が、ベルクソンの『創造的進化』によって「動的教育論」の基礎となる生命概念を形成し、デューイの価値評価論を用いてその思想を融合させていたことについては、拙稿「カリキュラム――及川平治教育思想の生命概念」（森田尚人・森田伸子編『教育思想史で読む現代教育』勁草書房、二〇一三年、二〇二―二二四頁）において詳述した。また、及川の動的教育論の形成過程とその構造については、拙稿「及川平治の動的教育論――生命と生活」（前掲橋本・田中書、二〇三―二三一頁）を参照されたい。

第11章　大正新教育の実践に与えたドクロリー教育法の影響

――「興味の中心」理論の受容を中心に――

遠座　知恵・橋本　美保

1　はじめに――問題意識と研究の意図

本章では、子どもの「興味の中心（centres d'intérêts）」から出発する実践改革を目指したドクロリー教育法に注目し、それが大正新教育に与えた思想的影響とその意義について考察することとしたい。当時ドクロリー教育法は、ベルギー国内のみならず、ヨーロッパ各国や北米、南米でも注目されていたが(1)、大正新教育におけるその受容については、これまで本格的に検討されてこなかった(2)。谷口和也は、校長上沼久之丞を指導者とする東京市富士尋常小学校で一九三〇（昭和五）年にドクロリー教育法を本格的に導入したとみているが(3)、後述するように、実践家による導入の取り組みは、それ以前から開始されていたのである。

本章では、ドクロリー教育法の導入に先駆的に着手した実践家に注目するが、その際問題となるのは、彼らの「思想」をどこから読み解くのかという点である。実践家は、思想家や教育学者とは異なり、自身の思想を体系的に語っておらず、むしろ言葉にしていない場合が多い。しかしながら、実践家がある教授法の根底にある思想を内面化したとするならば、そこには、彼ら自身にとって価値となったものを具現化しようとする過程がともなうはずである。このような視点に立てば、実践家による実践解釈や実践的営為こそ、彼らの思想の存在を証明し、その意味するものを読み解く鍵となる。

そこで、本章ではまず、ドクロリー教育法の特質を概観したうえで、日本の実践家がそれに着目した契機や実践研究の開始状況を明らかにする。続いて、一九二〇年代の二つの実践事例にみられるドクロリー教育法の理解と適用の過程を分析し、それが新教育の実践家たちにどのように理解され、彼らの実践思想の形成に影響を与えたのかを考察したい。

2　日本におけるドクロリー教育法の導入

ドクロリー教育法の特質

ベルギーの精神医学者にして教育者であるドクロリー（Jean-Ovide Decroly, 1871-1932）は、さまざまな障害を抱えた子どもたちの治療や支援活動と教育に取り組み、その経験から既存の学校における子ども理解と実践を批判して新教育に着手した人物である(4)。彼が、一九〇七年ブリュッセル郊外のエルミタージュ通りに「生(活)のための生(活)による学校（l'école pour la vie, par la vie）」（以下、エルミタージュ校）を掲げた実験学校を創設したことはよく知られている。

子どもの詳細な観察をもとに、発生心理学の研究を進めたドクロリーは、子どもと大人では世界の認識の仕方がきわめて異なることを指摘した(5)。子どもの認識は、要素から全体を、単純なものから複雑なものを分析的に捉えるのではなく、情動的要素の強い「興味」を媒介にして対象を自分にとって意味のある全体として捉えるものとされた。ドクロリーは、このような「全体化機能（la fonction de globalisation）」が六―七歳頃まで顕著に現れ、分析的思考はそれ以降徐々に発達するとみて、とりわけ「幼稚園教育や初等教育の初期」には、子どもの心理特性に合わせた活動的な方法が必要であるとした。

また、子ども研究の知見から、ドクロリーは従来の教育内容や教科区分を批判し、「興味の中心」理論に基づく題材選択や観念連合プログラムを提起した。興味と関連した題材を採ることで、子どもたちは、自己の欲求や願望、目的、理想を意識して自己理解を深めるとともに、自己実現と密接に関わる環境、すなわち彼ら自身がそこに生活し、依存する自然や社会への理解を深めるものとされた(6)。興味を媒介に子どもと環境を結びつけるこうした題材観には、「全体性(globale/totalité)」というドクロリーの世界観がうかがえる。ドクロリーにおいて「全体性」とは、先に述べた子どもの心理特性を表すとともに、世界に存在するあらゆる生命の連関を意味する概念であった(7)。

ドクロリー教育法における学習は、「観察(observation)」「連合(association)」「表現(expression)」という三つの活動から捉えられていた。「観察」とは子どもが感覚を通じて自分の環境を構成する諸事情を捉えること、「連合」とは観察を通じて構成された観念を子ども自身の仕方で他の観念と結びつけること、「表現」とはそうした観念連合をあらゆるかたちで表現することを指しており、これらを組織化したものが観念連合プログラムである(8)。このように、ドクロリー教育法は、「興味の中心」理論に基づき、教育内容編成と教育方法の両面で改革を進めるものであった。

ドクロリー教育法への着目

ドクロリー教育法は、ドクロリー自身が一九二一年に新教育連盟(The New Education Fellowship)の第一回大会で報告を行ったことで、国際的な注目を浴びることとなった。翌一九二二年には同連盟の機関誌 *The New Era* 第三巻第一〇号で、ドクロリー教育法の特集が組まれ、上記の報告のほか、エルミタージュ校での教職経験を経て他校で指導者を務めたアマイド（Amélie Hamaïde）による実践報告やブリュッセル市内における導入状況の視察記が掲載された。また、一九二二年には、アマイドの著作 *La Méthode Decroly* が刊行され、二年後には *The Decroly Class* と題してアメリカでその英語版も刊行された。同書は、ドクロリー教育法の原理のほか、学年別の実践例が数多く紹介された実践書であった。

日本の実践家のうち、ドクロリー教育法に先駆的に着目したのは、新教育連盟と交流のあった野口援太郎ら教育の世紀社同人[9]や東京女子高等師範学校附属小学校（以下、東京女高師附小）主事の北澤種一（1880-1931）であったと考えられる。野口は、一九二二（大正一一）年の *The New Era* の図書紹介でアマイドの *La Méthode Decroly* を知り、ドクロリー本人に書簡で図書の送付を依頼したとされるが、関東大震災のために受け取ることはできなかったという[10]。一方、野口がドクロリー教育法に関心を寄せていた頃、欧米視察中の北澤は直接エルミタージュ校を訪ねていた。北澤は一九二二年一〇月に日本を出発したが、留学前からフランス語の学習に努めていたことや東京女高師附小で *The New Era* を購読していたことなどから[11]、事前にドクロリーに着目していた可能性が高い。現地でドクロリー本人と面会した北澤は、図書の送付の件が会話に上ったことを葉書で野口に伝え、帰国時にはアマイドの著作を持ち帰ったとされている[12]。北澤のエルミタージュ校視察は時期的にも早いものとみられ、*The Decroly Class* を翻訳した富士小の上沼も、その校閲を「デクロリイ法最初の視察者である北澤種一先生」に依頼したと述べている[13]。

こうして、一九二五（大正一四）年発行の『教育の世紀』第三巻では、彼らによってドクロリー教育法を主題とした紹介が数回行われた[14]。まず、第一号では、先述した *The New Era* の特集記事の翻訳と吉良信之がフェリエール（Adolphe Ferrière）らの紹介に依拠してまとめた「新教育法としてのデクロリー・メソッド」が掲載された。一九二四（大正一三）年一二月に帰国した北澤もまた第六号に「デクロリィ氏の実験学校」と題して寄稿し、エルミタージュ校の様子や取り組みを紹介し、続く第七号では、野口が、*La Méthode Decroly* の序文を紹介した。英語版の *The Decroly Class* が刊行されると、ドクロリー教育法への関心はより広がりをみせたと考えられる[(15)]。

実践家によるドクロリー教育法の研究

ここでは、翻訳や文献研究にとどまらず、実際にドクロリー教育法の導入を意図してその研究に取り組んだ実践家について確認しておこう。ドクロリー教育法の紹介以後、その研究に取り組んだ実践校として、東京女高師附小や成城小学校、兵庫県明石女子師範学校附属小学校（以下、明石附小）、前述の富士小学校などを挙げることができる。既述のとおり、ドクロリーが全体化機能の教育的適用の必要性を最も念頭に置いたのは、幼稚園や低学年の子どもの教育であった。富士小の校長上沼によれば、同校では「昭和五年」に「デクロリィの案を採つて来」たとされるが[(16)]、成城小学校や東京女高師附小、明石附小では一九二〇年代半ばから低学年教育においてドクロリー教育法の導入が開始されていた。これらの事例でドクロリー教育法に関心を寄せた実践家たちが、低学年教育からその研究に着手したことは単なる偶然ではないであろう。

成城小学校では、訓導島田正蔵が澤柳政太郎から *The Decroly Class* を受け取り、その翻訳をもとに一九二七（昭和二）年に『低学年の新教育』を刊行した。当時島田は、一九二五年入学の子どもを集めた「クスノキクラス（楠組）」で低学年教育の研究に従事しており、その際同書を参考にしていたようである[(17)]。一方、東京女高師附小や明石附小では、主事の北澤や及川平治が直接エルミタージュ校を訪ねて、帰国後に各自の実践校でドクロリー教育法の導入に着手した。欧米視察を終えて帰国した北澤は、一九二五年には東京女高師附小の研究態勢を抜本的に改め、低学年でドクロリー教育法を導入した「全体教育」に取り組むこととなった。また、橋本美保の研究によれば、及川は一九二五年三月からの欧米視察で、渡米中にまずドクロリー教育法の存在を知り、エルミタージュ校を訪問した際は発生心理学に関心を抱いていたという(18)。一九二六年に帰国した及川は、*The Decroly Class* を検討するとともに、同校の訓導西口槌太郎がその指導を受け、やはり低学年でドクロリー教育法の導入に取り組むこととなった。

以上のように、わが国では、海外の教育雑誌や著書を通じて一九二二年頃からドクロリー教育法への着目がみられ、一九二五年頃にはそれを主題とした紹介も行われるようになっていた。この頃までに、少なくとも大正新教育の代表的な実践家たちはその存在を認知していたと考えられる。また、先駆的な実践校では、一九二〇年代半ば以降に実践への導入が始まっており、従来先駆的とみられてきた富士小の事例は、むしろ当時の取り組みの中で終盤に位置するものといえよう。以下の考察では、ドクロリー教育法の導入に先駆的に取り組んだ東京女高師附小と明石附小に着目し、実践家たちによって「興味の中心」理論がどのように受容されたのかを検討することとしたい。

3　東京女高師附小の全体教育にみるドクロリー教育法の影響

北澤帰国後の改革とドクロリー教育法の採用

東京女高師附小では、コロンビア大学ティーチャーズ・カレッジの実験学校ホレースマン・スクールにおけるプロジェクト・メソッドの実験的研究をモデルに、一九二〇（大正九）年に第三部に実験学級を設置して新教育研究を推進してきた。この研究の過程で、北澤は国定教科書や従来型の教科課程のもとでプロジェクトの実践を行うことは不可能であると認識していたものの、一九二〇年代前半に同校で行われた実践は、教科の枠組みを前提にして、アメリカの実践例を模倣的に取り入れたものであったことが指摘されている(19)。

しかし、同校の実践が深化していくのは、むしろ北澤が留学を終えて新たな研究に着手した一九二〇年代半ば以降のことである。同校の新教育研究に従事し、その歩みを振り返った吉田弘によれば、プロジェクト・メソッドの導入に着手した当初は「実験時代」というべき段階であったのに対し、北澤が帰国後に目指したのは「新教育の精神のある所を具体的に発揮する」ことであったという(20)。従来の研究では、改革に対するこの意識の変化が捉えられておらず、それを担った教師たちの内的変化も明らかにされていない(21)。一九二五年に同校では、研究組織の大幅な見直しが行われたが、とりわけ、低学年教育では独立した研究部を設けて徹底した改革が進められた。新教育研究は従来第三部に限定されてきたが、低学年では一九二六（大正一五）年以降、第一部や第二部でも「時間割」や「学科課程」を撤廃し、それまで続いてきた教科担任制も取りやめることとなったという(22)。そして、この時期、低学年教育を中心に同校で導入されたのが、北澤によってもたらされたドクロリー教育法であった。

既述のとおり、エルミタージュ校を視察した北澤は、アマイドの著作を日本に持ち帰り、『教育の世紀』に同校の視察記を紹介した。ドクロリーは、「興味の中心」について、人間が生きるうえでの基礎的欲求をもとに、①食物、②悪天候などからの保護、③外的脅威からの防衛、④協働的な仕事という四つのカテゴリーを挙げており、ドクロリー教育法では、これらを学習のテーマとしてカリキュラムを構成していたが、そうした方法がとられるのは八―九歳以降、学年でいえば第三学年以降であった(23)。北澤は、一九二五年の視察記で、エルミタージュ校では、第三学年以上のすべての子どもが年間を通じて、四つの興味のうち一つをテーマに学習に取り組み、毎年それを変えていく方法をとっていることを紹介したが、それとは異なり、幼稚園と「一、二年はOccai《ママ》sionnelと称して偶発事項につき臨時に適宜季節に応じたる題目」を選択する方法をとることに言及していた(24)。また、同校では、教科書は子どもたちが各自の材料や表現によって「自ら作るもの」であり、「学科課程といふものが万人共通にある訳がない」とみて、それを「自ら作製して行くこと」こそ「真の学習」であり、「生活を通じて」の「生活の為」の教育であるとする解釈に立つことを紹介していた。ここで北澤がいう「学科課程」という用語が、個々の学習経験としてのカリキュラムを指していることは明らかであろう。こうした紹介を行ったうえで、北澤はエルミタージュ校の原理が「興味中心」であること、その特徴は、「大人の定めたる所謂学科課程といふものに対して全然疑惑の態度を以て臨む」点にあり、ドクロリーをその実践改革に「最も成功したる一人」であると捉えていた。

帰国後の北澤は、東京女高師附小で「学科課程は児童の作り行く創作学校であり、教科書は児童各自に作らしむべきものである」(25)という方針を掲げたが、これはエルミタージュ校のカリキュラム観に触発されたものであろう。一九二〇年代後半の東京女高師附小の改革は、「興味の中心」を原理とするドクロリーのカリキュラム実践に共感して進められたが、次項では教師たちがどのような実践に取り組んだのかを検討することとする。

子どもの興味研究

東京女高師附小の教師たちが、北澤の帰国後にまず着手したのが、「児童の興味に関する研究」であった(26)。その内容を確認してみよう。まず、同校では「興味のポケット」と称する箱を設置し、子どもが「読んで面白く思つた記事見て面白く思つた画等を切抜き又は書き取つて」入れ、教師はそれを活動の「材料」選択や「指導」の手がかりとして活用した。エルミタージュ校の紹介で、北澤は、「各教室に備へ付けてある興味のポケット」について言及しており(27)、この調査法は、同校の興味研究に示唆を得たものと考えられる。また、別の方法として、「児童に興味の対象物を持参せしめ、その対象物について話さしめ発表させ、又それについて研究せし」めたり、「愛読の書を持参せしめ之を読ませて教師が聞く時間」を設けることにより、子どもの具体的な興味の対象やその内容を探ろうとしていた。さらに、「土曜日とか日曜日に子供の経験せる事柄中一番興味を覚えた事項を話させ」たり、「長期の休業中」に彼らが「興味中心」に取り組んださまざまな活動に着目し、学校以外の場面で生起する興味を発見することを教師の研究事項と位置づけていた(28)。

こうしたさまざまな興味研究は、学校全体で取り組む課題であったが、低学年教育においては、それが全面的にカリキュラム実践に活かされた。従来の題材選択の問題は、「児童の必要観の有無や興味の有無」が問われてこなかった点にあるとし、低学年教育においては、「児童の身の周りの事物現象で彼らが最も興味を惹き好奇の中心となつてゐるもの、知情意総べてを傾注してゐる事柄をそのまゝ」採用することにしたという(29)。ただし、「児童の興味は季節により、行事により、突発的の出来事により其の他種々の内的及び外的条件によつて変つて」くる動態的なものである。したがって、教師には、「巧みに児童の興味の中心となつてゐるものを捉へ」て、題材選択に応じていく力が求められるため、その実践は「機会教授」と呼ぶべき臨機応変なものであるとされた(30)。子どもの興味の存在によって、はじめて題材は題材となり得るとする、かつての実践時にはみられない認識がここにはうかがえる。このような認識とともに、「興味の中心」から出発することで一九二〇年代後半に開発された同校の「生活単元」は、すべて「動機」から始まる展開がとられている(31)。

題材観と子ども理解にみる「生命」の視点

上記の実践を東京女高師附小では、なぜ「全体教育」と呼んだのであろうか。その理由は、「興味の中心」から出発した題材と子どもに関する解釈に示されている。たとえば、「春桜の花が咲いてそれが興味の中心となつてゐる」場合、同校では当然「桜の花」を題材とするが、「理科の時間」には「花弁は幾つか」などの「理科方面」を扱い、別の教科の時間には、その教科の内容にひきつけて同じ題材を扱うといった方法を次のように批判した。

かやうにして桜は学科によつてバラバラに切り刻まれてしまひます。これでは桜の桜たる特徴がなくなつてしまひます。桜の木のきれきれの知識となつてしまひます。桜に対する情意方面は閑却されます。我が低学年に於ては、かやうに学科によつて桜をきりきざんでみません。地球上に存する物といふことから見れば、桜も人も一つのものです。桜は地球上に存する私たちの身の周りにあるよき友達の一つです[32]（くの字点はかなに改めた。以下、傍線引用者）

東京女高師附小では、このように「桜の全体」を「研究の対象」とみるがゆえに、「全体教育」を標榜したとされ、それは「既に分かれている学科を合せて学習する」のではなく、「只物それ自身の全体を如実に見るといふ立場」であるという[33]。このような観点にも、ドクロリーが生命の連関として捉えた「全体性」の意義が反映されていたと考えられる。北澤は、エルミタージュ校が、「デクローリ氏の独特の思想を根底」としており、「生命の維持発展の為の教育、生命の維持者を作業の題材とする教育、従つて生命者を取扱ふことによつて人間の生命者としての完全なる教育」を目指していると述べていた[34]。「生命者」としての子どもの教育は、同じ世界に存在する他の「生命者」と向き合うことで可能となるのであり、先の解釈でいえば、子どもは「情意」をも含めた子どもの心の全体をもって、「身の周りにあるよき友達」としての桜に接することになるのであろう。

題材と子どもに関する教師のこの解釈は、ドクロリー教育法の原理に学んだことに加えて、実践に取り組む過程で彼ら自身によって裏づけられたものであったと考えられる。たとえば、第二部で全体教育に取り組んだ山内俊次は、野原に出かけた際、「つばな」の穂に興味」を持った子どもの表現を紹介しているが、それは「つばなさんつばなさん／あなたのからだははねだらけ／ふつてもらへばぱつととぶ／どこまでもあがるか天までか」といった描写である(35)。ここで子どもは、対象を「生命者」として捉え、理科の視点で自然に向き合っているわけではない。

題材と子どもの関係をこのように捉えようとした教師は、山内のみに限らない。低学年教育の研究成果として六名の訓導によってまとめられた『低学年教育作業主義の諸様式』から、「卵」という「生活単元」の取扱いをみてみよう。この実践では、「卵は水にうくか」「卵の形と大きさ」「卵の産みかた」「卵の解剖」「卵とひよこ」「卵の値段」「卵生動物」など「幾つかの研究題目について、観察、図解、文章、発表」に取り組む子どももいれば、「「鳥の子供」「私は卵です」「卵のうた」等の詠歌、想像の活動」を活発に行う子どももいたという。「面白い着眼点」として、「たまごをわつたら／白みの海に／きみのお月さん／ういてゐた」という「たまご」と題する詩も紹介されている。この題材を扱う際の注意点には、「卵の解剖図を用意することは却つてよろしくない」とされ、その理由として「大人の観察を児童に移す様な方法は出来るだけ避けて児童の見たまゝを描かせるのがよい」と記されている(36)。

東京女高師附小では、「観察―連合―表現」という用語は適用されなかったが(37)、教師たちは、子どもが対象にいかに応答するのかを素朴に追究し、生命ある題材と生命ある子どもをつなぐものとしての「興味」の存在意義を確信していったといえよう。このような思想を持つことで、彼らは、教科の枠に縛られていた一九二〇年代前半の実践的限界を自ら克服していったのである。

４　明石附小の生活単元開発にみるドクロリー教育法の影響

西口の着任とドクロリー研究への着手

西口槌太郎は、一九二五年に兵庫県姫路師範学校を卒業して二年間母校の附属小学校訓導を務めた後、及川平治の教育論に傾倒して、一九二七年四月に明石附小に転任した。西口が着任したのは、主事及川が欧米教育視察から帰国した翌年であり、全校を挙げて「生活単位」（生活単元）のカリキュラム開発を開始したその初年度であった。着任と同時に一年生を担任することになった西口は、それまでの「教師中心、教材本位」の授業とは異なる「生活単位」の開発に没頭したという(38)。西口の回想によれば、このときのカリキュラム開発は、科学的リサーチによる目標設定や教育測定を用いたものではなく、「教育の希望と熱意に燃える若い訓導」が「遮二無二やってやってやりまくつたもの」であった(39)。

西口　槌太郎
(1903-1994)

初年度（一九二七年度）の実践記録である『尋常一学年生活単位の教科構成と其教育』(40)の内容は橋本美保が紹介し、そのカリキュラムが直接的にはコロンビア大学ティーチャーズ・カレッジの実験学校リンカーン・スクールの作業単元をモデルにしていること、さらに、内容配列の構成原理にドクロリー教育法が援用されていたことを明らかにしている(41)。また、橋本は、西口の「生活単位」は、及川のドクロリー理解に基づき及川の指導の下で開発されたものであること、すなわちドクロリー教育法が及川を介して西口のカリキュラム開発に影響を与えていたことを指摘したが、西口におけるドクロリー受容については論じていない(42)。そこで、本節においては、着任直後の西口が「生

明石女子師範学校附属小学校3年生の学習「模擬飲料水店」。店員役の子どもはエプロンを着用している。椅子に腰掛けているのが指導した西口槌太郎訓導。(1935年)

活単位」のカリキュラムを開発する際に、ドクロリー教育をどのように理解していたのかに注目したい。特に、ここではドクロリー教育法が、西口の実践の中にどのように採り入れられていたのか、つまり実践家としての西口にどのような内的変化をもたらしたのかを明らかにしたい。

西口の実践記録には、及川が欧米教育視察から持ち帰った*The Decroly Class*を用いて、及川の研究成果に導かれつつ、自身の生活単元開発を模索する新任教師の試行錯誤が綴られている。橋本によれば、及川のドクロリー理解は「観念連合プログラム」の構造やその構成方法の理解にとどまらず、ドクロリーのいう「全体性」の意義や「生命論」といった彼の教育思想にまで及んでいた(43)。そのような及川の理解は西口にも伝えられており、西口の実践からも単なるモデルとしてドクロリー教育法が模倣されていたのではないことが看取される。

たとえば、西口は観念連合プログラムを採用したことについて、「［観察連合表現の］三過程を取つた事は私の実際教授記録によつて明であらう」(44)と明言しているが、注目すべきことは、西口が「観察—連合—表現」を「過程」と捉えていたことである。彼の実践記録には、多くの単元において「観察―連合―表現」の「学習過程」が展開されており、子どもの多様な活動によって構成されている。彼の単元の展開過程や方法をみると、それらは必ずしも「観察↓連合↓表現」の順序で進められておらず、その順序や三つの活動すべてを単元に含めることなどにはこだわっていない。つまり、西口は、「観察―連合―表現」を教授段階、すなわち教授の手続きだとは捉えていなかったのである。西口が読んだ *The Decroly Class* は、実践的なドクロリー教育法の紹介書である。この書だけを用いてドクロリー教育法を実践しようとすれば、同書に示された実践例を模倣するか、「観察↓連合↓表現」の形式を踏襲した授業案を作成する可能性が高い。それでは、なぜ西口は「観察―連合―表現」を教授段階ではなく「過程」と捉えたのだろうか。

子どもの興味研究

西口にとって、ドクロリー教育法は授業案のモデルでも、教授のメソッドでもなかった。彼は、学級経営の方針を示した章の「興味の複中心」という項で以下のように語っている。

現代ベルギーに於ける生活学校の創始者デクロリー博士が、児童の興味より出発して、観念聯合のプログラムを編成した事は共に意味深い事ではないか。私はシーズンと環境と児童の必要との考察から数個の興味を見出し、其によつて教授を進める事に努力した。毎朝児童と個人的に団体的に話す事、或は児童の掲示文日誌帳を読む事によつて、其の日、其の頃の興味を察し得た様に思ふ、デクロリーの観念聯合のプログラムは暗示を与へる事が大であつた（45）

ここで西口は、自分が観念連合プログラムから示唆を受けたことは、子どもの「興味の中心」から出発することであったと述べている。着任当初の西口は、「教科書なんかそつちのけで新単元を採用し」たが、それは「単なる思いつきでない。全身全霊を打ち込んだ教育的直観による単元構成」(46)であったという。彼の子ども研究の具体例をみよう。

西口は、「キノフアツタコト」を書き込む小黒板を用意し、子どもに「生活見聞」を記述させることに努め、次に記述を読ませること、発表させることによって「児童の文字による発表活動指導」を始めた。子どもの記述が増えて黒板のスペースが足りなくなると、各自に日記帳を持たせてそれに書かせるようにしたという(47)。彼はこの取り組みの中で子どもから教えられたこととして、「稍もすると児童の生活から遠ざからうとする教師が共に児童生活中に導入されること」や、「学級児童の生活と依存関係を有する生活範囲を推察する事が出来る」こと、「児童興味の中心を知る補ひとなる」ことなどを挙げている(48)。

さらに、西口は学校外においても子どもを理解することに懸命であった。姫路から転任したばかりの西口は、子どもの郷土である明石をよく知らなければ明石の子どもを教育することはできないと考え、毎週日曜日の午後は明石の郷土調査のために費やした。「名所旧蹟其の他文化財の集合所を調査観察して陶冶材を見出すことにつとめた」だけでなく、「玩具屋、一銭物屋、ショウウインドーをのぞきて」子どもが生活する環境の中から子どもを惹きつける事物や方法を学んだという(49)。

「児童性」の理解と全体学習

明石附小では、一九二〇年ごろから低学年の「未分化学習」の研究に着手していた。西口は、未分化学習は「合科」

学習ではなく、「全体学習」であるべきだと主張している[50]。「題材」を要素に分解して論理的に学習させるのではなく、子どもの心情に訴えて理解させることを目指して彼が試みた実践上の工夫に、「生物教材の擬人化的取扱ひ」がある。彼は、「生物教材を取扱ふ場合、之等を客観的存在として冷静に観察せず、人間［の］仲間として温きハートを以て研究する地位に児童を置き度い」と述べ、それを適用する「生活単位」として「亀の子守、鯉さんの御見舞、かたつむりさん等」の例を挙げている[51]。西口は、このような工夫を着想したことについて次のように説明している。

低学年児童性の一は、主客未分の全一的傾向と云ふ事である。主客未分の時期であるから他人と自己との区別はない、凡ての物は自己の友達仲間である。一本の竹よく小馬の代用をなし、走りながら自己に鞭ちて走る自分が馬であり、同時に騎手であるのは、此の時期である。筍を見ては「きまぐれ筍顔出した」と歌ひ、朝顔の咲くのを見て「朝顔さんお早よう、朝顔お早ようと笑つてゐる」等と思ひやるのが、此の時期にある児童の常である。此の傾向に棹して進む取扱ひを擬人化的取扱ひと云ふのである[52]

彼の「低学年児童性」の理解には、ドクロリーが説いた子どもの認知的特性である「全体化機能」の考え方の影響がうかがえる。西口は、子どもが、情意に満ちた心の全体をもって身の周りに在る「友達」としての生命（動物・植物）に接することを企図していた。こうした「子ども」と「題材」の関連性は、「興味の複中心から単一中心へ」進むというドクロリーの理論に基づいて、西口においては「全体学習から単一学習へ」と構造化されている[53]。すなわち、この時点で彼は、低学年の「生活単位」においては全体学習を行うべきであり、それを中学年以降の単一学習に連続的に発展させようと考えていた。後に、自身の担任学級を持ち上がっていく中で、西口は「連合（association）」の過程を重視した単一学習をカリキュラム化するものとして、「聯関単位」を構想するようになる[54]。

西口によるドクロリー教育の理解

西口の子ども研究の特徴は、科学的リサーチによってだけでは知ることのできない子どもの「興味」を探ったことにある。それは、日々の単元開発に迫られた西口自身が *The Decroly Class* を研究したことにより、それがエルミタージュ校におけるドクロリー教育の実験記録として読まれたからであろう。自分の学級の子ども、すなわち日々成長（変化）し続ける明石の子どもたちと一緒に、学級生活を創造したいという西口の真摯な想いは、彼に観念連合のプログラムが、単なるカリキュラム案ではなく、ドクロリーのカリキュラム実践であると捉えさせた[55]。さらに、西口は、それらの基底にはドクロリーの生活教育思想があったことを理解していたとみられる。つまり、観念連合プログラムは、ドクロリーが自らの「理想」を実現するための方途としての試み（一事例）であり、それを実践するための諸条件を考え整える「過程」こそが各々の実践の質を左右することを学んでいたと思われる。だからこそ西口にとって最も大事なことは、「生活単位」のコアとなる「題材」を設定するために必要な子どもの興味を、西口自身が発見することだったのである。

実践記録の最後に、西口は「現場において児童と共にあえぎながら学ん」[56]だ暗中模索の毎日を、「旅」に喩えて次のように語っている。

私は私の脚で歩む。自分の脚で歩いて先人の足跡を見出し、先人の歩めるコースに立つてゐる事を知つた時、疲れた私の脚は又歩みを続ける。先人の姿は見るべくもないが、残された足跡は旅する私の心に或糧を与へ、進むべき方向を教へて呉れる。此の旅の姿はやがて理念思慕の生む教育作用そのもの丶姿でなくてはなるまい。先なる人と後なる人とを結ぶその一線は、完全への殿堂に通ずる道であり、自分の脚で歩む、そは自我による構成である。…［中略］…そして足跡の上に立ち糧を得た時の感情を生命共感のよろこびと云ふのだらう(57)

先人と自分と子どもは、ともに理想に向かって生命の力を十全に発現しようとする存在として同じ道を歩んでいるのだと、西口は確信したのであろう。ここには、自分の固有かつ具体的な教育的働きかけが持つ普遍性を実感した、一人の教師の「歓び」が率直に表れている。ドクロリー教育思想に学んだ子どもの興味研究は、西口に教職の覚醒を引き起こし、彼の実践思想の礎となって教師としての彼の生を支えていったとみることができる。

5　おわりに

ドクロリー教育法が大正新教育の実践に与えた影響はこれまで本格的に検討されてこなかったが、本章では、東京女高師附小と明石附小の二つの事例において、単なる紹介や文献的研究にとどまらず、「興味の中心」理論に基づくカリキュラム実践が展開されていたことを明らかにした。注目すべき点は、その受容が、*La Méthode Decroly* や *The Decroly Class* に紹介されているような既成の実践モデルを模倣的に導入するというものではなかったことである。むしろ、両事例の実践家たちに共通していたのは、子どもが環境に応答することを可能にするものとして、「興味」

を動態的に捉える視点を獲得していたこと、「興味の中心」から出発する実践に、形式的なモデルはなく、実践家自身が子ども研究を行うことで、それを創造することが必要であるという課題意識を抱いていたことである。すなわち、彼らはドクロリー教育法の導入を通じて、彼ら自身を子どもの「興味の中心」へと向かわせていく生きた実践思想を形成するに至ったとみることができる。

なお、本章では、「興味の中心」理論が二つの先駆的事例に与えた影響を検討したが、ドクロリー教育思想の体系的な受容やドクロリー教育法の導入に取り組んだ別の実践校の導入事例がいかなるものであったのかは、当時の教育界における情報の広がりをふまえてさらに検討していくことが必要である。そうした事例研究の積み重ねによって、他の実践家においても実践思想とよぶべきものを形成することができたのか否か、その差異を生みだすものが何であるのかといった点もより的確に把握し得ると考えられるが、この点の解明は、次なる課題としたい。

注

（1）斎藤佐和「解説」（『ドクロリー・メソッド』明治図書、一九七七年、二五五頁）。Dubreucq, "Jean-Ovide Decroly," *Prospects*, vol. 23, no. 1/2, 1993, p. 273.

（2）民間教育史料研究会編『教育の世紀社の総合的研究』（一光社、一九八四年、六三二—六三三頁）、鈴木そよ子「富士小学校における教育実践・研究活動の展開——昭和初期公立小学校の新教育実践——」（『東京大学教育学部紀要』第二六巻、一九八七年、二五一—二六〇頁）、渡邉優子「東京市富士小学校における教育実践とドクロリーの教育思想——「創造生活」に注目して——」（『東京大学大学院教育学研究科紀要』第五二巻、二〇一三年、二三一—二三二頁）などでは、ドクロリー教育法の紹介や翻訳がなされたことが指摘されているが、それをもとにどのような実践が行われたのかは明らかにされていない。

（3）谷口和也『昭和初期社会認識教育の史的展開』風間書房、一九九八年、二九六頁。

(4) ドクロリーに関しては、以下の文献を参照。斎藤前掲「解説」(二四七－二五七頁)。Dubreucq, op. cit., pp. 249-275.

(5) ドクロリー（斎藤訳）「全体化機能と教育」前掲『ドクロリー・メソッド』七四－一一四頁、二四四－二四五頁。斎藤同前論文、二五六－二五七頁。Dubreucq, ibid., pp. 253-254.

(6) 教育内容編成や観念連合プログラムに関しては、ドクロリー（斎藤訳）「学校の改革をめざして」(同前書、二〇－三二頁)を用いた。

(7) Dubreucq, op. cit., p. 266. 田中智志「大正新教育の思想史へ――躍動する生命の思想――」(『近代教育フォーラム』第二二号、二〇一三年、九五－九七頁)でも、ドクロリーの世界観について論じている。

(8) ドクロリー前掲「学校の改革をめざして」二三－二八頁。「連合」とは、既成の一般観念に導くことではなく、過去の記憶や未来への希望に基づき、子ども自身が行う真の抽象的な思考であり、子どもは自分にとって重要なものを認知するとともに、抽象化を始め、それらを表現することが可能になるという(Dubreucq, op. cit., p. 267)。

(9) 民間教育史料研究会前掲書、六三〇－六三三頁。山﨑洋子「野口援太郎「新教育」思想における「理想」――「国際化」についての素描――」『教育新世界』第四四号、一九九八年、三－一七頁。同「新教育連盟に関する覚書（一）――英語版機関誌（Jan. 1920 - Apr. 1930）を中心に――」『教育新世界』第四五号、一九九九年、三八－五七頁。

(10) 野口援太郎「デクロリー教育法の発表について」(『教育の世紀』第三巻第一号、一九二五年、二頁)には「ニュー・イーラーの誌上でデクロリー教育法（La Methode Decroly）に関する記事を読んだ」とあり、一九二一年の *The New Era* 第三巻第一二号（一二三頁）に図書紹介が掲載されている。

(11) お茶の水女子大学附属図書館には、東京女高師附小の蔵書印が押された *The New Era* が保存されている。北澤が留学前にフランス語の学習を始めたことについては、「故北澤先生を偲ぶ座談会」(『児童教育』第二六巻第二号、一九三二年、六七頁）を参照。

(12) 野口「『デクロリー教育法』の序文」『教育の世紀』第三巻第七号、一九二五年、五九頁。

(13) 上沼久之丞『生活学校デクロリイの新教育法』明治図書、一九三一年、自序二頁。

(14) ただし、これ以前からドクロリー教育法への断片的な言及はなされていた。日本におけるドクロリー教育情報の流入と普及の状況については第3章を参照されたい。

(15) たとえば、同書の抄訳として、山口勲「デクロリイの教育的見地と其方法論」(『学習研究』第四巻第一一号、一九二五年、三〇二―三一二頁）といった記事が発表されていた。

（16）上沼久之丞「富士の教育」『新教育雑誌』第三巻第一号、一九三三年、五四頁。

（17）島田正蔵『低学年の新教育』文化書房、一九二七年、二頁。

（18）橋本美保「明石女子師範学校附属小学校におけるドクロリー教育法の受容――及川平治によるドクロリー理解とカリキュラム開発――」『カリキュラム研究』第二三号、二〇一四年、二一―三頁。

（19）遠座知恵『近代日本におけるプロジェクト・メソッドの受容』風間書房、二〇一三年、一二九―一五四頁。

（20）吉田弘「我が校に於ける作業教育の沿革」北澤編『現代作業教育』東洋図書、一九三〇年、三八頁。

（21）遠座前掲書のほか、谷口雅子「生活教育の研究（三）」『福岡教育大学紀要』（第四二号第二分冊、一九九三年、一三一―一四八頁、第四三号第二分冊、一九九四年、七九―九五頁）、吉村敏之「東京女子高等師範学校附属小学校における「作業教育」」（『宮城教育大学紀要』第三二巻第二分冊、一九九七年、一七七―一八五頁）など。

（22）秒庵生「我校の編制、施設、経営の概要」『児童教育』第二二巻第五号、一九二八年、一三七―一三八頁。同「我校の編制、施設、経営の概要（三）」『児童教育』第二二巻第六号、一九二八年、一二九頁。

（23）Dubreucq, op. cit., p. 266. Amélie Hamaïde, *The Decroly Class: A Contribution to Elementary Education* (Translated by Jean L. Hunt), New York: E. P. Dutton & Company, 1924, pp. 24-25.

（24）北澤「デクロリー氏の実験学校」『教育の世紀』第三巻第六号、一九二五年、一一一―一一六頁。北澤の視察報告からの引用は、断りのない限りこの範囲より引用した。

（25）吉田前掲論文、三九頁。

（26）同前論文、四〇頁。

（27）北澤前掲論文、一六頁。

（28）吉田前掲論文、四〇頁。

（29）秒庵生前掲「我校の編制、施設、経営の概要」一三八頁。

（30）同前論文、一三九頁。

（31）山内俊次ほか『低学年教育作業主義の諸様式』東洋図書、一九三〇年、三三一―三五八頁。

（32）秒庵生前掲「我校の編制、施設、経営の概要」一三八―一三九頁。

(33)　同前。
(34)　北澤「序」上沼前掲書、二頁。
(35)　山内「低学年に試みたる全体的取扱の実例」『低学年教育』第一七号、一九二六年、七〇―七二頁。
(36)　山内ほか前掲書、三三〇―三三四頁。
(37)　北澤前掲論文（一三頁）では、ドクロリーの観念連合プログラムについて、「観察」「連合」「発表」を挙げ、北澤が提唱する「印象」「理解」「行動」という「三系列の生物的活動」と同一であると言及している。
(38)　西口槌太郎「教育一路の旅」『自伝的教師像』人の教育社、一九五六年、八五―八八頁。西口の経歴、および明石附小訓導時代の回想についてはこの記事を参照した。
(39)　同前論文、八九頁。
(40)　西口槌太郎『尋常一学年生活単位の教科構成と其教育』弘学館、一九三〇年。
(41)　橋本美保「一九二〇年代明石女子師範学校附属小学校における生活単元カリキュラムの開発――近代日本における単元論の受容に関する一考察――」『カリキュラム研究』第一八号、二〇〇九年、一―一五頁。
(42)　橋本前掲注(18)論文、七―一〇頁。
(43)　同前論文、一―一三頁。
(44)　西口前掲書、四〇―四一頁。
(45)　同前書、四〇頁。
(46)　西口前掲注(38)論文、八九頁。
(47)　西口前掲書、四四―四五頁。
(48)　同前書、五一頁。
(49)　同前書、二六二―二六三頁。彼は、「教育者の要する心理学は日常生活の心理である…［中略］…私等は雑多の関聯の中に生きる児童性研究の為に心理研究は十字街頭に於てなされねばならない」と考えていた。
(50)　同前書、三六―三七頁。
(51)　同前書、二五四頁。
(52)　同前書、二五五―二五六頁。

(53) 同前書、三七頁。
(54) 西口槌太郎「新カリキユラムの精神に基く実際教育研究の発表」『兵庫教育』第五二六号、一九三三年、七一—八一頁。「聯関単位」に関しては、彼が一年生から六年生まで同じ学級を持ち上がった後、二度目の一年生を担任した年に発表している。
(55) 西口は、ドクロリーに学んで実践した自らの実践記録も「カリキユラム案ではなくてカリキユラムそのものを示すものとして味がある」と自讃している。西口前掲「教育一路の旅」九〇頁。
(56) 同前。
(57) 西口前掲書、二六一頁。この所感を西口は「学級経営 私の歩める道」と題して『中学年教育』(第三五号、一九二九年二月、六六—六八頁)に投稿している。

結　章　実践家の思想を捉えるパースペクティヴ

橋本　美保

私たちの目的は、国際新教育運動の中に大正新教育を位置づけることを視野に入れて、海外の新教育情報が日本の教育現場に受容されていくプロセスを解明し、それを通して教育実践の質的向上を支えた要因について考察することである。そのために、本書では、教育情報受容史の視点から教育実践史研究にアプローチする方法とその可能性を提示した。結章では、各章で得られた新しい知見と、このような方法を採ることで浮かび上がってきた新たな課題を提示したうえで、本書の到達点について論じたい。

第1部では、日本の実践改革に影響を与えたといわれながら、断片的にしか言及されてこなかった欧米の教授プランやカリキュラムモデルの情報を取り上げ、それらへの教育ジャーナリズムの対応に注目することで、教育界における海外新教育情報の普及状況を明らかにした。

第1章では、日本に普及したモンテッソーリ教育情報が、主としてアメリカ、イギリス経由で流入したものであったこと、その批判論さえも両国から輸入されていたことを明らかにした。先行研究では、日本におけるモンテッソーリ教育運動衰退の要因は、国内の研究者や実践者による批判にあるとされていたが、その契機は外国からの批判論の移入にあった。さらに、大正初期に紹介されたモンテッソーリ教育情報は、幼児教育や障害児教育などの特定の分野だけでなく、当時の教育界全体にインパクトを与えていた点をふまえ、さまざまな研究、実践の現場における受容の可能性を指摘した。

第2章では、ゲーリー・プラン情報が、一九一三年以降二〇年にわたって継続的に日本に紹介されていたこと、一貫してゲーリー・プランの特色は「効率的な学校経営」にあると報じられていたことを明らかにした。紹介者の中には文部省や教育調査会などの行政関係者や法学者、経済界の人物などが少なからずみられることから、同プランが教育界以外からも注目されていたことを指摘した。プラトゥーン・プランという用語を冠した記事の普及にともなって同プランへの認識は変化していったと考えられるが、それを実証するためには、事例研究によって受容主体の関心や理解を解明すると同時に、同プランのアメリカ国内での普及状況を検討していく必要がある。

第3章では、ヨーロッパの新教育運動に対する関心の高まりを背景として、ドクロリー教育法が日本で注目され始めたこと、一九二〇年代には主として実践家が、一九三〇年代には理論家がそれを紹介していたことを明らかにした。日本で普及したドクロリー教育情報の特色は、その多くが外国文献の翻訳であり、実践報告やそれに基づく批判がみられないことである。ドクロリー教育は文字情報によってだけではその実践が難しく、日本では流行しなかったものと思われる。そのうえで、少数ではあるがドクロリー教育法を試行した学校に注目して、実践を可能にしたその他の要因を解明することの必要性を指摘した。

第4章では、一九二〇年代初頭に流行をみたプロジェクト・メソッドの研究拠点と、そこでの理解の特徴を明らかにした。従来、爆発的流行の契機とされるキルパトリック理論は一部で注目されるにとどまっており、日本では当初から多様な情報が短期間に凝縮して紹介されていた。プロジェクト・メソッドが一時的なブームに終わった要因の一つは、当初その紹介に携わった理論家たちが継続的な情報発信を行わなかったことにある。理論家と実践家の接点があった事例では、どのような研究態勢や影響関係があったのかについて検討する必要性を指摘した。

第5章では、日本におけるドルトン・プラン情報の普及が、ロンドンタイムズ教育版を媒体にイギリス経由で迅速に始まったこと、パーカストによる全国各地の講演が関心のピークを生み出すとともに、ドルトン・プランの意図が「学校の社会化」にあるという理解や、実践情報の修正を促していたことを明らかにした。ドルトン・プランの導入に取り組んでいた実践家が、こうした原理的理解の変化や新たな実践情報をもとに、どのような研究や実践に取り組んだのかを明らかにする必要があることを指摘した。

第6章では、ウィネトカ・プラン情報の紹介者と参照情報の変化から、情報普及の特徴を三期に区分して把握した。初期の紹介は教育心理学者が先導しており、中期には訓導による実践研究が盛んになった。一九三一年以降はウォシュバーンの来日を受けて、彼の講演に関する情報が広まった。特筆すべきは、全期間を通してほとんどの理論家が「翻訳」に徹していたのに対し、実践家は各自の視点から「研究」に取り組んでいたことである。こうした現象から、ウォシュバーンの言説は、同プランに関する情報源である以上に国際新教育運動との交流をとりもつメディアであり、実践家たちに新教育理念の具現化プロセスを顕示する役割があったと考察した。今後は具体的な事例研究に基づき、さらに検証を進める必要性を指摘した。

第2部では、海外の新教育情報が日本で研究され、教育現場に取り入れられた事例に注目した。各章では、実践家たちがどのような文脈で海外の情報を理解し、彼らの学校改革に結びつけていったのかを明らかにした。

第7章では、作業教育の提唱者として知られる北澤種一が、デューイのデモクラシー概念から「共通の興味」というアイディアを獲得し、それを核とする学級経営論を提唱していったことを明らかにした。従来、大正デモクラシーにおける政治思想の枠組みで捉えられてきた大正新教育の思想を教育的視点から捉えなおす可能性を提示するとともに、興味の社会的性質に注目した彼の思想が、東京女子高等師範学校附属小学校の実践改革をどのように深化させたのかを解明する必要があることを指摘した。

第8章では、戦前保育界の実践的指導者である甲賀ふじが、シカゴ大学などの留学経験を経て、豊明幼稚園において児童研究に基づく進歩的な実践に早期に着手したことを明らかにした。甲賀は自己の実践課題を明確にして国内外で保育法研究を行い、海外の取り組みに触発されて実践を改革していった。学術的に研究成果を発信することが少なかった当時の保姆の中にも、継続的研究により大正新教育運動の担い手となった人物がいたのである。幼児教育史における新教育受容の特質解明だけではなく、この時期の幼小連携の取り組みを検討するうえでも、保姆による教育・研究活動の実態を明らかにすることの必要性を指摘した。

第9章では、コールマンの「創造的音楽」が受容主体の立場によって多様に理解されたことを明らかにした。それは「創造的音楽」が、単に音楽活動のモデルとしてではなく、個々の創造的な実践開発を促す契機となっていたことを意味している。とりわけ「創造的音楽」を実践思想として理解した唱歌専科教師は、コールマンの問題意識への共感とともに、各々の文脈で「創造」の意味を解釈し、自身の思想形成に活かしていた。今後は「創造的音楽」の影響を指導法の中に確認するのではなく、個々の実践家がその価値をどのように認識し、摂取していたのかを検討することで、それぞれの思想や実践をその質に根ざして把握する必要があることを指摘した。

第10章では、日本にカリキュラム理論を導入した及川平治が、デューイの教育論に重ねてドクロリーの生活教育論を理解し、子どもの必要と興味に沿った活動の組織化による「生活単位のカリキュラム」開発を提唱したことを明らかにした。及川がデューイとドクロリーの教育論の基底にベルクソンの「生の哲学」をみていたことを指摘したうえで、それを基礎に形成された彼のカリキュラム論が明石女子師範学校附属小学校の訓導たちによって具現化される過程を解明することが、次なる課題であることを示した。

第11章では、東京女高師附小と明石附小の訓導たちの実践解釈や実践的営為の分析を通じて、ドクロリー教育法が両校の訓導たちに与えた思想的影響を明らかにした。二つの先駆的事例における受容は、ドクロリー教育法の実践モデルを導入することではなく、むしろ、子どもの「興味」を動態的に捉える視点の獲得であり、実践者自身の子ども研究を基礎に「興味の中心」から出発する実践を創造することが必要であるとする課題意識の自覚であったことを指摘した。

本書の試みは断片的な事例研究の集成にみえるかもしれないが、第1部で提示した情報普及状況の俯瞰図を拡げていく作業と、第2部で提案した、俯瞰図の中に事例を位置づけつつ実態を解明する作業を、いわば縦糸と横糸を織りなすように重ねて進めることによって、大正新教育の実像を浮き彫りにしていくことを企図するものである。研究は緒に就いたばかりであるが、これまで明らかにした海外新教育情報受容の実態から把握できることについて、以下の二点を指摘しておきたい。

第一に、新教育情報の普及過程に着目すれば、理論家（教育学者）とは別に厚い層をなした「実際家」たちによって新教育情報が研究されていたことである。多くの場合、海外教育情報の最初の紹介窓口になったのは、理論家であった。早くから海外の文献を博捜していた帝国大学や高等師範学校の教授たちは、ヨーロッパに起こった新教育やアメリカの進歩主義教育に関する情報を日本の教育界にもたらしていた。しかし、彼らが国内に発した情報はほとんどの場合「翻訳」であり、特定のテーマについて継続的に深く取り組まれた研究は少なかった。これに対して、さまざまな角度から情報を活用しようとしたのは「実際家」たちであった。序章でふれたように、「実際家」とは学校改革を志向したさまざまな立場の人たちであり、小学校の訓導や校長、中学校や師範学校の教師たちだけでなく、高等師範学校の教授や私立学校の創始者、教育ジャーナリストたちの中にも自身を「実際家」と称する者が多くあった。こうした幅広い人材を含む「実際家」たちが海外教育情報の普及に関わっていたことは、大正新教育期の特色の一つである。

第二に、受容の視点からみた場合、第2部でみたような学校現場にあった「実際家」、すなわち受容主体としての実践家たちがそれぞれに明確な課題意識を有しており、課題解決のために新教育情報を求めていたことである。彼らはそれぞれの文脈で情報を理解して、己が信じた価値、たとえば「自由」「共同」「自主」「創造」などを、教科の授業内容や教授法、生活単元の開発や学級経営、保育実践などを通して実現する方途を考え続けていた。海外で生成された情報を、日本という異なった環境にある実践家たちが、目の前の子どもたちの生動に応じて解釈し、それぞれの実践に応用するという形で受容していたのである。こうした個別的で固有な営みこそが、同じモデルを画一的に普及させるような教育改革とは違う大正新教育の豊かさを醸成していたと考えられる。

以上の視点を重ね合わせてみると、教育ジャーナリズムにおける教育情報の流行や衰退の傾向は、必ずしも教育現場における情報受容の状態を反映していなかったことがわかる。たとえば、ある教授プランに関する情報の流行は、それがある時期教育界において注目されていたことを示している。情報が大量に流通すれば、実践家にとっては自身を改変するための刺激を受ける機会が増え、情報は新しい実践を試みる契機となり得る。ただし、実践家によって真にそのプランの本質的価値が内面化され、自身の実践に反映させることができたときには、彼らがそのプランの名称やhow toにこだわる必要は無くなっているのである。プロジェクト・メソッドやドクロリー・メソッドの例でみれば、それらが「全体教育」や「生活単元」といった独自の実践に取り込まれたとき、プロジェクト・メソッドやドクロリー・メソッドという名称は消えていったが、メソッドの原理や開発者の精神は新たな実践の中に生き続けたであろう。したがって、情報が消えていったようにみえることは、受容がなされなかったことや終わってしまったことを意味するとは限らない。情報の変容や定着のプロセスはむしろ「受容」の一過程であり、その実態は情報（言葉）の普及とは異なる次元において、すなわち個別具体的な実践家の内面の変化に注目することによって把握される必要があろう。

本書では、実践家による情報受容の実相を解明するために、インプットとしての情報とアウトプットとしての実践家の言動に注目して、彼らの内面の変化やその意味を明らかにすることを試みた。本書において私たちがみてきた実践家の「内面の変化」は、彼らが「情報を用いて課題解決を構想する過程」であった。そして、そこにこそ自身の行為に改造を迫る彼らの「思想」をみることができる(1)。これまで、体系的な思考内容を書き残していない実践家の思想については、ほとんど研究されてこなかった。しかし、彼らの意識変容のレベルを含む思考過程を解明することが彼らの思想の存在を証明し、語られていない思考内容を浮き彫りにするはずである。本書の試みが実践家の思想解明に新たな視点を与えられるとすれば、それは彼らの思想の固有性を生み出した内的な要因としての彼らの「構想力」に注目する必要があるということである。実践家の「構想力」を支えた要因を解明するためには、さらに多くの事例研究を重ねる必要がある。実践家の思想の位相を捉えようとする研究者自身が、実践家と同様の「構想力」ないしは「想像力」を働かせて彼らの言動を読み解くとき、実践家の「課題解決を構想する過程」に迫ることができると考えている。

注

（1）こうした「思想」概念は、日本思想史研究者の鹿野政直が注目した「意識」の次元を含む捉え方である。鹿野は思想史研究を「精神動態＝秩序意識の追跡」とみて、民衆思想の位相を捉える社会史的な方法を提示してきたが（鹿野政直『鹿野政直思想史論集』第一巻、岩波書店、二〇〇七年、iii－xiii頁）、その視点は教育実践家の思想解明にも敷衍できよう。

あとがき

本書は、二〇一六年度に東京学芸大学大学院に集った「日本の新教育研究会」の研究成果をまとめたものである。この研究会では、教育史を専攻する六人の研究者が受容史の手法を用いた大正新教育の実践史研究に取り組んできた。六人はもともとカリキュラム史の観点から大正新教育の個別事例に関心を持っていたが、研究を進めるうちに他の事例との異同や関連を追究するようになり、日本国内はもとより海外の学校改革との影響関係を実証したいと考えるようになった。そうした中で昨年度から取り組んだ「欧米教育情報普及状況の調査」は、大正新教育を国際新教育運動の中に位置づけるためにも、国内の実践家たちの情報源や研究ネットワークの拡がりを確認するためにも必要な作業であった。結章でも述べたように、大正新教育運動の背景にある教育情報の普及状況調査と学校改革の事例研究を同時に進めて行くことが大正新教育の実態解明に資すると考えているが、本書はその第一段階にすぎない。この調査で得られた新しい知見を用いて、大正新教育の教育史的意義の構造的把握を試みる作業は始まったばかりである。しかし、次なる課題を明確にし得たことこそが研究の成果であると考え、本書を公刊することとした。私たちが試みた方法で得られた知見と課題を、できるだけ多くの研究者と共有して研究を進めていくことができれば幸せである。どのような視点からでも、大正新教育の研究が増えていくことを願っている。

こうした考え方に至ったのは、五人の共同研究者に「研究」は力を合わせてするものであると教えられたからである。私は一五年ほど前から大正新教育運動の実践的指導者及川平治について研究を始め、長い間一人で及川や明石女子師範学校のことを調べてきた（つもりでいた）。研究というものは独力で精進して孤高の悦びに浸ることができると思い込んでいたし、及川は同運動の初期の主導者であったため、他の事例からの影響をみる必要は無いと考えていた。しかし、二〇一〇年に遠座知恵さんが同僚となり、博士課程に院生を受け入れるようになってからは、それぞれが別のテーマを扱っているにもかかわらず、常に協同して研究を進めてきた感がある。私にとっては、まるで、一人で始めたジグソーパズルを手伝ってくれる人が一人ずつ増え、やがて五人が加わって短時間でピースが埋まってきたかのように、いろいろなことがつながって永年の疑問が氷解し始めた。実のところ、指導を受けたいと集まってくれた彼らから、私が学んでいることの方が多い。いつか彼らも、このことに気づけるような同行者を得て欲しい。

ふり返れば、私の学部生時代、恩師三好信浩先生の研究室では「幕末・明治初期における西洋教育情報受容」に関する共同研究が行われており、いつか自分もその中に入りたいと思っていた。不出来な弟子であったため、この歳になってようやく「研究」の意味がわかり始め、「先なる人と後なる人を結ぶ同じ道」を歩んでいることの歓びを感じることができるようになってきた。教育史研究の方法だけではなく、研究生活のあらゆる面で現在もお導き頂いている三好先生に心から御礼を申し上げます。

また、異なった視点から学び合うことの愉しさを教えてくれたのが、前著『大正新教育の思想』(橋本美保/田中智志編著、東信堂、二〇一五年)を一緒に執筆した「新教育研究会」(二〇一三〜二〇一四年、於東京大学大学院、略称「新研」)である。メンバーの大半は日本の歴史的題材に初めて向かい合った教育思想史専攻の若い研究者であるが、彼らのユニークな発想と大胆な解釈、そして説得的な表現で議論を展開する手法に触れて、思想史研究の奥深さと自由な精神を実感した。「新研」を開いて共同研究を行うことを提案して下さり、本書を前著の続編として刊行することを勧めてくださった田中智志さん、そして「新研」の皆さんに、この場を借りて御礼申し上げたい。

「実践家の思想の位相」を捉えるために、今後は大正新教育における「自由」を再考してみたいと考えている。当時、文学、芸術、宗教など教育をとりまくさまざまな場所で湧き出した「自由」は、それを実践した人たちのどのような課題解決の過程と関わっていたのか。そして、その「実践（プラクシス）」が教育と交差する地平には何が見えてくるのだろうか。実践史と思想史を架橋する試みは容易なことではないだろう。だからこそ、さらなる協同の衝迫を禁じえない。

本書を刊行するにあたり、株式会社東信堂の代表下田勝司さんには格別のご高配を賜った。学校カリキュラムに関する歴史的研究の意義をご理解下さり、研究成果を早く纏めるようにと、励まして下さった。出版事情の厳しい中、地味な教育史研究にご支援を頂いたことに衷心より感謝している。

二〇一七年文月

橋本美保

初出一覧

すべての原稿には、大幅な加筆および修正を行った。

序　章　橋本美保「「実際家」たちの大正新教育」『文献資料集成 大正新教育』第二〇巻「解説」、日本図書センター、二〇一七年、三一四―三四六頁。

第1章　永井優美「大正新教育期におけるモンテッソーリ教育法紹介の傾向と特質――外国教育情報の移入に着目して――」『東京成徳短期大学紀要』第五一号、二〇一七年、四九―五九頁。

第2章　書き下ろし。

第3章　橋本美保「近代日本におけるドクロリー教育情報の普及――国際新教育運動と大正新教育――」『東京学芸大学紀要』総合教育科学系Ⅰ、第六八集、二〇一七年、九―二三頁。

第4章　遠座知恵・橋本美保「日本におけるプロジェクト・メソッドの普及――一九二〇年代の教育雑誌記事の分析を中心に――」『東京学芸大学紀要』総合教育科学系、第六〇集、二〇〇九年、五三―六五頁。

第5章　書き下ろし。

第6章　書き下ろし。

第7章　遠座知恵「北澤種一によるデモクラシー概念の受容――共通主義の基底としての興味――」『教育学研究』日本教育学会、第八四巻第一号、二〇一七年、一―一二頁。

第8章　永井優美「甲賀ふじのアメリカ留学と幼稚園教育実践」『日本の教育史学』教育史学会、第六〇集、二〇一七年、三二―四四頁。

第9章　塚原健太「大正新教育期におけるアメリカ音楽教育情報の受容――サティス・コールマンの「創造的音楽」を中心に――」『アメリカ教育学会紀要』第二五号、二〇一四年、二八―四〇頁。

第10章　橋本美保「明石女子師範学校附属小学校におけるドクロリー教育法の受容――及川平治によるドクロリー理解とカリキュラム開発――」『カリキュラム研究』日本カリキュラム学会、第二三号、二〇一四年、一―一三頁。

第11章　遠座知恵・橋本美保「大正新教育の実践に与えたドクロリー教育法の影響――「興味の中心」理論の受容を中心に――」『近代教育フォーラム』教育思想史学会、第二三号、二〇一四年、二九七―三〇九頁。

結　章　書き下ろし。

写真出典一覧

第1章　一四頁　Maria Montessori（1870-1952）Sheila Radice, *The New Children*, New York: Frederick A. Stokes Company, 1920, frontispiece.

第1章　二三頁　Maria Montessori（Translated by A. E. George）, *The Montessori Method*, New York: Frederick A. Stokes Company, 1912, p. 283.

第2章　三八頁　William Albert Wirt（1874-1938）Ronald D. Cohen, *Children of the Milk: Schooling and Society in Gary, Indiana*, 1906-1960, New York: Routledge, 2002, p. 113.

第2章　五四頁　Ronald D. Cohen, *Children of the Milk: Schooling and Society in Gary, Indiana*, 1906-1960, Routledge, 2002, p. 107.

第3章　六一頁　Jean-Ovide Decroly（1871-1932）Sylvain Wagnon ed., Ovide Decroly, *Le programme d'une école dans la vie*, Paris: *Éditions Fabert*, 2009, cover.

第3章　八二頁　上沼舜二氏蔵。

第4章　九一頁　William H. Kilpatrick（1871-1965）*Progressive Education*, vol. 16, no. 4, 1939, cover.

第5章　一二五頁　Helen Parkhurst（1887-1973）パーカースト著・赤井米吉訳・中野光編『ドルトン・プランの教育』世界教育学選集八〇、明治図書、一九七四年、口絵。

第5章　一四一頁　Susan F. Semel and Alan R. Sadovnik ed., "Schools of Tomorrow," Schools of Today: *What Happened to Progressive Education*, New York: Peter Lang, 1999.

第6章　一六四頁　Carleton W. Washburne（1889-1968）上沼舜二氏蔵

第6章　一六六頁　ウィネトカ公立学校蔵。

第6章　一六七頁　ウィネトカ公立学校蔵。

第7章　一九四頁　北澤種一（きたざわ　たねいち、1880-1931）東京女子高等師範学校「卒業記念写真帖（昭和七年三月）」（お茶の水女子大学所蔵）。

第7章　二〇五頁『児童教育』第一九巻第八号、一九二五年、口絵。

第8章　二二〇頁　甲賀　ふじ（こうが　ふじ、1856-1937）　森村学園『森村学園の一〇〇年』出版文化社、二〇一〇年、三七頁（森村学園所蔵）。

第8章　二三二頁　日本女子大学『写真が語る日本女子大学の一〇〇年—そして二一世紀をひらく—』恵雅堂出版、二〇〇四年、三八頁（日本女子大学所蔵）。

第9章　二四三頁　Satis N. Coleman（1878-1961）"Collegiate Newsletter," *Music Educators Journal*, vol. 42, no. 2, 1955, p. 42.

第9章　二四五頁　Satis N. Coleman, "Creative Experience Through Making Musical Instruments," *Progressive Education*, vol. 4, no. 1, 1927, p. 18.
第10章　二六七頁　及川　平治（おいかわ　へいじ、1875-1939）三先生言行録刊行会編『三人の先生』三先生言行録刊行会、一九五五年、口絵。
第10章　二七七頁　和光大学附属図書館「及川文庫」蔵。
第11章　三〇〇頁　西口　槌太郎（にしぐち　つちたろう、1903-1994）［昭和九年三月卒業記念アルバム］兵庫県明石女子師範学校（神戸大学附属小学校蔵）。
第11章　三〇一頁　小原國芳編『日本新教育百年史』第六巻近畿、玉川学園出版部、一九六九年、三三八頁。

〈謝辞〉
資料調査にご協力頂き、また本書への写真の掲載をご許可下さいました資料所蔵機関および個人の方々に心より御礼申し上げます。

と

な

に

の

は

ひ

ふ

へ

ほ

ま

人名

も

よ

り

ろ

わ

と

な

に

は

ひ

ふ

ほ

み

す

せ

そ

た

ち

て

お

か

き

く

け

こ

さ

し

索　引

事　項

永井優美（ながい　ゆみ）（第1・8章）
1985年　石川県生まれ
2013年　東京学芸大学大学院連合学校教育学研究科（博士課程）修了
日本学術振興会特別研究員（DC）、同（PD）を経て
現職：東京成徳短期大学幼児教育科准教授、博士（教育学）東京学芸大学
主要業績：『近代日本保育者養成史の研究――キリスト教系保姆養成機関を中心に――』（風間書房 2016）
「樋口長市の自学主義教育論」（分担執筆、橋本美保・田中智志編著『大正新教育の思想――生命の躍動』東信堂 2015）
「明治期広島女学校附属幼稚園の保育カリキュラム開発――中心統合法の導入と展開を中心に――」（『カリキュラム研究』第24号 2015）

橋本美保（はしもと　みほ）（編著者、序章・第3・10・11・結章）

宮野　尚（みやの　ひさし）（第6章）
1991年　千葉県生まれ
2016年　東京学芸大学大学院教育学研究科修了
東京学芸大学大学院連合学校教育学研究科（博士課程）入学（在学中）
現在：日本学術振興会特別研究員（DC）
主要業績：「1920年代におけるウィネトカ・システムのカリキュラム開発――小学校アドヴァイザーF. プレスラーの活動に着目して――」（『カリキュラム研究』第25号 2016）
「C. W. ウォッシュバーンにおける集団的創造的活動の思想形成――ヨーロッパ新教育の影響を中心に――」（『東京学芸大学紀要』第68集 2017）

執筆者紹介（50 音順）

遠座知恵（えんざ　ちえ）（第 4・5・7・11 章）

1976 年　群馬県生まれ
2007 年　筑波大学大学院人間総合科学研究科単位取得満期退学
　　　　日本学術振興会特別研究員（PD）
2010 年　東京学芸大学教育学部専任講師を経て
現職：東京学芸大学教育学部准教授、博士（教育学）東京学芸大学
主要業績：『近代日本におけるプロジェクト・メソッドの受容』（風間書房 2013）
「北澤種一によるドクロリー教育法の受容」（分担執筆、橋本美保・田中智志　編著『大正新教育の思想――生命の躍動』東信堂 2015）
「北澤種一によるデモクラシー概念の受容――共通主義の基底としての興味――」（『教育学研究』第 84 巻第 1 号 2017）

角谷亮太郎（すみや　りょうたろう）（第 2・5 章）

1990 年　静岡県生まれ
2017 年　東京学芸大学大学院教育学研究科修了
現在：東京学芸大学大学院研究生
主要業績：「富山県師範学校附属小学校における新教育研究による学校改革――ドルトン・プランとホーム組織の研究を中心に――」（東京学芸大学修士論文 2017）

塚原健太（つかはら　けんた）（第 2・9 章）

1984 年　東京都生まれ
2008 年　洗足学園音楽大学大学院音楽研究科修士課程修了
2013 年　東京学芸大学大学院連合学校教育学研究科（博士課程）入学（在学中）
2014 年　日本学術振興会特別研究員（DC）
　　　　東京学芸大学非常勤講師などを経て
現職：帝京大学理工学部専任講師
主要業績：「北村久雄の「音楽的美的直観」概念」（分担執筆、橋本美保・田中智志編著『大正新教育の思想――生命の躍動』東信堂 2015）
「北村久雄の「音楽生活の指導」の特質――カリキュラム論の視点からの検討を通して――」（『音楽教育学』第 46 巻第 1 号 2016）
「東京女子高等師範学校附属小学校における「作業科」の特質」（『日本の教育史学』第 59 集 2016）

編著者

橋本美保（はしもと　みほ）

1963年　広島県生まれ
1990年　日本学術振興会特別研究員（DC）
広島大学大学院教育学研究科博士課程後期中途退学
東京学芸大学教育学部専任講師、助教授、准教授を経て
現職：東京学芸大学教育学部教授、博士（教育学）広島大学
著書：『明治初期におけるアメリカ教育情報受容の研究』（風間書房 1998）
『教職用語辞典』（共編著、一藝社 2008）
『新しい時代の教育方法』（共著、有斐閣 2012）
『プロジェクト活動――知と生を結ぶ学び』（共著、東京大学出版会 2012）
『教育の理念・歴史』（共編著、一藝社 2013）
『大正新教育の思想――生命の躍動』（共編著、東信堂 2015）
『教育から見る日本の社会と歴史』第2版（共著、八千代出版 2017）
『文献資料集成　大正新教育』（監修、解説執筆、日本図書センター 2016 ～ 2017）など

大正新教育の受容史

2018年1月10日　初版第1刷発行　〔検印省略〕
定価はカバーに表示してあります。

編著者©橋本美保／発行者 下田勝司　印刷・製本／中央精版印刷

東京都文京区向丘1-20-6　郵便振替00110-6-37828
〒113-0023　TEL (03) 3818-5521　FAX (03) 3818-5514
発行所
株式会社 東信堂

Published by TOSHINDO PUBLISHING CO., LTD.
1-20-6, Mukougaoka, Bunkyo-ku, Tokyo, 113-0023, Japan
E-mail : tk203444@fsinet.or.jp　http://www.toshindo-pub.com

ISBN978-4-7989-1467-1 C3037 © M. Hashimoto

東信堂

多様性と向きあうカナダの学校 —移民社会が目指す教育	児玉奈々	二八〇〇円
カナダの女性政策と大学	犬塚典子	三九〇〇円
多様社会カナダの「国語」教育（カナダの教育3）	関口礼子・浪田克之介 編著	三八〇〇円
21世紀にはばたくカナダの教育（カナダの教育2）	小林順子他編著	二八〇〇円
ケベック州の教育（カナダの教育1）	小林順子	二〇〇〇円
トランスナショナル高等教育の国際比較—留学概念の転換	杉本均編著	三六〇〇円
チュートリアルの伝播と変容 —イギリスからオーストラリアの大学へ	竹腰千絵	二八〇〇円
[新版]オーストラリア・ニュージーランドの教育 —グローバル社会を生き抜く力の育成に向けて	青木麻衣子・佐藤博志 編著	二〇〇〇円
戦後オーストラリアの高等教育改革研究	杉本和弘	五八〇〇円
オーストラリアのグローバル教育の理論と実践 —開発教育研究の継承と新たな展開	木村裕	三六〇〇円
オーストラリアの教員養成とグローバリズム —多様性と公平性の保証に向けて	本柳とみ子	三六〇〇円
オーストラリア学校経営改革の研究 —自律的学校経営とアカウンタビリティ	佐藤博志	三八〇〇円
オーストラリアの言語教育政策 —多文化主義における「多様性と」「統一性」の揺らぎと共存	青木麻衣子	三八〇〇円
英国の教育	日英教育学会編	三四〇〇円
イギリスの大学—対位線の転移による質的転換	秦由美子	五八〇〇円
統一ドイツ教育の多様性と質保証—日本への示唆	坂野慎二	二八〇〇円
ドイツ統一・EU統合とグローバリズム —教育の視点からみたその軌跡と課題	木戸裕	六〇〇〇円
教育における国家原理と市場原理 —チリ現代教育史に関する研究	斉藤泰雄	三八〇〇円
中央アジアの教育とグローバリズム	嶺井明子・川野辺敏 編著	三二〇〇円
インドの無認可学校研究—公教育を支える「影の制度」	小原優貴	三二〇〇円
タイの人権教育政策の理論と実践 —人権と伝統的多様な文化との関係	馬場智子	二八〇〇円
バングラデシュ農村の初等教育制度受容	日下部達哉	三六〇〇円
マレーシア青年期女性の進路形成	鴨川明子	四七〇〇円
東アジアにおける留学生移動のパラダイム転換 —大学国際化と「英語プログラム」の日韓比較	嶋内佐絵	三六〇〇円

〒113-0023 東京都文京区向丘 1-20-6　TEL 03-3818-5521　FAX03-3818-5514　振替 00110-6-37828
Email tk203444@fsinet.or.jp　URL:http://www.toshindo-pub.com/

※定価：表示価格（本体）＋税

東信堂

附属新潟中式「3つの重点」を生かした確かな学びを促す授業
—教科独自の眼鏡を育むことが「主体的・対話的で深い学び」の鍵となる！　新潟大学教育学部附属新潟中学校 編著　二〇〇〇円

ＩＣＥモデルで拓く主体的な学び
—成長を促すフレームワークの実践　柞磨昭孝　二〇〇〇円

社会に通用する持続可能なアクティブラーニング
—ＩＣＥモデルが大学と社会をつなぐ　土持ゲーリー法一　二〇〇〇円

ポートフォリオが日本の大学を変える
—ティーチング／ラーニング／アカデミック・ポートフォリオの活用　土持ゲーリー法一　二五〇〇円

ティーチング・ポートフォリオ—授業改善の秘訣　土持ゲーリー法一　二〇〇〇円

ラーニング・ポートフォリオ—学習改善の秘訣　土持ゲーリー法一　二五〇〇円

「主体的学び」につなげる評価と学習方法
—カナダで実践されるＩＣＥモデル　S・ヤング&R・ウィルソン著　土持ゲーリー法一監訳　一〇〇〇円

主体的学び　創刊号　主体的学び研究所編　一八〇〇円

主体的学び　２号　主体的学び研究所編　一六〇〇円

主体的学び　３号　主体的学び研究所編　一六〇〇円

主体的学び　４号　主体的学び研究所編　二〇〇〇円

主体的学び　別冊　高大接続改革　主体的学び研究所編　一八〇〇円

溝上慎一 監修　アクティブラーニング・シリーズ（全7巻）

①アクティブラーニングの技法・授業デザイン　安永悟・関田一彦・水野正朗 編　一六〇〇円

②アクティブラーニングとしてのＰＢＬと探究的な学習　溝上慎一・成田秀夫 編　一八〇〇円

③アクティブラーニングの評価　松下佳代・石井英真 編　一六〇〇円

④高等学校におけるアクティブラーニング：理論編（改訂版）　溝上慎一 編　一六〇〇円

⑤高等学校におけるアクティブラーニング：事例編　溝上慎一 編　二〇〇〇円

⑥アクティブラーニングをどう始めるか　成田秀夫　一六〇〇円

⑦失敗事例から学ぶ大学でのアクティブラーニング　亀倉正彦　一六〇〇円

アクティブラーニングと教授学習パラダイムの転換　溝上慎一　二四〇〇円

大学のアクティブラーニング　河合塾編著　三二〇〇円

「学び」の質を保証するアクティブラーニング
—3年間の全国大学調査から　河合塾編著　二〇〇〇円

「深い学び」につながるアクティブラーニング
—全国大学の学科調査報告とカリキュラム設計の課題　河合塾編著　二八〇〇円

アクティブラーニングでなぜ学生が成長するのか
—経済系・工学系の全国大学調査からみえてきたこと　河合塾編著　二八〇〇円

〒113-0023　東京都文京区向丘 1-20-6　TEL 03-3818-5521　FAX03-3818-5514　振替 00110-6-37828
Email tk203444@fsinet.or.jp　URL:http://www.toshindo-pub.com/

※定価：表示価格（本体）＋税